땡큐 명상

명상은 자신을 가장 행복하게 하는 것

땡큐 명상

박희성 · 노명환 지음

"침묵으로 노래하며 세상을 이롭게 하는 것이 명상의 길이다"

좋은땅

인사의 글

당신에게 존경으로 인사드립니다.
당신에게 가슴으로 감사드립니다.

땡큐 명상은 명상에 대한 감사의 인사입니다.
명상이 여러분들에게 좋은 선물이 되길 빕니다.

땡큐는 우리에게 아주 익숙한 감사의 표현입니다.
어려서부터 쉽게, 자주, 편안하게 써 왔습니다.
땡큐 명상은 그와 같이 익숙하게 말하고 들었던
쉬운 명상의 길을 안내한 가이드입니다.

처음 산을 등반하려면 용기는 물론 배짱도 필요합니다.
인생이라는 거대한 산을 올랐던 많은 선배들이 있었습니다.
삶이 주는 온갖 위험을 몸소 해결하고 길을 만들었습니다.
그 길은 사람들을 도우면서 처음 오르는 자를 기다립니다.

이 책은 선배들의 전통과 정통성을 가진 경전이나 가르침의
흔적들을 모아 일반인을 위해 쉽게 정리한 것입니다.
불교, 기독교, 힌두교, 요가 등 다양한 전통을 담았습니다.
모두 지혜를 전달하고 쉬운 이해를 돕고자 선별한 것입니다.
부족하여 잘못 전달했다면 따로 꾸짖어 주시길 바랍니다.

길은 그 길을 따르는 자에겐 빛이며, 등불입니다.
전통의 길은 깜깜한 세상을 환하게 볼 수 있게 합니다.
당신의 안전과 행복, 성공들을 선물로 받게 합니다.
명상의 길은 그 길 중에 대표적인 길입니다.

저는 9살에 아버지를 다른 나라로 보내고, 삶에 대한
진지함이 생겨 자신을 알고자 오랜 시간을 노력했습니다.
운이 좋아 명상의 길과 좋은 선생님을 만났습니다.

많이 부족했던 내가 좋은 친구를 만나 결혼도 했고, 직장도
열심히 다녀 2016년에 명예퇴직을 할 수 있었습니다.
이제 명상가로서 2019년에 《쉬운 명상》이라는 책을 내고,
라자요가를 가르치며 살고 있습니다.

명상은 삶이라는 인생 전체를 보게 하고 진정한 나로 살게
했습니다. 사랑으로 이끌어 주었고, 살아가는 매 순간을 행복
하게 했으며, 세상을 친구로 여기고 잘 배우도록 했습니다.

이 책은 특정 종교나 가르침을 주장하지 않습니다.
삶이라는 거대한 산에 오르는 수많은 길이 있듯이 그저
감상하고, 감동하고, 즐기는 괜찮은 벗이 되었으면 합니다.

명상가로서 글을 쓰는 경험도 미숙하고 그 표현이나
문장이 서툴고 어려움이 많았습니다. 오랫동안 요가를 했던
사람의 체험과 경험을 바탕으로 부족하지만 명상의 맛이
느껴지도록 정성을 다해 작성했습니다.

땡큐 명상은 크게 5개의 장으로 구성했습니다.
인생이라는 삶을 사람 중심으로 풀어 보았습니다.
사람은 보통 4가지 몸을 가지고 있다고 합니다.

제1장은 보이는 몸을 중심으로 세상(육체, 건강, 인생)
제2장은 느껴지는 몸인 가슴(감정, 호흡, 자연)
제3장은 알아채는 몸인 지혜(의식, 명상, 통찰)
제4장은 알아챔을 넘어서는 지복(침묵, 평화로움, 고요함)으로
　　　구분하였으며,
제5장은 명상 메시지라고, 명상가로서 세상에서 보고 느낀
　　　것을 공유하는 나눔의 체험을 적었습니다.

명상은 나의 삶과 인생을 보물로 만들어 준 선물입니다.
이 책은 당신에게 자신이 보물임을 알게 할 것입니다.
선배들로부터 전해져 온 전통, 자신을 알도록 하는 명상을
여러분들도 직접 사용할 수 있었으면 좋겠습니다.

책을 접하는 모든 분들에게 땡큐입니다.
다른 이에게 탱큐가 되며 점점 커지길 빌어 봅니다.
마치 하나의 물방울이 거대한 바다가 되듯이…….

2020. 9. 5.

차 례

제1장

세상

1. 모든 생명을 낳고 기르는 근원, 사랑

어린 시절 어른들을 만나면, 한 번쯤 이런 경험을 한다.
어른들은 무엇이 궁금한지 너 성(姓)이 뭐냐고 묻는다.
예, "박씨입니다."라고 대답한다.

그러면 이번엔 본이 어디냐고 한다.
잠시 어리둥절하다가 "밀양입니다."라고 대답한다.
똑똑한데, 너 밀양 박씨의 어느 파니? 하고 또 묻는다.
처음 듣는 말이라 "잘 모르겠습니다."하고 답하니,
그 어른의 하는 말, "뿌리를 몰라서야 되나!
아버지께 족보를 보고 알려 달라고 해." 하면서
요즘 부모들은 애들 교육이 엉망이라며 혀를 찬다.

후에 족보를 가지고 밀양 박씨 무슨 파인지 알아보았다.
당시에는 가족의 계보나 뿌리를 아는 것을 중요시했다.
아마도 뿌리는 근본, 근원, 꼭 지켜야 할 그 무엇이었다.

7살쯤 유성의 상대리라는 곳에 살았었다.
지금은 상대동으로, 논에 아파트가 들어서서 완전히 변했다.
당시 집 앞에는 넓게 펼쳐진 논과 멀리 만년강이 있었다.
밤이 되면 그 강 너머에는 불빛이 찬란해서 항상 궁금했는데,
커서 그곳을 가 보니 도시에서 나오는 불빛임을 알게 됐다.
어린 시절, 이 세상에 누가 살고, 무엇이 있으며, 어떻게 생겼는지

넓은 도시나 큰 세상을 무척 알고 싶었던 적이 있었다.

중학교 시절, 도덕선생님이 고등학교 때는 만년강을 건너야
하고, 대학교 때는 한강을 건너야 한다고 했다.

말인즉, 고등학교 때는 공부를 잘해 대전으로 나가야 하며,
대학교 때는 서울로 가서 공부해야 성공한다는 것이었다.

항상, 넓은 세상을 가슴에 품으며 높이 봐야 한다고 했다.

9살 때 아버지가 교통사고로 다른 나라로 갔다.

11살 때 새아버지가 오셨는데 진짜로 힘든 세상을 보여 줬다.

새아버지가 가까이서 힘들게 하니 어쩔 수 없이 고민을 했다.

사람의 죽음은 무엇인가? 왜 아버지는 일찍 가셨나?

사람이 왜 사람을 힘들게 하는가?

좋은 사람이 사는 세상은 없는가?

사람은 왜 태어났으며 어떻게 살아가야 하는가?

지금 생활을 벗어날 수 있는 다양한 생각들을 했다.

중학교 때는 수업이 끝나면 밤늦게까지 자전거를 타고
유성 시내를 돌고 돌았다.

수많은 생각이나 고민들이 거리를 도는 내내 떠나지 않았다.

고등학교 때는 생각이 많아져 더 진지하게 고민을 했다.

인간의 그 시작은 무엇이며 지금의 나는 무엇인가?

인간에 대한 시작을 알면 고통을 초월할 수 있을까?

인간으로 태어나 인간을 초월한 분들이 있을까?

나는 왜 새아버지를 만나 이토록 고통스러운가?

나를 넘어, 가족을 넘어, 세상을 초월할 방법이 있을까?

끊임없는 고통은 끝없는 질문과 답을 찾는 일로 이어졌다.
인간의 시작을 알면 나의 시작을 아는 단초라고 생각해서
많이 찾아보았다. 만약 인간의 시작에서 어떤 답을 찾으면
내 고민을 조금은 풀 수 있을 것 같아서였다.
이 고통스런 삶을 간절히 벗어나고 싶었기 때문이다.
그래서 학교공부는 나도 모르게 뒷전이 되었다.

인간의 시작을 알기 위해 작은 문제부터 풀어 보려고 한다.
닭과 알 중 어떤 것이 먼저인지 예를 들어 알아볼 것이다.
이 문제는 인간의 시작에 접근하는 데 도움이 될 수도 있다.

사실 인간의 시작을 정확히 말하기는 아주 어렵다.
일반 사람들이 상식과 배움을 동원해서 결정을 내리기에는
마땅한 방법이 없는 것 같다. 종교, 신학, 과학, 철학 등 모든
분야에서 지금도 그 비밀을 알고자 탐구하고 있다고 한다.
그러니 내가 많이 부족해도 이해하고 봐주길 바란다.

50대의 식견과 상식을 총원동해서 답을 찾아볼까 한다.
그동안의 배움을 통해 몇 가지의 답을 생각해 보았다.

　　○ 일반사람 : 알이 먼저인지, 닭이 먼저인지 알 수 없다.
　　○ 과학자(진화론자) : 세포에서 시작하면 개체로서
　　　　　　　　　　　　　　닭이 되니 닭이 먼저다.
　　○ 철학자 : 전체에서 부분을 포함한다.
　　　　　　　고로 닭이 알을 포함하니 닭이 먼저다.
　　○ 경제학자 : 닭을 판매하는 것이 더 이익이 되니

닭부터 만든다.

○ 연기설 : 닭과 알이 서로 의존해서 생겼다.

○ 신학자 : 신의 뜻은 누구에게나 공평하다.

알과 닭은 처음부터 공존했다.

○ 상식적인 사람 : 알은 스스로 껍질을 깨고 나올 수 없다.

닭은 완전한 개체이니 닭이 먼저다.

어느 답도 결정하기 어렵다. 나라면 모든 상식을 종합해서 닭이
먼저라고 말하고 싶다. 신학, 과학, 진화론이나 연기설이든지 간에
완전한 것이 먼저라는 생각이 든다.

알은 닭의 도움이 필요하다. 알은 처음부터 불완전하다.
닭은 처음부터 닭이니 시작은 그렇게 되어야 한다.
부모가 아이를 낳지, 알이 닭을 낳을 수는 없다.
생식 능력이 있어야 자손을 생산한다.
그래서 사람도 완전한 인간에서 시작되었다고 생각이 된다.

다음은 한 번쯤 겪었을 우리들의 경험을 돌아볼까 한다.
그 경험도 인간의 시작에 대한 어떤 힌트를 주기 때문이다.
사람들은 아주 어렸을 때 "엄마, 나는 이 세상에 어떻게
태어났어?"라고 자연스럽게 자신의 출생에 대해 물어본다.
부모들은 대답을 회피하거나 때론 전혀 엉뚱한 답을 한다.
"애야, 너는 부모가 사랑으로 낳은 아이란다."
하늘에서 주신 선물이며, 귀한 손님으로 찾아왔다고 한다.
어떤 부모는 다리 밑에서 주워 왔다고도 한다.
아이는 풀리지 않는 실타래처럼 답답함을 느끼면서 '내 부모는

누구이지?' 하고 한때 고민의 시간을 가지기도 한다.

아이들은 어떻게 태어났는지 한 번쯤 궁금한 때가 있다.

어른으로 성장하면서 결혼도 하고 부모가 된다.

자식을 낳으면서 출생의 비밀은 자연스럽게 알게 된다.

하지만 더 큰 궁금증이 생긴다.

인간은 이 세상에 어떻게 왔는지, 언제부터 살았는지?

인간 본질에 대한 철학적인 질문이 머리를 맴돌 때가 있다.

그때부터 인간의 시작에 대하여 조금씩 습득하기 시작한다.

초등학교에서 대학교까지 한 번쯤 들어 봤을 이야기이다.

하느님이 세상을 창조했고, 흙으로 아담과 이브를 빚었다.

단군신화에서 곰이 마늘을 먹고 사람으로 변했다.

도교는 만물은 도에서 태어나서, 도가 이 세상을 기른다.

다윈의 진화론은 한 개의 단세포에서 진화하여 오늘의 인간이 되었다

등등 동서양의 전설 같은 이야기를 통해 인간의

시작에 대한 생각이 더욱 깊어지기도 한다.

이 생명은 어디에서 왔고 시작은 언제부터일까?

이 넓은 우주는 누가 만들었을까?

내가 살고 있는 이 지구는 누가 만들었을까?

그리고 인간은 누가 만들었을까?

세상은 보이는 세계와 보이지 않는 세계가 있다. 또한 인간의

힘으로 관리가 되는 세계와 그렇지 않은 세계가 있다.

하늘, 땅, 바다 등 인간의 힘을 넘어선 자연이 있고, 사자, 고래 등

사람과 함께 살지 못하는 야생의 동·식물도 있다.
위와 같이 인간을 넘어선 세계는 사람의 일상생활과 관련이 없고,
소통이 되지 않는 자연과 야생의 동식물은 이번에는
다루지 않으려고 한다.

인간의 시작도 역시 답하기가 어렵다.
지금까지 여러 학설이 있었지만 여전히 혼란스럽다.
인간은 육체, 감정, 의식 등 여러 겹의 몸으로 구성된다.
그래서 단순히 보이는 육체라고 단정하기에는 어려움이 있다.
몸은 보이는 부분이며, 마음은 보이지 않는 부분이다.
마음은 어떻게 시작되었을까?
보이지 않는 부분이라 객관적으로 판단하기가 어렵고 말을
해도 혼란이 있으니 이 부분도 다루지 않으려고 한다.

사람은 보지 못하면 심리적으로 불안하다.
눈으로 보지 못하면 알 수 없기 때문이다.
그래서 눈으로 직접 보기를 원하며, 끊임없이 알고
싶은 욕구가 가득하다.
인간은 자신의 근원을 알아야 사람을 이해하고,
인생도 이해할 수 있어 행복한 삶을 산다고 생각한다.
그러면서 행복하게 살 수 있는 방법을 얻었다고 좋아한다.

인간의 눈에 보이는 몸 부분으로 제한해서 알아보려고 한다.
앞의 글에서 닭이 먼저냐, 알이 먼저냐의 물음을 했을 때
닭이 먼저라고 말한 바 있다.
시작은 완전한 개체, 닭이 되어야 한다.

마찬가지 사람도 완전한 인간이 필요하다.
그래야지 시작이 가능하다.
건강한 어른 남녀가 모두 있어야 한다.

인간의 처음과 시작에 대한 결론과 이해를 돕고자 이야기
한 편을 만들었다.

어느 한 사람이 있었다.
아주 선하고 하늘과 땅을 존중하며 살았다.
땅 위에서 초록의 식물, 나무와도 놀았다.
냇물과 같이 걸으며 나무와 산들의 품에서도 놀았다.

어느 날은 푸른 하늘에 가까이 가고자 산을 넘었으며
긴 강을 따라 바다라는 종착지에도 가 보았다.
그러던 중에 자기와 같은 사람이 없음을 알게 되었다.
밤하늘을 보며 친구를 보내 달라고 간절하게 기도했다.
신은 응답을 주었다.

유난히 평화로운 날 별이 반짝이다가 땅 위에 떨어진다.
자기와 닮은 다른 사람이 다가 온다. 그 둘은 친구가 되었다.
두 친구가 잘 놀고 하나처럼 가까워졌다.
별이 선물로 온 것처럼 또 하나의 친구가 생겼다.
아주 따뜻한 손길과 보살핌을 끊임없이 주었다.
그렇게 하나에서 둘이 되고 셋이 되었다.
이제는 지구라는 집에서 77억 명이 살고 있다.

시작은 하나에서 왔다.

그 하나가 별을 통해 또 다른 하나를 불렀다.

하늘에서의 일을 땅에서도 이루게 되었다.

인간은 어떻게 시작 되었을까?

한 사람이 시작이다.

바로 나로부터다.

나는 아이에서 어른이 되면 여자 친구를 찾는다.

그 친구와 서로 가까워지고 가정을 꾸민다.

하늘에서 별이 떨어지듯 아이가 태어난다.

아이는 두 사람의 가장 큰 헌신을 받고 자란다.

사람은 사랑을 먹고 자라 다른 사람과 가까워진다.

사람은 사랑으로 또 다른 이를 만든다.

어려운 방법과 기준으로 알아보려고 고민하지 말자.

사람은 하늘 아래 땅에서 살고 있다.

음과 양처럼 남자와 여자로 구분해서 태어났다.

지금의 나를 보면 알 수 있다.

역사 이전까지 내려가다 보면 알 수 있듯이

하느님이든 공(空)이든 연기(緣起)이든 유전자 등 우리가

관여할 부분이 아니다.

사람으로 완전한 나만 보면 된다.

나는 인간의 모든 역사가 만들어 낸 가장 최근의 완성품이다.

최초의 인간은 동굴에서 살았다고 한다.

언어와 이름도 없이 먹고 사는 일이 전부였던 적이 있었다.
동굴에서 이름도 없고 말도 없었던 시절에 인간은
참다운 인간이었을까?
동굴 속의 인간도 그들 자신을 알았어야 했다.
인간의 자각은 이름에서 시작한다.
소리에서 언어가 만들어지고 사람은 그들을 부르기 시작한다.
이름을 사용하면서 가족, 문화, 역사를 전하면서 발전시킨다.
부족사회, 도시가 되고, 큰 나라를 이루게 된다.
이름은 인간 역사에서 시작과 전승의 의미가 담겨 있다.

사람도 어른인 남과 여, 두 사람의 사랑에 의해서 잉태되고
만들어진다. 인간만이 인간을 만든다.

인간과 인간의 연결은 끌어당김 바로 사랑에서 시작한다.
사랑이 깊어지면 함께 살고 싶어 한다.
사람들은 평생을 같이 살고 싶어 징표나 서약을 받는다.
둘은 이제 하나가 되어 한집에 산다.
인간은 그렇게 자손을 낳고 번성하기 시작한다.

인간의 몸은 결국 사랑에서 시작되었다.
인간은 사랑으로만 사람을 만들 수 있다.
인간은 사랑으로만 사람을 기른다.
이 세상은 사랑이 만든 세상이다.
사랑이 세상의 근원이자 바로 사람의 근원이다.
사랑은 모든 것의 시작이 된다.

인간은 자기도 모르게 사랑을 쓰면서 살았던 것이다.
그래서 시작과 끝을 찾기에 많은 어려움이 있었다.
자기도 모르게 시작하니 그 지점을 정할 수가 없었다.
종교, 철학, 과학 등은 인간이 만든 아는 것에서 시작한다.
자기가 모르고 시작한 것을 아는 것에서 찾기란 불가능하다.
그래서 인간의 시작을 찾기에는 더 어려움이 많았다고 본다.

상식은 어찌 보면 인간의 가장 근원적인 힘을 대표한다.
'모든 인간은 죽는다.'처럼 인류의 경험을 축적시켜 누구라도
받아들일 수 있는 결론을 이끌어 주기도 한다.
그래서 지금 인간으로 직접 인간의 처음을 볼 수 있게 한다.
시작과 끝은 동전의 양면처럼 언제나 같이 있다.
그래서 지금 즉시 그 시작을 볼 수 있다.

사람의 본질을 다시 보자. 그러면 알아보기 쉬워진다.
당신은 사랑에서 태어났다.
그리고 시간이 흐른 후에 사랑으로 돌아간다.
그리고 더 시간이 흐른 후에 또다시 사랑으로 태어난다.

인간은 그렇게 순환된다.
사랑이 또 다른 사랑을 낳아 계속된다.
사람은 바로 사랑에서 태어나 사랑으로 돌아간다.

🍀 모음의 세계에서 사랑은 만물처럼 이 세상에 찾아왔다.
앎의 세계에서는 사랑만이 사랑을 만들었고 길렀다.
이 세상의 시작이며 모든 것의 끝은 결국 사랑이다.

2. 생명이 조화로 살아가는 방법, 길(道)

길하면 내가 자주 갔던 아름다운 꽃길이 떠오른다.
해마다 봄이 되면 꽃을 보고 차를 마시러 화개에 간다.
화개는 이름처럼 꽃으로 세상을 연다는 아름다운 곳이다.

봄의 전령이 화개에 이르면 10리가 되는 벚꽃길이 펼쳐진다.
화개장터에서 쌍계사까지 꽃의 축제에 사람들은 황홀하다.
전국의 상춘객은 100년이 넘은 벚꽃의 군락에 축복을 받는다.

또 다른 아름다운 꽃길도 있다.
결혼식장에 펼쳐진 꽃길은, 두 사람의 인생길이 화창하고
아름답게 살라는 의미를 갖고 있다.
이처럼 꽃길은 인생에 대한 아름다움과 축복을 담고 있다.
우리의 인생길이 그처럼 아름다운 꽃길이 되기를 빈다.

길은 목적지로 가는 이정표가 되어 사람들을 이끌어 준다.
그래서 그 길을 따르는 사람은 마음이 편안하고 느긋하다.
가는 걸음마다 가볍고 편하게 원하는 곳으로 걸을 수 있다.

사람은 자신의 길을 알아야 한다.
자신의 '인생'이라는 길을 만들어서 홀로 가야하기 때문이다.
그러려면 인간의 역사와 문명이 담긴 세상의 길을 먼저
배우고 경험해야, 삶의 길을 안전하게 갈 수 있도록 해 준다.

또한, 나도 세상 속에서 사람들과 함께 살아가야 하며,
문명의 일부로서 내 인생을 걸고 참여하기 때문이다.

길 중에서 가장 중요한 길이 인간의 길, 바로 인생길이다.
인생을 엮은 것이 역사이자 세상의 문명과 문화가 된다.
그래서 문명은 인간 자체가 길이 되며, 인간이 만든 모든
산물이 된다.

한때는 문명의 총화가 담긴 로마가 세상에서 길의 중심이
되었지만, 이제는 구글이 모든 것을 통하게 한다.
"세상의 모든 정보를 한 곳에 집대성해서 누구나 사용할 수 있도록
하겠다."라는 회사의 선언문에서 역할을 알 수 있다.
구글은 정보를 통해 지금까지 이루어 놓은 세상의 모든 문명과 문화를
보여 주며, 인류의 지도이자 길을 안내하고 있다.

길은 또한 세상의 이치를 말하기도 한다.
사람의 도리, 사람 사이에서 지켜야 할 도덕과 전통,
미풍양속과 풍습을 말하기도 한다.
다양한 사람에게 삶의 빛이 되며, 인류 역사의 등불이 된다.

사람의 도리는 무엇이 있는가?
사랑과 헌신, 지혜와 자비, 존중과 겸손 등 다양하다.
사람은 이러한 도리를 익히며 삶의 길을 가야한다.
자신을 행복하게, 세상을 이롭게 하는 자신만의 길을
만들어야 한다.

그러면 세상의 이치와 도리인 길은 당신을 빛나게 할 뿐만 아니라 다음 세대에게는 기쁨, 위안, 편안함을 주고 발전을 이루게 한다. 또한, 인간의 위대한 역사를 만들어 가는 새로운 도약이며 우리들의 미래를 보여 주기도 한다.

세상에 나와 있는 길을 구분해서 쉽게 소개하려고 한다.
먼저 만물이 시작하는 생명의 길을 따라가 보자.
1번 글에서 모든 생명은 사랑에 의해서 태어났다고 말했다.
생명은 사랑에 의해 사랑을 주고받으며 사랑을 키운다.
생명은 사랑을 위해 살고 사랑을 위해 죽는다.
생명은 사랑 속에서 오직 사랑만으로 존재한다.
생명은 바로 사랑이 된다.

생명은 자신만의 이름으로 세상에 나타난다.
만물에게 이름을 주는 소리가 있다.
만물에게 모양을 주는 빛이 있다.
만물을 포용하며 세상 전체라는 우주가 있다.
인간은 하나의 개체이며 소우주라고 한다.

우주에 소리가 진동하니 이름이 무한으로 태어났다.
우주에 빛이 반짝이니 모양이 무한으로 만들어졌다.
우리가 아는 지구라는 집이 지어졌다.
하늘, 땅, 바다, 강, 산이 모습을 드러냈다.
새, 물고기, 동물, 나무, 식물이 모습을 드러냈다.
만물의 영장이라는 사람도 모습을 드러냈다.

생명이 이름과 모양을 얻으니 세계가 만들어졌다.

사랑은 세계의 모든 생명을 살게 하며 그들을 키운다.

사람도 무리에서 사회로, 나라로 그들의 세계를 키운다.

생명이 진동하니 소리가 되어 사랑을 주고받는 언어가 된다.

언어라는 것은 생명이 소리에 모양을 담아서

만물이 서로를 알아볼 수 있도록 하였다.

모든 개체에서 하나의 개체로 분리가 일어나며,

그때부터 자신만의 거처를 정하고 살았다.

하나의 개체는 자신만의 생각을 하게 되었으며 독립했다.

하나의 개체가 다른 개체를 만나니 사랑이 교감된다.

두 개체는 하나가 되어 또 다른 개체를 만들어 낸다.

하나의 개체에서 무한의 개체로 늘어났다.

무한의 개체가 긴 시간의 역사를 통해 만들어졌다.

바로 사람이며 세상이다.

다음은 만물의 토대가 되는 자연의 길이다.

자연은 하나의 도이며 길이라고 많은 선배들이 말했다.

자연은 그 나름의 규칙이 있다.

만일, 물이 바다로 가는 것이 아니라 산을 향해 간다면

어떤 일이 일어날까?

산의 동물이 하늘에서 산다면 세상은 어떻게 변했을까?

하늘을 나는 새가 바다에서 살고 싶어 바다로 간다면?

한때 공룡이 지구의 주인이었으나 이제는 볼 수가 없다.

아프리카의 너도밤나무는 몸통만 있음에도 여전히 살아 있다.

하늘은 높고 땅은 평평하다.

물은 높은 곳에서 낮은 곳으로 흐른다.

구름은 바람에 따라 움직인다. 하얀 눈도 겨울에 찾아온다.

봄, 여름, 가을, 겨울이 번갈아 순환된다.

지구가 태양계를 돈다.

자연에 도가 없으면 큰 혼란이 있을 것이다.

세 번째로, 사람이 만든 세상의 길이다.

문명이자 문화, 세상에 있는 모든 것들은 사람이 그동안

쏟아부은 정성과 땀이 이루어 낸 증거이자 역사가 된다.

만리장성은 달에서도 보일 만큼 크다고 한다.

스핑크스가 지켜 주는 이집트의 피라미드도 신기하기만 하다.

요즘은 민간인 우주여행이 곧 이루어지는 때가 온다고 한다.

또한, 하나의 세포에서 출발했다는 인류는 그 발전의 속도와

크기를 말하기 힘들다. 4차 산업혁명이 우주, 인공지능,

생명공학 등 전 분야에서 신의 세계에 가까워지도록 한다.

이제 스마트폰만 있으면 공간을 뛰어넘어 미국에 살고

있는 친구의 얼굴을 마주 보고 대화를 할 수 있다.

이 세상은 인간의 모든 역사와 의미를 담고 있다.

세상의 길을 만들기 위해 인간은 여러 시도로 노력했다.

정신의 길인 철학과 종교가 있다.

물질의 길인 경제와 과학, 건강의 길인 의학, 심리학도 있다.

예술의 길인 문학, 음악, 춤, 미술 등 다양한 길이 있다.

또한, 나라를 다스리는 법, 사람 사이의 오랜 전통과 풍습,

미풍양속 등 사람 사이를 규정하는 제도도 있다.

세상의 여러 길들이 수천 년 넘게 사람들을 나르고 있다.
기독교는 사랑이라는 길, 힌두교는 베다와 요가의 길,
불교는 4성제와 8정도라는 길, 그리스는 철학의 길,
중국은 도교와 유교의 길 등 다양한 길이 있다.

근대는 과학을 통한 산업혁명으로 자동차 길, 철길, 비행기가
가는 하늘길이 번창했다. 현대에는 우주의 길, 가상 세계인
인터넷길이 있다. 특히, 인공지능, 가상화폐, 바이오 세계,
각종 플랫폼이 새로운 길을 열어가고 있다.

인간이 사랑과 모든 노력으로 만든 최고의 문화가 길이다.
길은 시작이 있지만 끝은 늘 현재가 된다.
그래서 끝이 없고 늘 변하며 매 순간 새로워진다.
오늘이 바로 문명의 현재이며 끝이기도 하다.
문명은 인류가 만든 모든 역사이자 길이다.

끝으로 한 인간의 길인 개인의 길을 알아보자.
한 개인은 나이자 바로 당신이다.
누구나 자신의 길을 알고, 그 길을 따르면 편안하고 좋다.

사람이 사는 방법을 길이라고 하며 인간의 역사를 담고 있다.
지구에는 약 77억 명이 자신의 삶을 개척하며 살고 있다.
사람 개개의 역사를 길이라고 하며, 인간을 조화롭게
성장시켜 준다.

헤르만 헤세의 책 싯다르타에 보면 뱃사공 이야기가 나온다.
강을 건너 주는 배는 삶이라는 세상을 건너 주는 길이며,
다리이자 연결이다. 또한 배는 기존의 세상, 육지에서
다른 강을 건너 새로운 세상을 만나도록 해 준다.

길은 삶의 다양성 속에서 스스로 나아가야 하는 과정이다.
인생이라는 강을 건너 주는 자신만의 길을 배워야 한다.
물이 흘러가듯 편안하고 유유자적하게 여유로워야 한다.
하늘과 바람처럼 자유로워야 한다.
산과 땅처럼 굳건하기도 해야 한다.
사람들 사이에서 서로 편안하고 이로워야 한다.

사람들은 스스로 하나의 꽃이 되어야 한다.
삶의 길에서 만나는 이들을 서로 도와주고 지켜 주며,
사랑과 지혜로 인생을 살아가야 한다.

사람의 길은 시작과 끝이 있다.
시작은 당신이 있는 곳이며 끝은 목적지가 된다.
당신이 바로 중요한 시작이 된다.
당신이 정하는 곳이 목적지가 된다.
당신은 이처럼 커다란 힘이 있는 사람이다.
바로 당신이 인생의 주인이며, 주인공이기 때문이다.

사람의 길은 개인마다 다르다.
개인마다 자신의 길이 있다.
사람은 자신의 길은 걸어야 한다.

자신만의 길을 만들어서 가야만 한다.
한 사람은 그래서 길이 된다.
당신이 바로 그 길이 된다.

길은 사람이 사랑으로 채워가며 사는 방법이다.
길은 바로 당신의 가장 빛나는 삶이며,
또한, 당신의 모든 것의 역사가 된다.
아울러, 땀과 열정으로 평생을 통해 자신이 만든
꽃의 정원이기도 하다.

하늘에서 꽃이 피어나며 인생의 꽃길을 열어 주길 빈다.
인생의 주인공이 되어 아름다운 꽃길로 걸어가길 빈다.
그저 하늘에서 도와 행복한 꽃길을 가기를 바랄 뿐이다.

♧ 생명이 빛으로 만든 자신만의 삶이 길이다.
　　사람들 속에서 사랑으로 자신의 길을 가야 한다.
　　　하늘도 도와주고 땅도 응원할 것이다.
　　　　또한, 사람들도 힘을 더해 당신의 길을 도울 것이다.

3. 몸을 얻어 이름으로 살아가는 일, 나

나는 오직 나로서만 존재한다.
나는 하나의 나라요, 세상이자, 역사이다.
또한 이 세상에서 유일무이한 중요한 것이다.

나는 몸을 받고, 이름을 얻으며,
어른이 되어 자신의 세계를 펼치고 알린다.
자신을 가장 많이 좋아하고 또 다른 나,
다른 사람들과 사랑으로 함께한다.

나는 이름으로 세상에 알려지며, 삶의 업적으로 증명한다.
나를 행복하게, 세상을 이롭게 하는 목적으로 평생을
헌신하며 꿈을 이루면서 산다.

이름은 중요한 가치가 있다.
이름은 사물들과 존재들이 다양하고, 특성들도 제각기 다른
까닭에 이름이 필요하게 되어, 만들어 사용했다고 한다.
특히 사람은 이름이 한 번 주어지면 평생을 가지고 살아가게
되니, 사람의 운명에 큰 영향을 준다고 생각해서 성명학으로
발전하고 오늘날에도 여전히 성행하고 있다.
그래서 내가 어릴 때 집안 어른들께서 가족의 이름을 지어 주곤 했다.
집이 부자거나 명문가에서는 많은 돈을 주고 유명 작명가나 역술인을
통해 이름을 지었다고 한다.

이름은 사람이나 집안의 운명에 큰 영향을 미친다고 하여
그 옛날부터 투자를 아끼지 않았던 부분이다.
먼 인도에서는 태어나면서 부모로부터 진짜 이름을 받으나,
결혼하기 전까지는 가명을 쓰는 곳도 있다고 한다.
이는 바로 자신의 행복한 인생을 위해서다.

이처럼 이름은 세상 어느 나라든지 중요하게 여겨지고,
행복한 인생을 위해 최고의 이름을 주려고 했었다.
이름 외에 세례명, 호, 닉네임 등 다양한 호칭도 있다.
사람들은 이름을 통해 자기 자신이나 가족 등 가까운
사람들이 잘살기를 원하기 때문이다.

하나의 생명을 사람이라고 하며 개인이라고 한다.
개인으로서 살아가게 되면 나라고 하는 역할이 한평생 주어지고,
다른 사람들과 함께 세상에서 살아간다.

한 생명이 사람으로 태어나면서 부모를 얻는다.
부모는 가족의 일원이 된 그에게 이름을 주며,
몸과 동일하게 여기며 살아가도록 한다.
다른 가족과 함께 사회의 구성원과 세상의 일부로서
살아갈 수 있는 계기를 마련하여 준다.

아이는 사회의 첫 단계인 가족의 일원으로 같이 살게 된다.
집이라는 한 공간에서 보고, 먹고, 자라며, 생활을 공유하고,
서로 많은 것들이 오고가며 가족의 정을 느끼기도 한다.
몸은 조금씩 자라 걷는 등 활동이 자유로워짐에 따라 이름과

몸이 같다고 자신도 모르게 스스로 인식하게 된다.

가족들에게 이름이 불려 지며 몸을 이름과 하나라고 여긴다.
그러면서 몸과 이름을 '나'라는 것으로 알게 된다.
이름과 몸을 하나로 '나' 또는 '자신'이라고 여기며,
다른 사람과 독립하여 스스로 생각하게 된다.
이름과 몸을 쓰면서 날마다 자신을 성장시킨다.
몸이 나이며, 이름이 나라고 생각(기억)한다.

이때부터 나는 몸과 이름을 동일하게 여기며, 사람들에게
이름으로 소통하게 된다. 그러면서 만나는 모든 사람에게
인사하면서 자랑하듯 자신의 이름을 알려 주곤 한다.
현실에서 '나'라고 불리는 이름과 몸을 자신과 동일하게
여기며 '나'라는 것에 세상의 모든 것을 축적하게 된다.

다음은 사람이 태어나면서 사는 법을 배우는 과정이다.
의무교육이라도 되듯이 보통 3~4살이 되면 대부분의 아이
들은 어린이집이나 유치원에 간다.
7~8살의 되면 초등학교를, 이후 중학교, 고등학교, 대학교를
20~25살까지 다닌다.
나이를 먹으면서 집밖으로 나가 다른 세계를 경험한다.

집밖의 세계는 참으로 넓고 다양하다.
아이, 어른, 남녀, 외국인 등 타인으로 둘러싸여 있다.
다른 집도 있으며 상가, 아파트, 백화점, 공장, 회사도 있다.
하늘도 있고 그 속에 새도 있고 비행기, 태양과 달도 있다.

땅도 있으며 산과 나무, 개울과 강, 개와 고양이도 있다.
바다에는 새우와 고래, 섬이 있고 거대한 대륙도 있다.
이렇듯 사람은 눈에 보이는 세계를 먼저 배우게 된다.

다음으로 보이지 않는 세계도 경험한다.
보이지 않는 다양한 것들도 있다.
빛과 어둠이 있고 바람과 공기가 있다.
뜨거움과 차가움도 있으며, 땅속 지하와 하늘 밖 우주도 있다.
보이지 않고 느껴지는 것도 있는데 흔히 감정이라고 한다.
사랑과 미워함이라는 감정이다.
좋아하고 싫어한다. 웃음이 일어나기도 하고 울기도 한다.
기뻐하기도 하고 성내기도 하는 7개의 감정이 있다.

하지만 조금 더 이상한 것도 있다.
그것은 사람과 세상 전체를 담고 해석한 어떤 것들이다.
인간 전체에 대해 결정이 담겨 있는 표현, 결론, 경험들이며,
과거로부터 내려오는 경험을 포함하고 축적된 것들이다.
많은 사람을 만나다보니 말에 의미가 담겨 결정하는 것들,
사람과 세상 전체를 담고 해석한 이야기를 하는 것을 듣게
된다. 사람은 생로병사가 있다고 하며, 모든 사람이 나서
늙고 병들고 죽는다는 것을 알게 된다.
태어나서 경험하지 않은 것들임에도 본 것처럼 받아들인다.

죽음이 앞에 있으면 바람 앞에 촛불처럼 피하고 싶다.
또한, 슬퍼지며 몸이 약해지는 병에서도 도망가고 싶다.
인류의 역사를 통해 얻어진 여러 경험이 전해지며,

자신의 몸과 이름을 지키려는 두려움과 걱정이 생겨난다.
나이를 먹으면서 점점 피하고자 노력도 하게 된다.

인간은 "행복을 추구하는 존재다."라고 개인 전체에 대한
경험을 담은 말을 듣는다.
사람은 '선해야 한다.'라고 세상 전체에 대해 말하기도 한다.
인생을 알지도 못하고, 평생을 살아 보지도 않았으며,
모든 사람이 되어 살아 보지 못했는데 말이다.
이렇게 멋진 말을 하는 것을 세상은 '통찰'이라고 하고,
'지혜'라고 한다.

또한, 선택하지 않고 찾아오는 것들도 있다.
나라고 여기는 것이 없을 때 주로 찾아온다고 한다.
평화로움이며, 침묵이고, 고요함이다.
이를 어떤 종교는 하느님의 선물(축복)이라고도 하며,
인간의 깨달음이라고도 한다.
자아의 죽음이라고도 하며 지복이라고도 한다.
세상은 물질보다는 마음의 세계를 진실과 실재라고 여기며,
진리의 세계를 추구하는 사람들도 보게 된다.

한 인간은 개인이 되며, 각각이 모두 특별한 존재이다.
모든 아이가 태어날 때는 부모의 사랑과 헌신이 필수적이다.
대부분의 어머니는 아이를 임신하고 열 달 동안 깊은 교감을 통해
좋은 말과 음식 등을 태아에게 주려고 정성을 다한다.
이후 평생 동안 진자리 마른자리 참아 내시며 마음과 돈을
아낌없이 주고 목숨이 다하는 순간까지 가슴에 품고 산다.

그래서 어머니의 은혜는 바다보다 하늘보다도 넓다고 한다.
그토록 값진 사랑을 통해 세상에 나온 우리들이 바로 나다.
사람은 그토록 큰 사랑을 받고 자란 소중한 나이기도 하다.

나는 몸으로 살아가기도 하고 존재하기도 한다.
세상에서 나 이외의 것에는 반드시 이름이 쓰인다.
그래야 그 사람을 알아보고 소통이 편리하기 때문이다.

나는 이름이다.
나의 세계는 이름의 세계이며, 이름의 역사가 된다.
나의 이름을 세상에 남기려면 이름을 세상에 알리면 된다.
나는 나만의 세계가 있다.
나는 나를 가깝게 느끼고 친하게 여기며 가장 많이 사용한다.
자신을 가장 많이 사용하니 무엇보다 소중해진다.

나는 '나'를 떠나서는 한순간도 존재할 수 없다.
나라는 배경이 없으면 한 생각도 할 수 없고,
평생 익숙하며 하나로 연결된 것이 '나'인 것이다.

그런데 신기한 일이 있다.
몸을 평생 동안 자신으로 여기며, 자신이 원하는 삶의 길을
가고 있어도 '나'를 알기 어렵다고 한다.
나를 찾으려 했던 그리스의 철학자 소크라테스를 알 것이다. 그는
"나는 나 자신을 모른다."라는 한마디를 함으로써 그 시대에 가장
현명한 스승으로 알려지게 되고, 오늘날에도 그의 모름의 지혜를
배우려는 사람들이 많다.

나는 그저 지금이 나이며, 지금까지의 모든 것이 나다.
나는 이름과 몸을 가지며 한순간도 나를 떠나서는
활동하거나 존재할 수 없다.
편안하게 나를 믿자.
나를 좋아하고 편안하게 대하고 날마다 보살펴 주면 된다.
자신이 원하는 것을 먹고, 보고, 들으며, 하루의 일이
마무리 되면 자면 된다.

나는 나의 주인이며 나를 어떻게 할 다른 사람은 없다.
나는 나로 살아야만 하는 운명이며, 천명이다.
나를 그저 한없이 존중하고 사랑하면 된다.
그저 자연스럽게 하늘을 보고 땅 위를 걸으면 된다.

세상 모든 사람들이 스스로에게 나가 된다.
세상 사람들은 스스로 모두 나인 것이다.
나를 나로서 존중해야 되고 존중받아야 한다.

나는 소중한 존재다.
나는 존중받아 충분한 존재다.
당신도 그러하다.

🙌 내 몸이 이름을 얻으니 세상에 인사하며 신고하게 된다.
　　나는 세상에 오직 하나 뿐인 소중하고 귀한 존재이다.
　　나를 아끼고 사랑으로 대하면 이름값은 충분하다.

4. 모든 것들이 살아 활동하는 세계, 세상

하늘과 땅 사이에 인간이 보는 모든 것을 세상이라고 한다.
한 사람도 하나의 세상이며, 모두 자신만의 세상이 있다.

신이나 하늘이 세상을 만드신 것은 사람이 진정 원하는
삶을 펼치면서 살아가도록 준비한 것이다.

우리는 그 목적과 의미를 소중하게 여기면서 모든 사람들이
서로 존중하고 조화롭게 살아가야 한다.

내가 어릴 적에 간절히 갖고 싶은 물건이 하나 있었다.
지구라는 세상을 작은 원으로 압축시킨 지구본이었다.
지구본은 바다를 포함하여 모든 나라가 표기되어 있는데,
처음 그것을 접했을 때 두 가지 마음이 들었다.
첫째 세상이 무척 넓다는 것이다.
우리나라도 넓어 이름을 알지 못하는 곳이 많은데,
보지도 듣지도 못한 나라의 이름들이 수도 없이 표시되어
있어 나를 깜짝 놀라게 했다.

다른 하나는 우리나라가 대륙의 귀퉁이에서 토끼모양으로
거의 찾기 어려울 정도로 작게 표시되어 있다는 것이었다.
한민족으로 고유한 한글이 있는 멋진 나라라고 배웠는데
이렇게 작다고 생각하니 그때는 바로 인정하기가 어려웠다.

모든 것들이 모여 사는 것을 세상이라고 한다.
모든 것들은 이름과 모양을 통해 형상이라고 한다.
모든 것들이 활동하는 것을 현상이라고 한다.
모든 것들이 살아 있는 동안을 수명이라고 한다.
모든 것들이 생명을 떠나는 것을 죽음이라고 한다.

땅 전체를 지구라고 한다.
하늘 밖 전체를 우주라고 한다.
나를 포함하여 모든 사람을 인류라고 한다.
모든 사람은 말을 하며 소통하는 언어가 있다.
모든 사람은 먹는 음식을 통해 살아간다.
모든 사람은 집이라는 공간에서 거주한다.

사람은 세상의 일부이다.
모든 사람은 몸을 자신이라고 여긴다.
나 이외의 다른 몸을 가진 사람을 남이라고 하며,
나와 다른 사람이 함께 살아가는 것을 세상이라고 한다.
나는 몸과 이름을 통해 세상에서 이미지화된다.
한 사람이 사는 동안을 인생, 삶, 세상이라고 한다.
사람마다 자신의 인생이 있고, 삶이 있고, 세상이 있다.

사람에게 처음 사람의 관계인 가족이 있다.
할아버지, 할머니, 아버지, 어머니, 형제, 자매가 있으며,
같이 살며 자주 보기도 하지만 가깝고도 먼 사이다.
마치 나무가 뿌리와 줄기, 잎 등이 한 몸인 것처럼 끈끈한
유대감과 동질감을 살아가는 평생 동안 가지게 된다.

두 번째 관계는 자신의 혈연과 관련이 없는 가족 밖의
관계가 있다.
나이에 따라 친구, 선배, 후배가 있다.
장소와 역할에 따라 사장, 동료가 있다.
사람은 그 시작을 모르듯이 세상도 그 시작을 모른다.
사람은 그 끝을 모르듯이 세상도 그 끝을 모른다.

요즘은 디지털 시대이며, 인터넷 시대라고 한다.
가상 세계인 인터넷으로 사람과 얼굴을 보며 이야기하고,
돈을 송금하고 찾기도 하며, 물건을 주문하고 받기도 한다.
말만하면 텔레비전이 켜지고 청소기가 집안을 청소도 한다.
자동차가 하늘을 날고 자동 운행되는 것도 금방이라고 한다.

매트릭스 영화를 소개하는 메인 영상에서 0과 1이 화면의
위에서 아래로 계속해서 내려가는 장면이 있다.
컴퓨터가 구현하는 가상 세계는 0과 1이 만드는 세계다.
보이는 현실 세계도 0과 1이 존재한다.
이름과 모양이다.
세상은 이름과 형태로 존재한다.

나는 자라면서 보이는 것을 배우고 익히며 경험한다.
눈에 보이는 모든 것을 담는다.
귀를 통해서 들리는 모든 것을 담으며,
코로 냄새나는 모든 것을 담는다.
입에 먹을 수 있는 것을 담고, 피부로 접촉하는 것을 담는다.
의식을 통해서 생각하는 모든 것을 담는다.

여섯 가지 감각을 통해서 모든 것은 나에게 쌓인다.
여섯 가지 감각은 단 한순간도 멈춤이 없다.
여섯 가지 감각은 내가 살아 있는 동안만 꾸준히 활동한다.

세상은 이름과 형태로 구분하여 사람이 정한다.
사람이 소리(말)와 의미(언어)로 규칙을 정해 사용한다.
사람이 사람과 잘 지내고자 말과 언어를 만들었다.
가정마다, 지역사회, 나라, 대륙 등 말과 언어가 다르다.
사람마다 보고, 듣고, 이해의 정도 등 각각 정보량이 다르다.
세상의 규칙은 법률, 도덕, 가치관 등 시대에 따라 다르다.

세상은 신이 창조했다고 하는 창조설이 있다.
또한 개체가 스스로 끊임없이 발전했다는 진화론이 있다.
세상은 하느님이 인간을 창조했다는 일신론이 있고,
창조성이라며 다양한 신이 존재한다는 다신론도 있다.
다신론은 종교, 신화, 샤머니즘으로 세상에 알려져 있다.
논리를 통해 세상을 증명하는 철학이 있다.
수식과 실험적 현상으로 실증하는 과학도 있다.
사람 자신을 믿으며 스스로의 가치와 기준으로 사는
무신론도 있다.

사람이 한 세상이다.
사람의 한 세상은 한 개의 인생이다.
한 사람의 인생은 한 개의 삶의 역사다.
사람의 역사는 개인이 사는 동안만 기록된다.
사람의 인생은 자신이 작성하며, 자신이 주인공이다.

나와 나 이외의 모든 것은 세상이다.

세상은 아주 넓다.

시작과 끝이 없고, 말과 언어를 통해 배우게 된다.

사람은 사람을 통해서 가장 많이 배운다.

사람이 그 인생을 글에 남기니 책이 된다.

책은 사람의 역사이며, 세상 모든 것의 역사다.

사람도 하나의 인생, 삶, 역사이자 세상을 담고 있는 증거다.

세상은 신이 인간에게 주신 하나의 선물이다.

사람들은 신이 주신 귀한 선물을 잘 맛보고 사용해야 한다.

보이는 세상을 아름답게 보존해야 하고, 발전도 시켜야 한다.

또한 사람이 한 세상 이듯이 자신을 소중히 사랑해야 한다.

자신이라는 삶을 아름답고 찬란하게 빛나게 해야 한다.

나는 하나의 세상이며 가장 귀한 보물이기 때문이다.

세상은 신이 주신 물건이니 아주 귀하게 대해야 한다.

보이는 세상에서 보이지 않는 세상까지를 포함에서 모두

정성껏 대접해야 한다.

그래서 사람은 세상의 동반자이자 반려자가 되어야 한다.

사람이 사람을 좋아하고 귀하게 대해야 한다.

신이 주신 모든 것을 소중히 여기며 같이 살아야 한다.

세상은 누구의 소유도 아니고 누구의 손에 의해 좌지우지

되면 안 된다고 본다.

모든 것들이 그저 자유롭게 살아가도록
푸른 하늘처럼 지켜보고 응원하기만 하면 된다.

높이 나는 새가 멀리 보듯이 높은 곳에서 세상을 보아야
진정으로 볼 수 있다.
위대한 갈매기처럼 세상을 이롭게
하면서 내 집처럼 편안하게 살 수 있다.

모든 것들은 스스로의 목적을 알아야 한다.
그래서 생명이 다하는 날까지 자신이 원하는 것을 이루며,
세상 만물이 서로 이롭게 하면서 살아가기를 바랄 뿐이다.

♧ 세상은 크고 넓으며 모든 것을 담고 있다.
　 모든 것을 살게 하며, 모든 것을 살아 있게 한다.
　　 나 그리고 모든 것들이 그 속에서 자유롭다.

5. 나만의 역사를 소중히 만들어요, 인생

인생은 시작도 끝도 알 수 없다.
하지만 내가 주인이 되어 만들어 가야할 작품이다.
오직 나만을 위한 명작을 주인공으로 세우는 소중한 일이다.

100세 시대를 맞아 주어진 생명이 예전보다 무척 길어졌다.
서두르지 말고, 천천히 주변을 구경하고 살아 보자.
맛있는 것도 먹고, 좋은 것도 보고,
멋진 친구와 즐거운 시간을 마음껏 보내면 된다.
인생의 주인공은 누구라도 멋지게 살아야 하기 때문이다.

우리는 인생살이를 동물에 비유하는 경우가 종종 있다.
여유가 넘치는 사람은 베짱이처럼 팔자가 좋다고 한다.
학이나 사슴처럼 살고 싶다며 고상한 인생을 꿈꾸기도 하고,
어떤 사람은 칭찬인지 악담인지 개미처럼 부지런히 일만
하라고 하며, 소처럼 우직하게 밀고 나가야 된다고 한다.
이솝우화는 동물을 비유하여 삶의 의미와 지혜를 알려 주는 글이
많다. 나는 개인적으로 학과 여우의 이야기를 좋아해서 남들에게
종종 들려주기도 한다.
여우가 학을 놀려 주려고 접시에 스프를 대접하고,
학은 여우의 대접에 목이 긴 호리병에다 고기를 넣어
맛있는 냄새만 풍기기도 한다.
대접한대로 대접받는다는 빛나는 지혜를 알려 준다.

사람에게는 자기만의 세상이 있다.
자기만의 특별한 세상을 우리는 인생이라고 하며,
사람이 태어나서 죽음에 이르는 전 과정을 말한다.
한 개인의 역사며, 삶이라고 부르기도 한다.

인생은 개인의 삶 총량이며 전 과정이다.
인생은 한 사람이 태어나서 죽음에 이르는 모든 시간과
몸의 역할을 합한 것이 된다.
인생은 시간의 의미에서 긴 인생, 짧은 인생이 있다.
학처럼 천 년을 사는 긴 인생은 행복한 인생일까?
하루살이처럼 짧게 산 인생은 불행한 인생일까?

인생은 하나의 극장이라고도 한다.
감독은 인생이라는 극을 총괄하며 작품을 만들고,
작가는 역할이라는 스토리를 만든다.
배우는 주연, 조연, 단역으로 활동하고,
관객은 즐거워도 하고 슬퍼하기도 하면서 감동한다.
나는 한 세상이며, 그 세상의 주인공이다.
나는 세상에서 다양한 역할을 배우고 경험한다.
나는 생명(시간)이라는 돈보다 비싼 비용을 지불한다.

인생은 세상에서 자신의 역할과 배역으로 행복한 인생,
불행한 인생이 있다고 생각한다.
돈 많은 사장으로 역할을 하면 만족한 인생일까?
가난한 직원의 역할로 살면 불만족한 인생일까?

영화는 사람들의 다양한 인생을 보여 주는 종합예술이다.

나는 개인적으로 무술 영화를 좋아한다.

오십이 넘은 나이에 무슨 무술 영화냐 하는데 아직도 재미가 있으며,

무술 배우 중 이연걸을 좋아한다.

20대 초반에 그가 주인공인 〈소림사〉를 본 적이 있다.

그의 무술 동작은 화려하고 한마디로 예술이었다.

이후 황비홍, 동방불패, 태극권 등 그가 주연한 수많은

영화를 찾아가서 보았다.

동양의 무술 영화를 서양에 소개한 배우로 이소룡이 있지만

심각하고, 성룡은 너무 코믹하여 무술의 가치를 잊게 한다.

주성치는 쿵푸 허슬, 서유기 등에서 코믹하지만 무언가 인생의

맛을 느끼게 하고, 뚱뚱한 몸매임에도 고난이도 무술 동작을

쉽게 표현하는 홍금보도 있다. 이처럼 영화에는 사람들의

다양한 삶과 개인의 인생이 담겨 있다.

나는 가장 나답게 살기를 원한다.

나는 인생이라는 극장에서 행복한 배우가 되길 바란다.

한번뿐인 출연 기회를 최고의 가치를 위해 사용해야 한다.

인생은 내가 모든 역할을 하는 극장이기 때문이다.

노래도 인생에 대한 즐거움과 지혜를 담고 있다.

트롯이 대세인 요즘 인생의 의미를 잘 보여 주는 송대관의

〈네 박자〉, 태진아의 〈동반자〉를 나름 좋아했다.

직장에 다닐 때는 18번으로 애창하곤 했는데, 직원들이

"세상 답답한 사람이 그래도 노래는 조금 하네." 하면서

같이 웃기도 했다.

저 푸른 초원 위에 사랑하는 우리 님과 한 백 년 살고 싶네,
봄이면 씨앗 뿌려, 여름이면 꽃이 피고, 가을이면 풍년 되어
겨울이면 행복하다고 남진은 노래한다.
인생과 삶의 의미를 노래로 표현하며 지혜를 전하고 있다.

신이 인간에게 준 선물 중 가장 귀한 것이 생명이다.
한 사람에게 주어진 생명의 총량이 인생이다.
생명을 소중하게 쓰라고 단위를 구분했다.
생명은 시간을 횡적인 축으로 움직인다.
초, 분, 시간, 일, 월, 년으로 불리는 단위가 있다.
분기, 반기, 세기 등 묶음으로 한 단위도 있다.
인생은 시간의 단위와 주기가 있다.

사람의 인생에는 특별한 단위가 있다.
공자 가라사대 지학(1~15세), 이립(16~39세), 불혹(40~49세),
천명(50~59세), 이순(60~69세), 종심(70세 이후)이 있다.
인생을 나이로 구분하여 의미와 내용을 익히도록 했다.

인도는 4주기로 인생을 구분해서 알려 주고 있다.
세상을 배우는 학생기(범행기),
직업과 가족을 부양하며 사는 가주기(세속기),
세속의 가치에서 벗어나 은둔 수행을 하는 임서기(은퇴기),
영적 성취를 위하여 깨달음을 추구하는 유행기(탈세속기)이다.
이는 인생에서 어떤 역할을 수행하는지 잘 보여 준다.

우리나라 사람의 평균 수명은 82세 정도다.
보통의 사람에게 주어진 생명 재산의 양이다.
시간을 돈과 같이 복리처럼 사용할 수 있는 방법은?
그 방법을 알면 대박 날 것이다.

글을 보는 지금 이 순간도 시간은 사용된다.
물론 가만히 숨을 쉴 때도 멈춤이 없이 작동한다.
태초부터 지금까지 앞으로도 무한히 사용되어 영원토록
지나갈 것이다.

시간은 누구에게나 공평하게 주어진다.
사람은 물론 자연, 우주에게도 모두 똑같다.
물론 나에게도 다르게 주어지지 않는다.
시간을 잘 쓰는 것은 인생을 잘사는 것이다.

사람은 어떻게 하면 시간을 가치 있게 쓸까?
어떻게 시간을 나를 위해, 나만을 위해 쓸까?
내가 선호하는 대답은 자신이 하고 싶은 일을 하며,
하고 싶은 역할을 하는 것이다.
내가 평생 동안 하고 싶은 일과 역할만 하면 된다.

해마다 여름휴가철이 되면 지리산이 있는 화개로 간다.
그곳에는 차를 사랑하며 소중히 여기는 두 자매가 있다.
2001년 처음 방문한 이래로 벌써 20년이 되어 가지만,
두 분은 태어나서 50여 년 넘게 그곳을 떠나지 않으면서
전통차 맛을 지켜 내기 위해 지금도 정성을 다하고 있다.

찻잎을 구하려고 깊은 산골에 몇 시간을 오르기도 하고,
그날 따온 찻잎으로 최상의 맛을 내기 위해 밤 세워
작업하기도 한다.
특히 차를 만드는 기간에는 생선, 고기 등 냄새가
심하거나 자극적인 음식은 일체 먹지 않는다고 하며,
어느 해에는 먹는 것이 부실하여 작업 중에 쓰러지는
경우도 있었다고 한다.

좋은 차 맛을 내려고 인근 쌍계사의 순한 물을 받기도 한다.
또한 차나무의 자라는 위치나 일조량에 따라 찻잎의 특징과
성질을 구분해서 차를 만들어 왔으며, 차 잎이 가진 고유의
맛을 최대한 살리려 노력을 해 왔다고 한다.

아울러, 사십 년이 넘은 찻집은 수많은 명인들의 다기 작품을
한 눈에 볼 수 있는 전시관이 되었으며, 특히 차 자리에서
한 잔의 차를 위해 좋은 다기와 물, 집중하는 손길은 화개의
야생화와 찻물이 어우러져 황홀해진다.
그 집에 가면 고운 주인의 멋에, 차 맛에 흠뻑 취하게 된다.

이 귀한 차 맛은 어떻게 얻어야 하는가?
이들은 무엇을 위해 인생을 모두 걸고 있는가?
소중하고 귀한 것에는 그보다 값진 무엇이 있다.
당신은 무엇을 얻고자 무엇을 걸고 있는가?

내가 인생에서 가장 하고 싶은 역할을 꿈이라고 한다.
내가 좋아하는 일의 산꼭대기에 꿈이 있다.

나의 산을 정해서 오르기만 하면 되지만 꼭대기는
높아서 한 번에 오르기는 어렵다.
어떻게 올라가면 편하고 즐겁게 올라갈 수 있을까?
몸이 건강하면 즐겁게 오를 수 있을까?
비싼 등산복을 입으면 쉽게 오를 수 있을까?
좋아하는 친구와 함께 놀면서 가면 될까?
누구에게나 지불해야 할 비용이 있다.
인생을 원하는 대로 가꾸려면 그 누구도 공짜는 없다.

내가 살아가야 할 인생은?
나는 보통 사람이다. 어떤 기회를 가질 수 있는가?
그리고 기회를 위해 얼마의 비용을 지불할 수 있는가?
나는 어떤 능력을 가진 사람인가?

나는 나만의 역사를 가져야 한다.
나는 단 하나의 세상이며, 내가 주인이다.
나와 마음이 같은 사람은 그 어디에도 없다.
물론 몸도, 생각도 같은 사람은 없으니
다르게 사는 것이 당연하다.

인생은 선물이며, 누구에게나 주어진다.
생명이라는 시간으로 아무도 대신해 주지 않는 비싼
비용을 지불하도록 한다.
나는 삶 속에서 다양한 역할을 하면서,
자기 자신의 이미지를 만든다.
나도 알고 세상 사람들도 모두 안다.

나만의 인생을 어떻게 살아야 하는가?
성공한 사람을 복사하듯이 따라가면 되는가?
역사 속 인물 중에서 좋아하는 역할을 익혀야 하는가?

무엇을 배워야 하는가?
언제까지 배워야 하는가?
어떻게 배워야 하는가?

나는 무엇을 좋아하는가?
나는 무엇을 위해 사는가?
나는 누구를 위해 사는가?
나는 지금 무엇을 하고 있는가?
나는 지금 어디를 향해서 가고 있는가?

♧ 인생은 자신 스스로가 만들어야 하는 위대한 작품이다.
목숨이라는 평생의 시간을 비용으로 지불한다.
나는 행복한 인생을 살고, 만들고, 전해야 한다.

6. 인생 최고의 오아시스, 꿈

사람의 심장은 하트 모양이라고 하며,
소중한 생명처럼 마음을 담고 있다.
사랑하는 연인들이 주로 사용하며,
사랑에 빠지는 순간 심장은 가슴으로 변해
세상을 아름다운 꽃으로 만든다고 한다.
이처럼 인생에서 사람의 심장처럼 아주 중요한 것이 있다.
당신을 진정으로 설레게 하며 꼭 이루고 싶은 '꿈'이다.

사람이 자신의 꿈을 만나면 행복해지고 힘을 낸다.
한 개의 꽃을 피우기 위해, 쉬지 않고 밤낮없이 노력을 하게 된다.
사막에서 샘을 만나듯 당신의 인생을 황홀하게, 열정적으로
살아가도록 강력한 힘을 솟아나게 해 준다.

삭막한 사막을 아이의 눈으로 색다르게 전달한 소설이 있다.
우리가 익히 알고 있는 생텍쥐페리의 어린왕자다.
노란 머리에 하늘색 외투를 입은 어린왕자가
사막에 대하여 멋진 시처럼 한 수 말한다.

사막은 아름다워
사막이 아름다운 것은
어딘가에 샘이 숨어 있기 때문이야!
마음으로 찾아야 해.

BBC에서 제작한 아프리카 특집 프로그램에서 사하라 사막이 소개된 적이 있다. 사막의 길이는 5천 킬로미터가 넘으며, 모래바람이 한번 시작하면 1천 4백 킬로미터까지 휩쓸어, 생명체들이 살기가 무척이나 어려운 환경이라고 한다. 남한의 길이가 1천 6백 킬로미터 정도가 되니 그 모래바람 크기가 어마어마하다.

또한, 물을 얻기 위해 모래바람을 뚫고 이동하는 새들도 있고, 앙상한 몸으로 사막을 지키며 먹이를 구하려는 동물도 있으며, 먹이를 구하지 못해 동족을 잡아먹는 곤충들도 있다.

물은 사막에 사는 생명체에게는 가장 중요한 생명줄이다. 오아시스는 물이 나오는 샘으로 생명의 보금자리를 상징한다. 모든 어려움을 이기고 오아시스에 도착하여, 다양한 동물들이 순서에 따라 한 모금씩 물을 먹는 모습을 보면, 아름답기도 하고 경이롭기도 하다.

오아시스는 신기루처럼 여러 번의 위기를 겪어 얻을 수 있는 진귀한 생명수이자 보물이듯이, 꿈은 인생이라는 사막을 건너 얻어야 하는 우리들의 보물이기도 하다.

오아시스의 물을 먹는 동물에게서 표현하기 힘든 경이로움이 있듯이 꿈을 이루어 낸 사람은 위대하며 존경스럽다. 인생의 오아시스인 꿈에 대한 다양한 모습과 얻는 방법을 배우고 익혀야 한다. 그러면 당신의 꿈을 실현할 수 있다. 꿈은 이처럼 인생을 축복으로 만드는 오아시스다.

세상에서 가장 비싼 사과가 있다.

당신이 생각하고 있는 애플이 맞다.

혁신의 아이콘 스티브 잡스가 세운 회사다.

아이폰이 세상 곳곳에 있어 모르는 사람은 없을 것이다.

그의 일생을 담은 영화나 책이 우리나라에도 소개된 바 있다.

그는 또 다른 거인 빌 게이츠와 같은 해인 1955년에 태어났다.

불굴의 용기와 투지로 모든 역경을 이겨 내고 아이폰을

통해 새로운 시대, 스마트폰 시대를 연 사업가다.

짧은 이야기로 위대한 업적의 시작을 알리고자 한다.

잡스는 대학 시절 자신의 정체성을 찾고자 독일과 인도에

간 적이 있다.

인도에서 힌두 성자를 만나 진정한 사업가의 길을 찾게 된다.

그는 "세상을 개선하는 데는 토머스 에디슨이 카를 마르크스나

님카롤리 바바(인도 성자)보다 더 기여했다."라고 생각했다.

그러면서 세상을 개선하는 것이 진정한 기여라고 여기며,

미국에서 가장 창의적이며 혁신적인 CEO가 된다.

사업가의 길을 가며 그의 분신인 애플을 출범하여,

작은 손안의 편리한 세상 '아이폰'을 만들었다.

하나의 이해와 결심, 즉 꿈은 언제나 새로운 세상을 열어

주는 근간이 되며 세상을 변하게 하는 원동력이 된다.

꿈은 사람을 신으로 바꾸게 하며, 하늘로 날게 한다.

꿈은 사람에게 바다를 건너가게 하며,

오르기 힘든 산을 도전하고 오르게 한다.
꿈은 향기 나는 글을 만들어 책이 되게도 하고,
귀와 눈이 즐거운 음악과 미술품이 되기도 한다.
또한, 세상을 이롭게 하는 기차와 자동차를 만들며,
위대한 건축물이 세워지기도 한다.
때론 종교와 철학을 만들어 앎이 커지도록 한다.

꿈은 인생의 황무지를 오아시스로 만들어 준다.
꿈은 사람의 가슴에서 살아 있는 감동이며,
인간이 달에 오르는 추진력을 주기도 한다.

꿈은 인생을 걸고 얻어야 할 무엇이다.
또한 꿈은 인생에서 가장 원하는 무엇이기도 하다.
그래서 꿈은 인생에서 가장 소중한 그 무엇이 된다.

꿈은 꿈꾸는 자를 위대하게 성장시킨다.

　「내 가슴 깊숙이 보물과 같이 간직했던 꿈,
　　돌이킬 수 없는 현실, 차가운 운명이라는 벽을 넘어
　　저 하늘을 높이 날 수 있어요.」

국민가수 인순이의 〈거위의 꿈〉 일부다.
누구나 자신의 꿈을 믿고 가라고 한다.
마치 인생이라는 사막에서 현실과 운명의 벽을 넘어서야
비로소 오아시스란 샘, 꿈에 도달하듯 말이다.

꿈은 인생에서 얻기 어려운 무엇이다.
또한 찾기 어려운 무엇이기도 하다.
인생에서 큰 비용과 많은 시간을 함께하는 것이기도 하다.
꿈은 꿈꾸는 모두에게 주어지며,
매 순간 얻을 수 있는 것과
오랜 시간을 가져야 얻을 수 있는 것도 있다.

꿈은 자신에게서 얻을 수 있는 것도 있으며,
다른 사람에게서 얻을 수 있는 것도 있다.
꿈은 가지고 얻음으로써 얻는 것이 있으며,
보는 것으로, 경험하는 것으로 얻는 것도 있다.
꿈은 없는 것을 만들어서 얻는 것이 있으며,
있는 것을 더욱 성장시킴으로써 얻는 것도 있다.

꿈은 사람이 원하며 가져야 할 무엇이며,
바로 자신이 원하는 것에서 시작한다.
꿈은 원하는 대상을 정하는 것이며,
얻는 과정이 반드시 있다.

꿈을 이루는 과정에는 비용이 필요하며,
대상을 얻으면 비로소 이루게 된다.
꿈은 바로 간절히 원하는 대상이 된다.

꿈은 원대하고 소중한 것을 얻는 것이다.
꿈은 정하는 순간부터 원하는 것을 느끼게 되며,
당신을 이때부터 가슴 뛰게 한다.

꿈은 당신의 가슴에 열정이라는 불을 활활 타오르게 한다.
장자가 말하기를 "남아의 기상(꿈)은 구만리 창천을 나는
대붕처럼 위대하고도 거대하여야 한다."라고 했듯이
당신은 거대한 대붕이 되어 높이 날아가야 한다.

꿈은 잠시도 잊지 말고 늘 소중히 간직해야 한다.
우리는 결혼한 부부를 보면 알 수 있다.
결혼한 부부를 상징하는 징표가 반지이다.
반지는 100% 순수하며 변하지 않는 성질의 금과 강한
강도를 가져 잘 깨지지 않는 다이아몬드가 대표적이다.
두 사람의 만남이 얼마나 소중한지, 변하지 않고 깨지지
말라는 의미를 알려 준다.
꿈은 이처럼 소중하고 귀한 것이다.

사실 이 세상에는 소중한 것들이 아주 많고, 막상 소중한
것을 가지게 되면 한결같은 관계가 필요한 경우가 많다.
원하는 것이 크면 좋은 관계를 넘어 구속을 받을 때도 있다.
좋은 것이라 하더라도 도가 넘으면 오해와 욕을 먹기도 한다.
돈을 얻기 위해 친구와 부모를 배반하고, 상대방의 물건이
좋아 보인다고 하여 훔치면 안 될 것이다.

자신이 원하는 꿈을 이루기 위해서도 바른 방법과 관계가
필요함을 잊지 말아야 한다.
꿈은 대상을 얻을 때까지는 잊지 않고 가야 하며,
아주 소중해 결혼반지처럼 잠시도 빼지 않아야 한다.
꿈에 가까이 갈수록 감동이 커지고, 당신을 벅차게 한다.

꿈은 대상을 정해 자신의 의지로 중심을 잡아야 한다.
물론, 처음은 당신을 여러 위험으로 흔들리게 할 수도 있다.
때론 강하게 흔들어 한동안 멀어지기도 하며,
어떨 때는 완전히 잃어버리기도 한다.
그래서 당신이 꿈과의 관계를 꼭 유지해야 한다.

인생은 꿈으로 이루어져 있다.
매 순간 원하는 작은 꿈이 있으며,
자신을 위대하게 할 원대한 꿈도 있다.
꿈은 모든 꿈꾸는 자에게 끝없이 넓게,
그리고 끊임없이 허락된다.

당신은 자신의 꿈을 가져야 한다.
그리고 이루기 위해 시작하라.
그래서 반드시 이루기를 바란다.

♣ 당신의 인생을 가장 소중하게 하는 꿈이 있다.
바로 당신이 정하면 얻을 수 있는 꿈이다.
꿈은 당신을 진정으로 위대하게 한다.

7. 행복한 인생과 꿈을 이루는 실천, 일

일은 어른의 놀이이자 옷이다.
경쟁의 세계에서 자신을 지키며, 가치 실현의 기회를 준다.
놀이처럼 즐겁게 하면 원하는 성공을 할 수 있지만,
규칙을 잘 모르고 혹여 낙오라도 하게 된다면,
갖은 수모와 불편을 아주 오랫동안 겪게 된다.

일은 자신에게 맞는 옷으로 잘 선택해 편하게 즐기며,
이름과 명예를 높이고,
세상과 다른 사람을 이롭게 하면서,
자신에게는 성취감이라는 선물도 주어야 한다.

모든 일은 신성하다.
인류의 문명은 아주 옛날부터 오늘에 이르기까지
사람들의 숭고한 땀이 만들었기 때문이다.
땀 흘려 일하고 밥을 먹어 봤을 것이다.
그 밥맛은 꿀맛이다.

일에서 얻는 땀은 매우 고귀하다.
이마에 흐르는 땀은 하나의 집을 만들고, 도로를 개설하고,
큰 건물과 도시, 나아가 문명이라는 거대한 세계를 만들었다.
사실 일은 몸을 상쾌하게 해주고, 힘든 과제를 해결하기도
하며, 그 성취감은 내가 무엇을 이루었고, 세상에 어떤

도움이 되었다는 자랑도 생기게 한다.

고대의 움막에서 자금성, 파르테논 신전, 오늘날의 인공
위성에 이르기까지 모두 사람의 땀 흘린 노력의 성과다.

일은 그 옛날부터 사람들을 널리 이롭게 했다.

"일하지 않은 자 먹지도 말라."란 말이 있다.

옛날부터 날마다 자신의 몫의 일을 해야만 먹고 살아갈 권한이
주어진다며 일의 가치를 강조했던 말이다.

늙거나 존경을 받는 사람도 자신의 일은 자신이 해야 한다며,
자신의 일은 누구라도 대신해서는 안 됨을 알려 주고 있다.

이처럼 일은 누구라도 예외가 없이 자신이 반드시 해야 하는
책임이며, 역할인 것이다.

일하면 떠오르는 동물이 있다.

여러분들도 다 알고 있는 개미와 베짱이다.

부지런한 개미와 놀기만 좋아하는 베짱이, 각자 서로의
입장이 다르지만 이솝이 살던 시대는 개미가 이겼다.

근면하고 부지런한 것이 잘사는 방법이라고 알려 준다.

그때나 지금이나 근면 성실은 세상을 살아가는 중요한
진실이며 사람의 마음을 일깨우는 힘이 있다.

일은 신성한 노동이다.

나를 지켜 주고, 나답게 살 수 있도록 돈을 벌기 때문이다.

일을 하면 돈을 번다. 자기 사업을 해서 스스로 주는 돈과
남의 일을 해서 돈을 받는 경우 두 가지다.

또한, 일에는 고통이 있으며, 인내, 땀을 요구한다.
남의 돈을 벌기가 쉬우니, 하면서 위로하기도 하지만
대부분은 자신이 원하지 않는 행동을 해야 한다.
그래서 자기를 이기는 극기가 기본이 되어야 하는 것이
일이다.

돈을 받게 되면, 머릿속에 여러 장면이 떠오른다.
사랑하는 부모님, 아내와 아이들이 그동안 가지고 싶었던
신발이 내 눈앞에 선하다. 일용한 양식과 옷, 세금을 내며
당당하게 맛있는 음식을 먹을 수 있다.
늙으신 부모님께 건강 보조식품이나 헬스기구를 보내
드릴 수 있다. 그냥 웃음이 가득해진다.
좋아하는 이들에게 해 줄 수 있다는 것을…….

또한, 일은 사랑하는 가족을 지키는 힘을 준다.
일에서 번 돈이 가족을 위해 쓰일 때 기쁨이 커진다.
살아가는 모든 순간에 돈이 들듯이 가족에게도 마찬가지다.
가족들과 즐거운 시간을 보내며, 원하는 일과 어려움을 해결
하는 데는 돈이 필요하다.
일은 음식, 옷, 각종 세금 등 가족에게 꼭 필요한 것들을 필요할
때마다 바꾸어 주는 돈을 만들어 주며, 일상을 유지하는 비용이나
수단을 모두 제공하는 것이다.

사람이 먹지 않으면 아무것도 할 수 없듯이, 돈이라는 매체는
자동차의 연료처럼 연료통이 비면 움직일 수 없다.
연료가 떨어지면 돈을 내서 기름을 넣든지, 아니면 장신구

처럼 그냥 움직여 달라고 애타게 기도하는 것밖에 없다.
돈을 버는 일이 얼마나 소중한지 알려 주는 대목이다.

일은 나의 역할과 신분으로 존중받는 힘을 준다.
일이 없으면 마치 얼굴이 없는 사람처럼 무시되고 심지어
왕따를 당하기도 한다.
일을 마치고 집에 가면, 나를 기다리는 가족이 있다.
집사람이 힘든 일은 없었냐고 물으며, 아이들은 반가움을
담아 잘 다녀오셨냐고 인사한다.
학생이 학교 갔다 오면 자신의 일을 한 것처럼, 어른도 일을 마치고
오면 자신의 역할을 했다는 만족과 대접을 받는다.
대학을 졸업하고 빈둥빈둥 놀아 보면 대접이 어떠한지 다 알
것이다. 시험이라도 준비하지 않으면 국물도 없음을,
그것을 들었거나 경험을 해 본 사람도 있을 것이다.
일은 나로 존중받을 수 있는 중요한 신분이 되며, 돈이라도
잘 벌면 값나가는 보물처럼 귀하게 대접을 받는다.

일터는 자신이 해야만 하는 역할이 있다.
직장은 경쟁이 난무하며 실적과 성과로 모든 것이 평가된다.
인격이라는 당신의 권위는 집에 두고 나와야 한다.
손님은 왕이라도 된 듯 물건값보다도 무리하게 요구하는
것이 다반사며, 직장 상사는 회사에서 원하는 실적이나
성과를 내기 위해 달달 볶는 경우도 많다.

일은 어른이 되어야 입을 수 있는 옷이다.
어른이 되어 옷을 입지 않고 거리를 다닌다고 상상해 보라.

웃음거리가 되고 경찰서에 가서 주의도 받는다.

일은 힘든 노동만 있는 것이 아니라 그 이상의 가치를 준다.

자신의 자리를 지켜 주며 인정받게 해 주는 힘이 된다.

일을 잃어 보면 금방 알 수 있다.

일은 세상과 소통하는 연결과 만남의 장이다.

사람 사이의 관계를 문어발처럼 사방으로 넓게 연결해 준다.

그러나 많은 관계는 실이 엉켜 풀기 어려운 경우가 종종

일어나기도 한다.

유태인이 처음으로 만든 백화점은 돈, 물건, 사람이 많이

모이고, 경제활동이 활발히 일어나는 곳이다.

나도 물건을 사거나 구경하려고 백화점에 갈 때가 있는데

젊은 20대 남녀가 고가의 명품을 사는 것을 보면 부모님이

부자이거나 사업가의 집안인 것 같아 부럽기도 하다.

백화점처럼 돈과 사람이 모이는 곳이 일터며 직장이다.

또한 회사며 사업장이다. 사람과 사람이 늘 관계하고 거래

하며, 돈과 이해관계가 생산되는 곳이기도 하다.

사람이 모이면 돈이 모인다.

돈이 모이면 사람도 덩달아 더 모인다.

돈이 있는 곳은 사람과 소통하는 학습의 장도 된다.

다양한 경쟁 속에서 앞서거나 뒤서거니 하면서 대열에서

이탈하지 않으려고 백조의 발처럼 땀나게 움직여야 한다.

일은 당신의 이름을 세상사람 모두가 알도록 널리 알려 준다.

성공한 사람들은 이름을 감추고 싶어도 세상 모든 사람들이
알게 된다.
방탄소년단은 우리나라 최초로 빌보드차트에서 1위를 했다.
지난해 〈기생충〉이란 영화로 봉준호 감독이 아카데미 감독상을
받았다. 이들은 더 이상 국내인이 아니라 세계인이 되었다.
세상 사람들이 그들을 주목하고 환호하고 따른다.

모든 성공은 하나의 희망이자 빛이 되어 그 길을 따르는
사람들에게 용기를 주곤 한다.
당신의 꿈은 무엇인가?
생각해 보면 어릴 적에는 꿈이 있었으나 어른이 되면서
용두사미처럼 말하기 부끄럽게 되었거나, 하늘의 구름처럼
수시로 변해 알지 못한다고 한다.

꿈은 돈도 필요하고, 의지도 필요하고, 될 때까지 체력,
인내 등 나의 혼신의 힘을 요구한다.
그러다 꿈을 이루면 어떻게 되는가?
이름을 널리 알려 가문의 영광이 되기도 한다.
요즘도 서울대만 들어가면 잔치도 벌리고,
'자식 덕 좀 보겠네…'
하면서 플랜카드에 아는 이름이 보인다.

일은 꿈을 이루는 원동력이자, 실행하는 방법이다.
성공의 척도이자, 세상에 또 다른 자신을 만들어 내는
위대한 자기 계발의 증거가 된다.
또한 자신의 세계를 구축하는 시스템이자 원동력이다.

일은 자신을 세상에 드러나게 한다.

나를 세상에 알리는 다른 이름이며, 명함을 돋보이게 한다.

세상에 알려질 정도가 되면 명예나 명성은 저절로 따라온다.

"저는 이런 사람입니다."라고 말하지 않아도 명인, 전문가,

대가로 존중받으며, 하나의 전설이라고도 알려진다.

당신의 이름도 그래야 된다고 본다.

전구를 발명한 에디슨, 자동차를 발명한 포드, 스마트폰을

만든 스티브 잡스 등 세상을 크게 변화시킨 주역들이 많다.

이름을 모두 열거하지 않더라도 경제, 철학, 종교, 과학, 예술 등 전

분야에서 시대를 이끌었던 혁신가나 지도자가 있다.

그들에게는 열정, 식견, 세상에 대한 사랑 등 여러 요소들을

갖추고 있다.

그런데 그들은 공짜로 그렇게 훌륭하고 위대한 일을 했을까?

다 먹고 살자고 했으니 돈을 받았을 것이다.

성공해서 명예도 얻고 이름도 날려, 나도 알고

당신도 알고 있는 것이다.

하지만 그들의 성공은 돈을 번 것을 아무도 모르게 감춰 준다.

그것은 그가 번 돈보다도 세상을 이롭게 했기 때문이다.

자동차를 타면서 헨리 포드에게 절하지 않는다.

그들은 성공 이상의 것을 세상에 선보였다.

바로 편리한 세상, 편안한 세상을 선물했다.

세상을 위해 위대한 일을 한 것이다.

당대는 물론 다음 세대까지 편안한 세상이 보장되고 더욱

발전시키도록 기초를 깔아 준다.

세상을 발전시킨 힘은 더 나은 세계를 위해 그저 묵묵히
보이지 않는 사무실에서 일했던 사람들이 있어서다.
일이 바로 그러한 모든 것이 된다.

일이 힘이 든다고 피하지 말자.
돈을 적게 번다고, 일하는 당신이나 그 누구라도 깔보지 말자.
일터에서의 당신의 힘과 노력이 오늘의 세계를 만들었다.
일을 좋아하고 사랑하자.
일터에서 기쁘게 일하고 즐겁게 노력하자.

진정으로 잘 맞는 옷을 입으면 폼이 난다.
자신에게 꼭 맞는 일은 기분도 좋고 편안하다.
자신에게 맞는 당신만의 세계를 열어야 한다.
당신의 멋을 내고 폼 나게 살자.

♧ 당신은 일을 떠나서는 살 수 없는 세상에 살고 있다.
    당당하게 자신의 일을 골라잡고 평생을 걸어야 한다.
      일은 당신의 소중한 인생을 행복하게 해 준다.

8. 사람들과 믿음을 주고받는 일, 관계

관계는 사람과 사람 사이에 연결을 이루는 것이다.
눈에는 보이지 않으나 수많은 사람들이 오고 가는 세상의
다리처럼 사람들과 연결되거나 단절되기도 한다.

어떤 사람은 관계가 무거워 힘들고, 가벼워서
금방 지나치는 사람도 있다.
어떨 때는 간절히 원해도 멀어지고,
헤어지고자 해도 다시 만나 계속되기도 한다.

사람의 만남이 계속되려면 진심어린 관심을 가지고
꾸준히 노력을 해 나가야 한다.
관계는 귀한 만남이라 사람의 마음을 비용으로 쓴다.

세상은 혼자 살 수 없는 곳이다.
사람이 없는 곳이 없고, 사람과 함께해야 할 일이 많으며,
사람에게서 얻는 것이 무엇보다 소중하기 때문이다.

어느 방송의 〈나는 자연인이다〉라는 프로그램을 보면
주인공들은 가까운 사람에게 사기 당한 사람도 있고,
사업에 실패한 사람도 있다. 또한 성공해서 돈을 번 사람도
건강을 지키고 휴식하고자 자연으로 돌아가 농사를 짓거나,
전원생활을 즐기는 사람들이 많이 나온다. 자연인도 세상에

함께 살고 있으니, 방송에 나오는 것이다.

"사람이 강호(세상)다."
동방불패라는 영화에서 마교의 교주 임아행이 한 말이다.
중국의 신필이라는 김용의 대표작〈소오강호, 강호를 웃으며 논다〉는
원작을 바탕으로 만든 영화다.
주인공은 사람들이 권력을 잡기 위해 속고 속이며 싸움이 끊임없는
이 세상을 떠나, 평화가 있는 곳으로 가자고 하지만,
결국 사람은 사람을 떠나서는 살 수 없음을 "사람이 강호(세상)다."
라는 말로 알려 준다.

세계 인구가 77억 명이 넘었듯이 사람이 참 많다.
손안의 다른 세상인 스마트폰이 가상 세계를 살게 한다.
이제는 눈에 보이는 현상세계와 직접 보지 않고 연결이 되는
인터넷 가상 세계, 두 개의 세계를 소통하며 산다.
사람을 멀리한다고 혼자서 살 수 있는 세상이 아니다.

사람을 뜻하는 인(人)자가 서로 의지해서 돕고 살아야 하는데
자연인으로 혼자 살도록 하면 안 될 일이다. 그래서 자연에
살아도 사람과 연결되고 소통을 해야 된다고 본다.
사람은 사람만이 가장 도울 수 있기 때문이다.

사람은 사람을 떠나서는 살 수 없는 세상에 살고 있다.
태어나는 순간부터 부모, 형제자매, 친구, 직장 동료 등
다양한 관계 속에서 살아왔고, 앞으로도 살아 갈 것이다.
물론 인구도 더 빠르게 늘어날 것이다.

사람의 만남과 관계는 사람 사이를 연결시켜 주면서
소통하게 하고, 관계를 더욱 확대시켜 주기도 한다.
사람은 사람을 좋아하면서 같이 살아야 한다.

사람의 관계는 참으로 어렵다.
사람을 한 번 보고 알아보면 얼마나 좋을까?
그래서 두 번 보고 자꾸만 보고 싶은 사람이 되고,
그러다가 정들면 친구도 되고 같이 살면 얼마나 좋을까?
보고 싶고 만나고 싶은 사람이 많아지면 얼마나 좋을까?
그것이 사람의 도리이며 세상이 그래야 된다는 생각이 든다.

사실, 사람은 사람에게 상처를 받거나 배신을 당하기도 하고,
돈과 건강을 잃으면서 사람이 싫어 자연인처럼 세상을 등지는
경우가 많이 있다.
대부분은 가까운 가족, 친구, 아는 형님, 존경하는 선배나
직장 상사 등 믿었던 사람들에게 뻔히 알면서도 당한다.
평소 잘 아는 사람들인지라 막을 방법도 없고 속수무책이다.
그래서 아는 사람이 더 무섭다고 한다.

늘 알고 있는 가족을 한번 보자.
가족 중에 속 썩이는 사람이 한명은 있다고 한다.
부모가 가정 폭력의 주범으로 언론에 보도되기도 한다.
형제자매가 동생을 가르친다며 사정없이 다루기도 한다.

학교나 직장에서도 마찬가지다.
모두 좋은 친구인 줄 알았더니 왕따를 시키는 경우도 있다.

직장 상사도 자신의 권위를 앞세워 큰소리 내거나 괴롭혀서,
후배들은 스트레스로 이직과 자영업으로 내몰리기도 한다.
모두 같은 곳에서 매일 만나 밥도 먹고, 이야기도 나누고
때론 심중의 고민도 나누는 각별한 사이면서 말이다.
매일 만나는 사이라 피하지도 못하고 일방적으로 당하니
스트레스가 쌓여 미칠 지경일 것이다.
참!! 못된 사람들도 있다.

하지만 좋은 사람은 더 많다.
나를 정성들여 키워 주신 부모님,
한 마디의 말로 다른 세계를 열어 주신 선생님,
사랑하는 아내 등 좋은 사람들이 가까이에 많다.
사람 관계가 어려운 것은 어려운 사람을 만나서다.
좋은 사람을 알아보는 눈을 가지면 해결되지 않을까?

좋은 관계는 사람대하는 기술을 꼭 배워야 한다.
사실, 사람 관계는 좋게 유지하기가 아주 어렵다. 시간과 장소에
따라 달라지며, 나와 타인의 주관이 다르기 때문이다.
내가 원하는 의도와 비슷할 수는 있어도 똑같은 것이 아니며,
타인과 원하는 시기가 다르다.
어떻게 해야지 좋은 관계를 만들어 나갈 수 있을까?
만나는 사람들마다 원만한 관계를 갖기 위해 내가 좋아하는
사자성어와 이솝우화의 이야기를 통해 소개하려고 한다.

먼저 역지사지다.
네가 나를 모르는데 나도 너를 모른다. 맞다.

내 속도 모르는데 남인 당신의 속을 어떻게 알 수 있을까?
사람 마음을 보는 투시경이 있으면 옛날에 대박 났을 것이다.
사실 역지사지라는 말은 모르는 사람이 없을 것이다.
서로 입장을 바꾸어 보면 해결된다는 것이다.
마치 왕자와 거지처럼 서로 다른 신분이 되어 살다 보면,
다시는 잊어버리지 않고 분명하게 배우게 된다.

하지만 대부분은 생각만 있지 그렇게 행동하지 않는다.
자기 위주로 생각하는 습관이 몸에 배서 그렇다고 하는데
자주 싸움이 생기거나 신뢰가 깨지는 경우도 종종 있다.
그래도 역지사지다. 계속 연습하다 보면 분명히 성공한다.
잘하면 본전을 넘어 대박의 이익이 날 것이다.

두 번째는 상대방을 존중하는 것이다.
타인은 내 맘대로 할 수 있는 내 물건이 아니다.
그것도 역시 모르는 사람은 없을 것이다.
상점이나 음식점에서 필요한 물건을 사려면 어떻게 하는가?
당연히 주인에게 물건을 산 다음 돈을 내고 나올 것이다.
음식이 맛있다며 고맙다는 말과 돈도 얹어 주기도 한다.

세상에는 내 물건이 아닌 것이 많다.
내가 아닌 것은 어떻게 보면 다 남이며 남의 물건이다.
남의 생각, 남의 말, 남의 물건을 어떻게 대하면 좋을까?
내 것이 아니니 내 맘대로 하는 것만 조심하면 된다.
내가 주장하거나 결정하거나 판단하는 것은 마치 남의
물건을 마음대로 하고 쓰는 것이라 욕을 먹고 망신도 당한다.

음식점에서 밥을 먹고 돈을 내지 않고 그냥 나오면,
알지 않는가? 경찰서에 잡혀가 콩밥을 먹는다.
세 번째는 '왜 그럴까' 하고 상대방에게 물어보는 것이다.
역지사지는 내가 중심이 돼서 보는 기술이다.
왜 그럴까 하고 물어보는 것은 더 발전된 고급 방법이다.

상대방이 말하는 것 중에 잘 모르는 것이 있으면
당신은 어떻게 하는가?
그냥 넘어가는 경우와 물어보는 경우가 있을 것이다.
그냥 넘어가다가 장애물에 걸리면 큰코 깨지기 쉽다.
그의 말은 그의 것이며, 보이지 않는 것을 그냥 아는
체하는 경우 넘어지게 된다.

상대방이 무슨 생각을 하는지 전혀 알 수 없듯이, 꽉 움켜진
손에 무엇이 있는지, 모양과 의미는 어떤 것인지 물어보아라.
그는 마치 뛰어난 선생이 된 것처럼 친절하고 알아듣기
쉽게 설명해 준다.
사람의 머릿속을 알려면 꽉 진 주먹처럼 상대방이 펴서 보여
주던가, 손을 펴달라고 부탁을 해야만 기회가 주어진다.
그 다음은 눈을 크게 뜨고 보면 된다.
보면 상대방의 의도를 알게 되어 편안해지고 좋다.

이번 것도 연습이 최고다.
상대방에게 모르는 것은 물어보고 물어봐라.
당신을 알아봐 주고 신뢰하며 존중해 준다.
사람은 자신을 존중해 주면 존중으로 대부분 답을 준다.

잘 익은 과일, 사과, 포도, 수박은 맛있다.
왜냐고? 과일도 잘 익으면 자신을 뽐내려고 제맛을 낸다.
그 맛은 달콤하다 못해 기운을 북돋아 주고 힘도 나게 한다.
잘 먹으면 얼굴색도 달라지고 발걸음이 가벼워진다.

사람이 익은 과일처럼 맛이 나면 얼마나 좋을까?
만나면 설레고 기운이 충만해지며, 잠시 잃었던
나의 의미와 꿈을 되찾아 주고 응원을 받는다면
그 만남은 '짱'일 것이다.
앞에서 이야기한 좋은 기술 3가지만 연습하면
앞으로 그러한 관계가 가능해진다.

사람을 존중하니 존중을 받게 된다.
존중은 남의 것을 내 마음대로 안 하면 된다.

역지사지로 왼쪽으로 돌리고 오른쪽으로 돌려 보면
보이지 않는 상대방의 다른 것들이 보인다.
그것은 당신이 아는 길을 가듯
상대방의 선을 넘지 않을 것이다.

상대방에게 물어보니 답을 준다.
답을 받으니 꽃이 되기도 하고 보물도 된다.
인맥도 되어 재산도 되고 돈도 된다.
사람 사이가 좋아지면 사람이 꽃이 된다.

부모가 사랑으로 키웠음을 알고 존경으로 대한다.

나를 믿어주고 알아주는 친구가 생긴다.
나를 사랑해 주고 자신의 전부를 맡기는 연인이 생긴다.
사장이 직원에게 신뢰를 주니 명예와 성공을 얻는다.
취미로 좋아하는 것을 함께하며 성장할 수 있다.

이솝우화에 보면 태양과 바람의 이야기가 나온다.
좋은 관계는 태양의 온기처럼 자연스럽게 두려움이라는
외투를 벗기고, 솔직함이라는 몸을 편안하게 드러나게 한다.
학과 여우의 이야기처럼 상대방의 조건에 맞게,
여우처럼 짧은 입에는 스프접시를,
학처럼 긴 입에는 긴 호리병을 준비하면 된다.

사람은 어려움의 대상이 아니다.
나도 누구에게 꽃이 되어야 하고,
남도 나에게 꽃이 되는 관계가 되어야 한다.

그렇게 할 수 있다.
나도 그렇고 당신도 그러하다.
관계의 기술을 통해 사람을 꽃의 정원으로 만들어야 한다.
아름다운 꽃과 열매가 주렁주렁 열리도록 해야 한다.

🌸 사랑의 관계는 오고 가는 말과 언어가 소통하는 다리이다.
    상대방 말을 잘 받아 주고 가는 말을 정중하게 주면 된다.
       그러면 신뢰가 쌓여 아름답고 가치 있게 연결시켜 준다.

9. 몸과 마음의 컨디션이 최고, 건강

건강은 몸도 튼튼하고 마음도 튼튼한 것이다.
건강한 몸에 건강한 정신이 깃들며,
몸이 가볍고 입맛이 좋으며 잠을 잘 자는 것이다.

일상생활에서는 자신의 일을 온전하게 처리하며,
사람들 사이에서 편안한 관계를 유지하는 힘이다.

건강은 한 인간의 삶의 가치와 질을, 생명의 마지막까지
유지하는 최선이자 최상의 비결이다.

건강한 나라에 오신 것을 환영합니다.
대형 목욕탕이나 찜질방에서 본 적이 있는 안내 문구다.
이 장에 들어가기 전에 실례를 무릅쓰고 질문을 드린다.

당신은 지금 건강합니까?
생각을 하고 답을 하면 건강하지 못한 것이며
바로 건강하다고 답을 할 수 있으면 건강한 것이다.
건강은 재산처럼 자기 것이라 금방 확인이 된다.
그래서 내 몸에 대해 건강한지 점검이 필요하다.
미루지 말고 건강을 바로 점검해 보자.

사실 건강은 병이 없는 것이 아니다.

건강은 그저 심신이 편안하고 즐거운 상태다.
집과 가정에서, 사회에 나가 사람을 만나거나 일터에서도
편안하고 즐거움을 가지고 보내면 건강한 것이다.

우리는 2년에 한 번씩 건강검진을 받는다.
검진 결과를 받으면 안심하고 2년을 보내게 된다.
하지만 수치가 정상이라도 병이 생기거나 심한 경우
암이 발견되어 죽음을 당하는 경우도 있다.
그래서 약을 먹거나, 고민이 많거나, 잠을 자도 개운하지
않다면 건강의 상태를 스스로 체크하는 습관이 필요하다.
사람들을 만나면서 생활 습관과 건강의 기준에 대해 생각해
볼 필요가 있음을 여러 번 보게 되었다.

요즘은 자고나서 가뿐하게 일어나는 사람이 적다고 한다.
대부분 일이 많거나 생활에서 스트레스에 노출되고 감당하기
힘들어 지쳐 있기 때문이다.
천근만근 되는 몸이 아니라 깃털처럼 가벼워 용수철처럼
벌떡 일어나는 몸이 언제인지 기억을 할 수가 없다.

건강은 그 옛날부터 사람의 중요 관심사였다.
최근 몇년 전부터 100세 시대라고 하며 보험이나 금융상품들이
100세를 맞춰 설계와 홍보를 하고 있다.
1960년 우리나라 평균 수명이 50살이 안 되다가 이제는 82살 정도
된다고 한다. 집집마다 종합 비타민제가 가정 필수품처럼 떨어지지
않으며, 피로를 풀어 주는 헬스보조기구가 부모님효도 선물의
1순위를 차지하고 있다고 한다.

또한, 도시 공원에 나가 보면 머리가 희끗희끗한 어르신들이 산책과
운동기구에 항시 젊은 사람보다 많이 모인다.
건강을 유지하기 위해 땀까지 흘리는 모습을 보면, 인생을
멋지게 가꾸려고 애쓰시는 모습이 정말 멋져 보이기도 한다.

이처럼, 건강은 예나 지금이나 사람에게 중요한 가치가
있는 오복 중에 하나이다.
건강은 자신의 삶의 질 전체를 좌우한다.
현대인들은 장수 시대를 맞아 운동과 식생활, 건강식품이나
헬스보조기구 등에 돈을 아낌없이 투자하고 있다.

신체는 크게 몸(육체), 가슴(감정, 기운), 마음(의식, 정신)으로
구성되어 있다고 한다.
개인적으로 4개의 건강분야로 구분해서 관리하면 좋다고 생각한다.
몸 · 가슴 · 마음 · 생활 건강 분야를 관리하여, 일상생활을 즐겁게 할
수 있어야 건강한 삶이 유지된다고 본다.

먼저 몸 건강이다.
한때 체력은 국력이라며 국가가 온 국민의 건강을 위해 노력하던
때가 있었다.
초등학교 때 조회시간이 되면 국민체조 음악소리에 맞춰
전체 학생이 따라 하던 기억이 난다. 수십 년이 지났음에도
잊히지 않아 혼자서도 할 수 있다.

몸 건강을 잘 지키려면 먼저, 잘 먹어야 한다.
육체는 음식으로 이루어져 유지된다.

몸은 음식으로 영양분을 골고루 섭취해야 혈색이 좋다.
또한, 유연해지고 행동이 민첩하게 된다.
잘 먹지 않으면 살이 빠지고 기운도 빠진다.
50대를 넘은 이제는 중·고등학교 시절 돌을 먹어도
소화시킬 정도로 체력이 왕성한 그때가 언제였던가 싶다.

다음은, 잘 자야한다.
잠이 보약이라고 한다. 잠은 정신을 맑게 해 주고, 기운을
충전시켜 몸을 가볍게 유지시켜 준다.
일찍 자고 적당한 수면 시간이 필요하다고 본다.
요즘처럼 일과 사람에 치이는 경우가 많아 불면증으로
고생하는 사람이 늘어서인지, 꿀잠이 그립다며 잠이
좋은 보약이라고 한다.

그다음으로 운동이다.
몸도 적당하게 활동을 해 주어야 관절이 풀어지고 혈액순환과 소화
등 신진대사가 원활해진다. 사실 운동이 가장 어렵지만 주 3회, 매회
30분 이상 운동은 다 아는 상식이다.

끝으로, 4대라고 하는 외부요인으로 바람, 추위, 더위, 습기가 과하게
되면 몸을 상하게 하니 조심해야 한다.
한기나 습기에 장시간 노출이나 접촉하면 몸으로 흡수되어
큰 병이 되기도 한다. 예전 전통 온돌방이나 한옥은 과학적이고
효과가 좋다며 다시 쓰는 분들이 많아지고 있다.

두 번째로 가슴 건강이다.

가슴의 활동이 감정이며, 몸으로 알아채는 느낌이라고 한다.
사람은 일곱 개의 감정을 가지고 있다. 보통은 칠정이라고
불리며 희(기쁨), 노(성냄), 애(슬픔), 낙(즐거움), 애(사랑),
오(미움), 욕(욕심)이 있다.

감정은 물처럼 흐르는 성질이 있다.
물은 고이면 썩듯이 흘러가게 두어야 한다.
어떤 고민이나 일로 7개의 감정 중 하나라도 댐처럼
막아 두면 몸에 병을 일으키기 쉽다.

세상 살면서 내 맘대로 안 되는 경우가 자주 있다.
남편이 술과 친구를 좋아하여 집안일에 소홀한가 하면,
직장에서는 승진을 위해 선배나 후배의 눈치를 보는 등
나의 마음을 몰라주고, 가슴을 아프게 하는 경우를 일상에서
자주 겪게 된다.
그러다 보면 스트레스가 되어 병으로 발전하기도 한다.

감정의 문제를 조금 해결하고자 쉬운 방법을 함께해 본다.
가슴에 쌓인 풀지 못한 감정을 흘려보내며 줄이는 적극적인
방법과 더 쌓이지 않게 하는 소극적인 방법이 있다.

먼저, 더 쌓이지 않게 하는 방법은 혼자서 시간을 보내면 도움이 된다.
문제에서 잠깐 빠져나올 수 있게 여행이나 영화,
가까운 친구를 만나면서 그간의 일을 잠시 내려놓으면 된다.
무거운 짐을 내려놓으면 답답했던 감정이 잠시 숨을 쉬며
휴식이 되고 좋다.

쌓인 감정을 줄이는 방법은 전문가를 만나 이야기하면 좋다.
그러한 문제를 풀어 본 사람들이 주변에는 많다.
솔직하게 자신의 이야기를 준비하여 절, 성당 등 종교의
어른이나 마음을 공부하는 단체의 지도자를 만나 상담하면
효과가 있다.

아니면, 선배 중에 웃음이 많으며 생활에서 여유와 안정적인
모습으로 사는 분을 만나면 대부분 해결책을 얻을 수 있다.
그들은 이미 그 문제를 풀었거나 해결할 수 있는 힘이 충분
하다고 본다.
여유와 웃음은 가슴이 건강한 사람의 모습이다.

가슴을 건강하게 하는 음식도 있다. 시, 소설, 음악, 미술,
무용 등 예술 작품이 가슴을 살찌운다.
좋아하는 음악을 하나 만나게 되면 가슴이 따뜻해지고
처리할 수 없었던 묵은 감정이 눈처럼 살며시 녹는다.

자연도 효과가 만점이다.
고요한 숲이나 강을 보고 앉아 있으면 나를 짓눌렀던
문제는 저 멀리 사라지고 새로운 기운이 충만하게 된다.
자연은 가슴을 치료해 주고 아픈 감정을 눈처럼 녹여 준다.
자연을 가까이하면 가슴은 건강해진다.
좋아하는 숲이나 공원을 자주 가면 좋다.

세 번째로 마음 건강이다.
마음은 나를 지칭하거나 의식이나 정신의 활동이라고도 한다.

마음은 생각하는 활동이며, 내가 하는 모든 역할에서 마음이
또한 작용한다. 마음은 내가 하는 의식, 생각, 정신의 모든
활동이라고 생각하면 이해하기 쉽다.

마음이 건강한 것은 구체적으로 구별하기가 어렵다.
마음은 보이지 않으니 어떤 모습으로 활동하는지 보통은
생각을 안 해 봤고, 그냥 내가 주인이 되어 대상이 있으면
보고, 생각하고, 판단하고, 결정하는 일을 반복하면
마음이 활동한다고 여길 뿐이다.

마음에도 모습은 있다. 그래서 구별과 변화가 가능해진다.
건강한 마음은 이해력이 풍부하고, 상상력이 넘쳐 난다.
늘 웃음이 있으며 여유롭고 너그럽다.
자신을 많이 좋아하고 자존감이 크다.
또한 호기심이 많고 새로운 일에 반대하지 않고
쉽게 받아들이는 모습이 있다.
이와 반대인 모습은 건강을 잃어 가는 경우이거나
잃은 것이라 생각하면 된다. 모습을 알았으니 자신의
마음 모습을 살펴보고 건강한 얼굴을 마주하면 좋겠다.

사람은 살면서 일상에서 매 순간 마음이 작동한다.
24시간 단 한순간도 거의 쉬지 않는다.
알다시피 꿈에서도 당신은 활동하고 있지 않은가?
단지 기억이 없다 뿐이지.

마음을 잘 쓰면 건강해지지만 잘못 쓰면 독이 된다.

스트레스라고 하면 다 알 것이다.

스트레스가 없는 사람은 보기 드물다.

스트레스는 보통 남의 눈치를 보는 것이다.

내 주관을 흔드는 남의 시선이 있다.

자신의 방어벽으로 스스로를 보호해야 한다.

나를 단단하게 믿고, 남의 의견이 들어오면 꾹 참고

무시하거나 빨리 그곳에서 도망치듯 떠나면 좋다.

눈으로 안 보면 사리지는 것이 스트레스다.

적당하면 약이 되지만 과하면 몸, 가슴, 마음까지 상한다.

마음은 힘이 강력해 몸 전체를 관리하며 많은 영향도 미친다.

명상이 마음을 건강하게 해 주는 건강법이다.

명상은 생각이라는 독을 제거하며 머리를 가볍게 하고,

마음을 회복시켜 준다.

명상에 대하여는 뒤에 27번 글과 부록을 참고하길 바란다.

명상은 설명도 많이 해야 하고 어렵기 때문이다.

아울러 조금 더 깊이 알고자 할 경우에는 전작인《쉬운
명상》을 참고해도 좋다.

끝으로 생활 건강이다.

생활 건강은 익숙한 말이 아닐 것이다.

개인적으로 필요하다 싶어 추가한 부분이다.

물론 다 알고 있는 내용을 구분만 한 것뿐이다.

삶이라는 매일매일의 일상에서 즐겁고 편안한 생활을
유지하기에는 어려움이 있다.

사람 관계, 일터에서도 편안해야 한다.
사람이 건강한 몸을 가지고 사회에 나가서 활동하는
것이 생활 건강이다.
집과 가정에서는 부모나 가장으로서 역할을 잘하며,
따뜻한 관계로 집안을 화목하게 할 수 있다.
일터에서는 즐겁게 일하고 소신 있게 활동한다.
아울러 사회에서 남들과 건강한 만남과 관계를 가져야 한다.
돈도 벌고 신뢰받고 좋은 평가로 장래가 발전하기도 한다.

건강은 나이를 먹어감에 따라 시간을 내어 관리해야 한다.
40대부터 노화가 시작, 50대가 넘어가면 급격하게 심해진다.
컨디션이 다운된 것처럼 느껴져 기운도 없고, 의욕이
점점 사라진다. 늙음은 피할 수 없는 숙명이자 삶의
소중함을 일깨우는 진실이다.

건강은 몸과 마음이 편안하고 즐거운 상태다.
좋은 삶은 생명이 다하는 날까지 건강이 유지되어야 한다.
화창한 봄날의 나비처럼 가볍게 살아가고 마무리해야 한다.

건강하고 즐거운 삶을 우리 자신에게 주자.
당신은 아주 건강해야 한다. 당신은 소중하기 때문이다.

♧ 건강은 당연한 것이 아니라 유지를 위해 노력해야 한다.
    그저 잘 먹고 잘 자니 몸도 가볍고 마음도 좋다.
    건강은 내 몸을, 내 인생 전체를 풍요롭게 해 준다.

10. 좋아서 하는 즐거운 놀이, 취미

취미는 아름다운 대상을 감상하고 이해하는 것이며,
전문적으로 하는 것이 아니라 좋아서 즐겨 하는 것이다.

전문가가 되지 않더라도 삶의 균형과 충전을 위해
취미는 약이 되며, 다양한 분야의 놀이가 주변에 널려 있다.

인생의 다른 맛을 알게 되게 되고,
나이를 초월한 새로운 친구들이 생기기도 한다.
취미는 잘 즐기고 잘 놀아야 한다.

당신은 레깅스를 아는가?
알고 있다면 당신은 시대의 흐름에 동참하고 있는 것이다.
레깅스는 여성들의 하의 운동복이다.
요즘도 길거리를 지날 때나, 버스 안에서도 레깅스를 입은
여성들을 자주 볼 수 있다.
요가를 하러 가는 여성분들도 있으시겠지만
일상복으로 즐겨 입고 다니는 일이 흔해졌다.
타이지 스타일의 몸에 딱 달라붙는 옷의 형태지만,
너무 편하고 좋아서 평상복으로 대세가 되어가고 있다.
사람의 관심사에 이처럼 취미가 있다.
유행을 따르면서 자신의 멋과 개성을 드러내고 있다.
당신의 취미는 무엇인가?

없다면 이 시대를 조금 멀리한 것이다.

직장에서 일이 끝나면 다들 어디로 가는가?
일이 남은 사람을 빼고는 대부분은 2부 행사를 한다.
직장과는 다른 딴사람이 되어 자신의 놀이를 즐기면서 충전을 한다.
산악자전거, 암벽 등반, 게임 등 취미가 널려 있다.
외국어가 필요하여 다양한 학원에 다니거나, 건강한 몸을
위해 헬스클럽, 필라테스, 요가원에 가기도 한다.
일을 잘하는 사람이 놀기도 잘한다고 하듯이 말이다.
이처럼, 취미는 자신을 개발, 충전시켜 주는 즐거운 놀이다.

어른이라면 누구나 1개 이상의 취미가 있다고 생각한다.
매일 밥 먹듯이 중독된 사람도 있다.
주말이면 집 앞 공원에서 아저씨 부대들이 족구를 하는데
아침부터 저녁까지 이틀 내내 웃고, 먹고, 공을 차는 등
재미가 쏠쏠한가 보다. 옆에서 구경하고 있으면
아이스크림 등 준비한 음식도 같이 먹을 수 있다.

어떤 사람은 사진에 미쳤다는 소리를 들어가면서 출사를
한다고 주말이면 새벽부터 나가는 분들도 있다.
대전에서 멀리 떨어진 전남 보림사의 물을 떠다가 전통 차를
맛있게 먹었던 나의 차 모임 친구들도 생각이 나며,
한국의 야생 녹차가 좋아 숨어 있는 고수들을 만나러
휴가철을 이용하여 찾아다닌 때가 새롭다.

이들은 왜 돈을 내고, 시간을 내고, 힘들게 운동하고,

잠을 줄여 가며 새벽에 먼 곳에 가서 사진을 찍는가?
맞다. 재미가 있어서다.
돈을 낸 영화라도 재미없으면 중간에 나오고, 음식이 맛이
없으면 다 먹지 않고 숟가락을 내려놓고 식당을 나오게 된다.

재미가 중요하다.
취미는 재미있게 시간을 보내는 것이다.
취미는 즐거운 놀이가 맞다.
취미는 재미가 넘치는 즐거운 것이다.

재미난 놀이에는 재미있는 사람들이 많이 있다.
고등학교 시절 남자라면 으레 당구를 경험한다.
운 좋은 날은 소위 고수들의 재주에 놀라곤 한다.
도저히 칠 수 없는 당구 볼은 하나의 예술이 되어 눈이
황홀해진다. 이후 당구대에 있는 흰 볼과 빨간 볼이
눈을 뜨나 감아도 눈앞에 자주 아른거린다.

당신이 참여하는 취미에도 분명히 뛰어난 고수가 있다.
초보자나 중간 실력자들은 지금의 실력을 한층 키우고
싶은 마음이 간절하다.
그래서 고수나 전문가는 어느 곳에서나 대접을 받는다.
밥을 사 주고, 커피도 마시면서 이런 저런 비법이 있는지,
아니면 속성 과외도 있는지 평소 안 하던 애교도 부린다.

물론 애타게 실력을 늘리고 싶은 사람도 여럿이 있다.
동병상련으로 자주 만나면서 의기투합하는 동지가 된다.

또한, 실력을 향상시킬 장비가 있다.

고가의 제품도 있고 때론 외국에서 들여왔다며 반짝반짝

탐나는 장비들을 자랑하는 회원들이 있다.

어느 때는 단체로 회식도 하고 출장 경기, 여행이라는

화합의 시간을 가지기도 한다.

재미난 놀이터에서 보고 싶은 사람, 가까운 동지도 생기고,

볼거리를 제공하는 장비, 그러면서 서로 울고 웃는 시간을

나누는 사람들이 나를 목 놓아 부른다.

취미는 재미있고 즐거운 곳이라고!

취미를 통해 돈을 버는 직종이 다양하다고 한다.

요즘 최고 잘 나가는 것이 유튜브, 블로그 등 인터넷 관련

분야가 있으며, 요가와 피트니스 지도자, 타로카드, 비즈공예

등 너무 다양해 열거하는 것이 어렵다.

돈도 벌고 잘되면 전문가가 되어 직업으로서 충분한 역할을

하고 있다. 제2의 인생길을 열어 주는 기회를 주기도 한다.

잘 지내는 후배 요가 선생님이 있다.

30대 초반의 얼굴도 예쁘지만 마음이 더 예쁜 친구다.

지난해 우연히 얼굴을 알게 되고 가끔 커피도 마시고,

요가에 대한 이야기도 자주 하는 편이다.

그 후배는 20대 초반에 건강을 위해 헬스를 시작했다고 한다.

운동이 좋아지자 유연성을 기르기 위해 요가를 추가해서

같이했다고 한다.

그러면서 요가에 푹 빠지고 전문가들이 좋아하는 아쉬탕가

요가에 발을 들이고, 지도자가 되어 사람들을 가르치고 있다.

요가를 하면서 건강한 몸은 물론 자존감이 좋아졌다고 했다.
아울러, 자신의 인생 오아시스인 꿈을 찾았다고 했다.
작년 가을에는 아쉬탕가 요가의 성지인 인도의 마이솔에도
다녀오며 대단한 열의를 보여 주기도 했다.
미혼인 그녀가 2달이 넘는 기간 동안 쥐와 도마뱀, 각종 곤충이
기어 다니는 숙소의 불편을 감수했으며, 올해도 인도에
다시 간다고 했으나 코로나로 가지 못함을 아쉬워했다.
자신은 요가를 많이 사랑한다고 한다.
결혼을 하더라도 가족들과 요가를 같이 하고 싶다고 한다.
요가로 돈을 벌고 인생의 꿈을 찾아 가는 자신이 멋지다고 한다.
그러한 후배가 예쁘고 잘되기를 빌어 본다.

나는 운동을 좋아해서 중학교 때부터 합기도, 요가, 단전
호흡, 지압, 약초 등 다양한 것들을 틈틈이 배워 왔다.
1996년, 친구 따라 강남 간다고, 고등학교 때 합기도를 같이 했던
친구의 권유로 한국요가회 지도자 과정을 마쳤다.
친구는 유도대에서 요가를 시작, 학교를 졸업하고 요가 지도자로서
서울에서 요가를 가르쳤다. 사람들을 가르치면서 요가의 좋은 점을
알게 되고, 마침 기회가 있다며 한번 해 보라고 했다.
고인이 되신 김현수 회장님께서 주말을 이용하여 배울 수
있도록 배려하여 주셨고, 다른 5명의 선배 지도자들과
좋은 경험을 가졌다.
그렇게 우연히 시작했던 요가가 이제는 라자요가를 가르치는
선생님으로 제2의 인생길을 열어 가고 있다.

사람은 놀이의 인간이기도 하다.
취미란 지친 일상에서 주는 시원한 청량제로 자신의
존재감을 즐거움을 통해서 발산한다.
또한, 놀이가 되어 삶의 중요한 영양소로 행복한 인생을
살아가는 데 균형을 잡게 한다.

아울러, 좋아하고 즐기며 하다 보니 전문가가 되고
사람들을 선도하는 직업으로 변신하기도 한다.
일만 하지 말고, 취미를 가지고 놀면서 일하자.
주특기가 되어 당신의 가치를 뻥하고 튀겨 준다.

취미는 당신의 삶에 필요한 필수 영양소이다.
매일의 운동처럼 건강해지고 삶에 활력도 준다.

즐거운 놀이로 잘 놀기 바란다.
잘 놀면 기쁘고 행복해진다.

♧ 취미는 기분 좋은 놀이이자 세상을 향한 자기 확장이다.
전문가로서 일이 되고 돈이 되고 이름도 알려진다.
아주 즐거운 놀이가 되어 기운을 충전시켜 준다.

제2장

가 슴

11. 가슴까지 깊은 받아들임, 수용성

아침에 굿모닝한다. 좋은 아침이라고.
자신에게 인사만 한 것인데 기분이 참 좋아진다.

주는 것을 손으로 받으면 물건이 된다.
주는 것을 가슴으로 받으면 설렘이 된다.

수용성은 가슴을 열고 순수하게 받아들이는 것이다.
손으로 받는 일이 아니라 가슴속까지 깊이 허락하는 일이다.
세상 모든 것에 경쟁이나 대립, 두려움이 빠지고 내 몸처럼
흡수한다.

그 결과가 어떻게 되는지는 알 수가 없다.
마치, 조개가 모래를 품어 진주를 만들어 내듯이!
또한, 불사조가 자신을 죽음으로 안내하는 불을 받아들여
새로운 불사조가 태어나듯이 완전한 변화가 일어난다.

인간의 사고하는 능력은 동물이나 생물들과 구별된다.
사람은 생각으로 자신을 돌아보고 기억하며, 때론 어떤 일을
선택하고 반복하게 한다. 반복은 학습 효과를 증가시킨다.
마치, 한 방울의 물이 바위를 뚫듯이 거대한 힘을 누적시켜
큰일을 이루게 한다.
세상의 문명과 문화는 사람의 선택과 노력에 대한 결과물이다.

이처럼 선택은 인간이 갖는 특징 중의 하나며 대표적인 힘이다.

또한, 선택은 좋은 것을 알아보는 구별하는 기능이 더해진다.

우선순위나 중요도에 따라 힘을 분류해서 집중한다.

유명한 건물, 작품, 브랜드 등 세상에서 알려진 것들은

사람들이 좋아하는 선호도를 순위로 표시한 것이다.

선택은 힘을 최적화 시키며 극대화하는 데 도움이 된다.

이와 같이, 보이는 세상은 선택이 큰 힘을 발휘했다.

좋아하는 것이 1순위가 된다.

사람의 관심을 얻어 유명해지거나 돈을 벌게 한다.

눈에 띄는 것을 먼저 먹는다.

손에 집히는 것을 먼저 잡는다.

중요하다고 생각되는 것을 먼저 한다.

긴급한 것을 먼저 한다.

좋아하는 것을 우선해서 한다.

돈이 되는 것을 우선해서 한다.

나를 이롭게 하는 것을 우선해서 한다.

남을 이롭게 하는 것을 우선해서 한다.

세상을 이롭게 하는 것을 우선해서 한다.

하지만 위의 것들은 보이는 세상의 법칙이다.

내면이라는 가슴의 세계에서는 다른 방식이 있다.

인간의 두 번째 도약을 위해, 자신을 거는 모험을 해야 한다.

얼음이 물처럼 녹으면 전혀 다른 형태와 동작을 한다.

얼음은 녹으면서 단단함과 차가움이 서서히 사라진다.
마치 얼음은 처음부터 물인 듯 자유롭게 흐른다.

또한 세상을 움직이는 의지나 선택의 힘은 잠시 멈춰야 한다.
그러지 않으면 가슴은 전혀 움직이지 않는다.

보이는 것에는 가격이나 모양이 눈에 띈다.
보이는 않는 것에는 가격이나 모양을 알 수 없다.
수용성은 보이지 않는 것에 자신을 허락하는 것이다.
당황스럽고, 고통스러워 쉽지 않은 일이라고 본다.

세상의 현상이나 모양을 보면서 지금껏 배우고 알아보았다.
하지만 가슴의 세계는 기존 세상과 다른 세계를 새로 배우는 일이다.

가슴의 세계를 배우려면 다음과 같은 일이 일어난다.
눈을 감고 길을 가는 것처럼 어려움이 있다.
손이나 발을 묶고 걷는 것처럼 답답할 수 있다.
다른 나라처럼 말도 안 통한다.
건물이나 사람도 낯선 곳처럼 전혀 알지 못한다.
이처럼 다른 나라에 버려진 아이처럼 미아가 된다.
당신은 당황스럽다 못해 미칠 지경이 된다.

사람에게 두 번째로 주어진 특별한 능력이 가슴의 힘이다.
가슴을 사용하려면 가슴의 세계로 가 봐야 한다.
눈이나 머리에서 가슴으로 내려가려면 다리가 필요하다.
바로 받아들임이라는 수용성이다.

잠시 눈을 감아 보자.
그러면 어떤 생각이 떠오르는가?
사랑하는 아이가 눈에 보이는가?
믿음과 존경으로 응원하는 아내가 보이는가?
아님 못 다한 일이나 오해로 생긴 그 사람이 생각나는가?

다시 한번 가 보자.
이번엔 평소 자주 가던 숲에 있다고 생각하자.
눈을 다시 감아 보자.
무엇이 떠오르는가?

시원한 바람이 피부를 지나간다.
새의 지저귐과 냇물의 노래가 있다.
나무의 고요한 멈춤이 느껴진다.

가만히 눈을 감고 있는데 어떤 일들이 지나간다.
바람이 피부를 통해 가슴까지 불어온다.
나무는 움직이지 않고 편안하게 지켜 주고 있다.

받아들임이라는 것은 가슴의 활동이다.
보이는 것을 이름대고 부르거나 요구하지 않는다.
선택도 하지 않으며 가만히 있는 것이다.
아무 일도 하지 않고 기다리는 것이다.
이 생각 저 생각을 하지 않는다.
생각도 잠시 휴식을 주어야 한다.

꽃을 들여다보고 기다려 보자.
꽃이 말을 하는 것이 들릴 것이다.
노래를 들어 보자.

귀를 넘어 가슴에서 소리가 느껴질 것이다.
상대방의 말을 아무 생각 없이 들어 보자.
따뜻한 온기가 말에 실려 나를 안아 준다.

보이는 것을 받는 것은 누구나 할 수 있다
보이지 않는 것을 받는 것은 누구나 할 수 없다.

숨이 코에 머무르면 산소를 얻는다.
숨이 가슴까지 깊게 허락되면 기운을 얻는다.
느낌이라는 언어를 듣게 되고 볼 수 있게 해 준다.

똑같은 대상을 깊게 만나는 일이다.
똑같은 대상을 가슴까지 허락하는 일이다.

가슴까지 받아들이는 힘이 수용성이다.
보이는 것을 조금 더 깊이 가져가야 한다.
눈에 보이는 것에 멈추지 말고 조금 더 가야 한다.
생각이 일어나는 대로 따라 가서는 만나지 못한다.

수용성은 머리에서 가슴으로 연결시켜 준다.
닭이 알을 품듯이 소중하게 품어야 한다.
결혼한 여자가 임신하여 뱃속의 아이를 품듯 말이다.

정말, 가슴으로 간절히 품어 보자.

나와 세상을 소중하게 여기며 순수하게 품어 보자.

나의 나를, 나와 다른 너를,

나와 너를 품은 세상이 모두 허락되고 인정된다.

사랑을 품는다.

사랑으로 품는다.

수용적인 가슴이 환하게, 온몸을 벅차게 열어 준다.

세상과 함께 사는 길, 두 번째의 육체의 길은, 수용성이라는

가슴을 온전히 사용하는 받아들임의 길이다.

당신의 가슴에 받아들이고 그냥 있으면 된다.

설렘, 기쁨, 편안함, 충만감, 환희가 태어난다.

가슴의 언어이자 몸짓이 일어난다.

두 번째 육체, 가슴은 수용성에서 비로소 시작한다.

수용성은 눈을 감고 생각이 놓아져 계산을 할 수 없다.

아주 순수해진다.

다시 아이처럼 가슴이 설레고 뛴다.

순수하게 받아들이는 것은 어렵다.

몸은 나이를 먹어 둔해지고 감각이 닫혀 있는 상태다.

긴장과 책임감이 몸을 갑옷처럼 감싸고 있다.

집에 가서 샤워를 하듯 자신이라는 옷은 내려놓아야 한다.

당신의 긴장과 책임감을 시냇물처럼 흐르게 하라.
꽃을 보면 어떤 신비가 말을 하듯 꽃의 말에 빠져라.

당신은 이제 다른 나라에 살게 된다.
당신이 알던 세계, 가치관, 신념이 뒤로 물러난다.
머리의 나라는 외국처럼 멀어지고 가슴의 나라가 온다.
자신의 몸에서 가슴으로 순간 이동하게 된다.

몸과 머리는 세상에서 살 때 살아라.
가슴은 보이지 않는 내면에서 새집처럼 새롭게 살아라.

두 세계를 왕래하며 살 수 있다.
보이는 세계에서 보이지 않는 세계를 수시로 오고 간다.
몸 안의 두 곳을 편안하게 왕래하면서 살 수 있다.

가슴까지 길을 내야 갈 수 있다.
수용성은 머리에서 가슴의 다리이자 길을 연결시켜 준다.

그러면, 다른 힘이 주어지며 당신에게 가슴의 언어를
알게 한다.
가슴 깊게 받아들이는 연습을 자주 하자.
내면이라는 여행을 시도하고 첫 걸음을 걸어 보자.

수용성은 가슴을 사용하는 두 번째 육체의 길이다.
1차원에서 2차원으로의 완벽한 도약이 된다.
그래서 2차원은 완전히 낯선 신세계가 되며,

머리가 작용할 수 없는 일종의 죽음을 경험하게 한다.
그러면서 그동안 활동하지 않았던 가슴이 재탄생하게 된다.

2번째 몸인 가슴에서는 헌신, 믿음, 사랑, 정화,
물, 호흡, 꽃, 자연의 길을 가게 된다.
받아들임, 느낌, 공유와 공존, 휴식의 길이 열린다.

그저 고맙고 감사로 가득해지는 길이다.
그저 편하고 한가해지는 길이다.
꽃에서 향기가 피어나듯 가슴에서 사랑의 향기가 난다.

수용성은 가슴을 여는 다리이자 바탕이 된다.
고목에 꽃이 피듯 봄을 다시 찾아 준다.
당신의 닫힌 가슴의 문을 열어라.
그저 받아들여 보자!

가슴을 여는 황금의 열쇠,
수용성의 열쇠를 당신께 맡긴다.

♧ 수용성은 상대방의 것을 순수하게 허락하는 열린 문이다.
또한 사랑의 가슴을 열어 주는 황금의 열쇠이기도 하다.
보이는 세계에서, 보이지 않는 세계까지 열어 준다.
가슴까지 깊게 받아들이면 그대의 신성이 깨어난다.

12. 신성이 활동하는 사람의 궁전, 가슴

당신은 해외여행을 다녀온 적이 있는가?
아마도 대부분이 다녀왔다는 생각이 든다.
처음 외국에 나갈 때는 두려움과 설렘이 있다.

여권을 준비하고, 외국 가서 쓸 물건이나 비품을 챙긴다.
준비를 많이 해도 외국에 가면 불편한 점이나 어려움이 크다.
외국인, 건물, 언어, 음식, 문화 등 모든 것이 낯설다.
처음이자 생소함이 주는 모든 불편을 감수하며 참게 된다.

하지만 그 시간이 지나면 신기하게 나아지고 즐길 수 있다.
외국인을 보면서 얼굴, 옷차림, 말하는 것이 다름을 본다.
다른 나라에서는 경관, 건물, 같은 산과 강도 우리와 같은 것
임에도 우리나라와는 상당히 다르다.
모든 것에서 신기한 힘이 느껴지며 머리가 신선해진다.
기쁨, 감동, 신비함 그리고 그 모든 것에서 충만감이 넘친다.

가슴은 수용성을 통해 여행하는 다른 나라다.
무엇을 보고, 느끼며, 얻을 지는 아무도 알 수가 없다.
그저 순수하게 받아들이면 머리는 잠들고 가슴이 숨을 쉰다.
아주 아름다운 나라가 당신을 맞을 준비를 하고 있다.

다음은《신께 바치는 노래》라는 타골의 기탄잘리

(홍성사, 박희진 옮김)의 한 구절이다.

「나는 어째서 오늘은 나의 생명이 활기를 띄고,
온몸이 들썩이는 기쁨이 나의 가슴을 꿰뚫고
있는지를 알지 못합니다.

님의 불멸의 손길에 닿아
내 어린 심장은 기쁨에 녹아들어
형언키 어려운 말을 외칩니다.

또한, 님이 내게 노래하라 하실 때에
나의 가슴은 자랑으로 터질 것 같사오며
님의 얼굴을 뵈올 때에 절로 눈물이 두 눈에 솟습니다.」

가슴은 이처럼 아름다운 신의 궁전이다.
또한 신성이 오가는 신비한 장소다.
신의 목소리가 들리며,
신의 손길이 닿으면 온몸이 전율하기도 한다.

가슴은 신을 영접하는 그처럼 신성한 장소이다.
사랑하는 사람을 신으로 만들어 주기도 한다.
사랑이 나에게 찾아왔을 때 나는 당신에게 눈멀고,
귀가 멀어 이 세상에서 천국을 보았다고 한다.

가슴에서는 가르침, 신앙, 연인, 예술작품 등 일반적인 것들을
특별하게 만들어 주고 사랑의 나라로 날게 한다.

가슴은 형상인 머리의 세계에서 심장인 느낌의 세계가
발현된 말이자 언어다.
가슴은 외형에서 볼 수 없는 더 큰 감동을 불러일으킨다.
육체인 머리에서 심장을 향해 두 눈을 감고 있으면,
내면으로 향하는 다른 감각이 열려 새로운 힘이 깨어난다.

가슴의 힘이 깨어나면 힘차게 작동한다.
눈에 보이는 세상의 현상과 외형만을 보지 않는다.
보이는 것에서 숨어있는 아름다움을 찾아내고,
만나게 하며, 대상과 깊이 하나 되게 한다.

가슴은 형상이라는 모양이나 그 껍질을 벗어던지게 한다.
가슴은 형체라는 그 단단함이나 부드러움을 넘어서 있다.
가슴은 보이는 외형에서 감동이라는 느낌으로 도약을 준다.

가슴은 보통의 것을 특별하게 만드는 마술을 건다.
대부분의 사람은 일상에서 가슴의 사용법을 모르거나,
그동안 사용하지 않아 감동이 사라진 지가 오래되었다.

하지만 가슴은 보통의 것에서 특별한 아이, 남자, 애인,
작품, 노래, 시가 되고, 목숨보다 소중한 운명이 된다.

가슴에서는 일상인 사람, 일, 대상 등에서 보고 접하는 모든
것들을 특별하게 느끼게 되며, 귀한 자신의 보물처럼
소중히 여긴다.
마치 첫눈에 반해 사랑이 일어나는 것처럼 황홀해진다.

그 아이를 생각하면 그냥 웃음이 저절로 일어난다.
그 여자 친구를 생각하면 하루 온종일 행복하다.
어떤 음악을 들으면 저절로 춤이 일어난다.
어떤 사람을 보면 저절로 존경이 일어난다.
어떤 말씀을 들으면 어떤 감동이 온몸을 전율시킨다.

머리는 대상이 무엇이든 그저 모양으로 볼 뿐이다.
하지만 똑같은 대상도 가슴은 그냥 두지 않는다.
성난 폭풍우처럼 심장을 진동시킨다.
번개처럼 반짝여 두 눈과 머리를 잠시 멈추게 한다.
당신에게 모든 것들이 특별해지며, 마술은 일어난다.

특별한 관계는 어떻게 일어날까?
머리로 계산하지 못하며, 왜냐고 묻지도 않는다.
돈을 생각하지도 않으며, 이익을 생각할 수도 없다.
그저 나보다 더 특별하다.
그저 나보다 더 소중하다.
그저 나의 모든 것보다 귀할 뿐이다.

가슴의 세계를 사는 법이 가슴의 길이다.
사람들은 흉부의 한 부분을 가슴이라고 부른다.
그것은 육체의 흉부 부분이 느낌에 매우 예민하기 때문이다.
가슴의 표면은 눈에 보이는 접촉에 의해 상상과 생각에 의해
알려지나, 내면의 깊은 곳인 가슴은 느낌에 의해 알려진다.

가슴은 사람이 태어나면서부터 가지고 있다.

하지만 살면서 아주 우연히 그리고 아주 가끔 활동한다.
당신에게 특별한 관심을 불러일으켜야 가슴이 활동한다.

당신에게 가슴을 뛰게 할 특별한 사람이 있는가?
당신에게 가슴을 감동시켜 주는 특별한 음악이 있는가?
두 눈으로 보는 세상은 모든 것이 머리에 저장되지만,
가슴은 두 눈을 감아도 어떤 느낌이 일어나고 찾아진다.

가슴은 두 눈을 감으면, 저절로 우리도 모르는, 어떤
세계로 안내한다.
느낌이 활동하는 가슴의 세계다.
느낌은 두 눈으로 볼 수 없으나 때론 감사로, 고마움으로,
미움으로 흐르는 물결처럼 심장을 뜨겁게 움직인다.

가슴 깊이까지 느낌이 도달하니 어떠한가?
평소와 많이 다르지 않은가?

잘 왔다.
깊은 받아들임을 통해 가슴까지 온 것을 환영한다.
가슴은 생각이 사는 곳이 아니다.
당신의 신성이 활동하는 신비한 궁전이다.

당신을 왕으로 만들어 준다.
당신이 보는 세상에 특별하게 마술을 건다.
눈으로 보는 세상이 확 달라지고 속이 느껴진다.

꽃은 단순한 꽃이 아니다.
숲은 단순한 숲이 아니다.
사람도 단순한 사람이 아니다.

꽃은 사랑을 담고 있다고 알려 준다.
숲은 바람을 통해 고요함을 열어 준다.
사람은 눈길을 통해 소중한 의미가 전해진다.

당신은 다른 나라에 왔다.
가슴의 언어와 말을 배워야 한다.
비교와 판단, 선택과 집중이 없는 나라다.

머리에서 하는 돈 계산 소리가 살며시 멈춘다.
이기심과 욕망, 책임과 권한이 자리를 뜬다.
생각이 잠시 휴식하고, 가슴이 주인이 된다.

가슴이 떨려 본 적이 있는가?
아주 어릴 적에 엄마의 가슴에 귀를 대고 잠잘 때다.
어머니는 신이 되어 가슴으로 사랑의 진동을 들려준다.

초등학교 시절 친구를 만난다.
자주 보고, 말하고, 맛있는 과자를 같이 먹는다.
그에게 주는 모든 것이 나를 기쁘게 한다.

청소년 시절 이성이 눈에 들어온다.
빨간 장미처럼 내 가슴은 붉게 타오른다.

내 머리는 잠자고 가슴이 숨을 쉰다.
날마다 내 가슴에서 함께 말하며 노래한다.

어른이 되어 나를 찾게 된다.
종교라는 가르침이나 스승이 사는 곳에 간다.
스승은 나의 생각을 깨끗하게 정화시켜 주고 불태운다.
감정의 독을 가르침의 나무로 뜨겁지 않게 태운다.
내 가슴은 순하게 변한다.

머리에서 가슴까지 내려와야 한다.
그 거리가 아주 길고 때론 보이지도 않는다.
그래도 당신의 보물이니 찾아서 가져야 한다.

가슴이 사는 세상이 예술이다.
예술은 신성이 세상에 드러난 가슴의 몸짓이다.
예술가는 가슴에다 각자의 꽃을 심는다.
정원에는 그림, 조각, 무용, 노래 등 씨앗이 자란다.

세상을 꽃으로 만들며 사람들 가슴에 씨앗을 전해 준다.
또 다른 아이가 그 씨앗을 소중히 받아 꽃으로 핀다.
화가, 무용가, 가수와 성악가 등 꽃의 정원은 계속된다.
미켈란젤로, 로뎅, 고호, 이사도라 던컨 등이 먼저 왔었다.

가슴은 모든 일상을 특별하게 해 주는 마술 세계다.
당신은 자신에게서 존경을 느낀다.
다른 사람들이 모두 예쁘고 감사로 가득하다.

먹고 말하고 잠자는 등에서 내가 하는 행동이 사랑스럽다.
남이 사는 모습과 행동이 다정스럽게 느껴진다.
산과 들, 하늘과 강이 매우 친근하고 반갑다.
또한 보이는 것에서 보이지 않는 속을 보는 마술사다.
도토리 씨앗에서 거대한 참나무를 본다.
아이의 웃음을 보고 좋은 세상을 만들어 가는 것을 본다.
가을의 달에서 만물의 풍성함과 나눔의 조화를 본다.
물이 흘러가는 것을 보면서 순리의 길을 따르기도 한다.

가슴은 이처럼 몸의 세계와는 다르게 활동한다.
움직이지 않고 느낌으로 멀리 움직인다.
현상이나 행동을 보고 그 의미를 알아본다.
이해타산이라는 계산법이 더 이상 존재하지 않는다.

물이 아래로 흘러 넓은 곳을 향하듯 생각이 사라져도 편하다.
가슴이 깊고 넓게 떨려 봐야 한다.
가슴의 노래와 진동을 느껴 봐야 한다.

당신은 몸의 주인이자 가슴의 주인이다.
가슴도 당신의 보살핌이 필요하다.
가슴에 닿을 때까지 깊이 받아들여 보면 된다.
수용성이 가슴을 살아나게 하고 숨 쉬게 한다.

어른이 되었다고 가슴이 굳는 것은 아니다.
받아들임이라는 동작을 깊게 하면 된다.
당신의 가슴까지 이르도록 하면 된다.

당신은 보이는 세상에서 몸이 건강해진다.
당신은 보이지 않는 내면에서 가슴이 건강해진다.
감정이 풍부해지며, 감동이 넘치는 사랑으로 대한다.
머리에서 오는 생각에 빠져 감정이 넘치지 않는다.
졸졸 흐르는 시냇물처럼 조용하며 편안하다.

가슴은 모든 것을 신으로 보게 한다.
모든 것이 사랑스럽고 따뜻한 온기가 전해 온다.

♧ 가슴은 당신에게 사랑의 신을 불러온다.
   신은 마술을 걸어 이 세상 전체를 신성하게 한다.
     사랑은 신이 되어 가슴에서 숨 쉬며 살아가게 된다.

13. 당신께 모든 것을 주는 것, 헌신

가슴에서 당신의 힘은 깨어난다.
순수한 사랑의 에너지가 솟아오른다.
그 힘은 거대하여 자신을 넘어 세상으로 향하게 된다.

가슴은 당신의 에너지를 순수하게 만든다.
이해관계가 사라지고 이익을 구하지 않는다.
머리 기능을 약하게 하며 상식은 무용지물이 된다.
남이 해 주는 모든 이야기가 들리지 않는다.

당신의 모든 것을 그저 주고 싶을 뿐이다.
당신의 가장 소중한 생명을 걸고 싶을 뿐이다.
당신의 모든 관심이 오롯이 한곳을 향할 뿐이다.
당신의 생각이 오직 한곳에 머리 숙일 뿐이다.
헌신은 이처럼 순수한 마음을 주는 것이다.

헌신은 다 주는 것이다.
내가 가진 모든 것을 주는 것이다.
세상에서 가장 소중한 나를 주는 것이다.

모든 것을 주니 더 큰 것이 돌아온다.
눈에는 오로지 헌신의 대상만 보인다.
당신은 환희와 충만감으로 정신을 빼앗긴다.

온몸을 던지면 신의 축복으로 채워진다.

헌신은 위대한 만남이며 교감이다.

내 힘 전부를 올인 하는 완전한 내 맡김이다.

폭포수처럼 아래로 한 방향으로만 떨어진다.

전구를 발견하기 위해 수천 번을 실패한 에디슨도 있다.

높이 날기 위해 나는 법을 배운 조나단 시걸이 있다.

헌신은 일방적인 사랑이다.

어린왕자가 장미를 평생 돌보고 있다.

엄마 찾아 3만 리를 가는 아이가 있다.

누구나 가슴에 무언가를 심고 평생을 간다.

돌이 된 여인처럼 오직 한사람, 한 방향을 향한다.

헌신은 아주 넓은 관대한 사랑이다.

태양은 아침부터 저녁이 올 때까지 만물에게 따뜻하다.

달은 어둠을 뒤로 하고 아침이 올 때까지 만물에게 너그럽다.

강은 모든 것을 실어 바다에 이르게 한다.

악기는 손길에 따라 무한한 음률을 생산한다.

바람은 아무 이유 없이 세상을 노닐면서 분다.

한 사람이 있다.

그는 신을 만났다. 오직 찬송하고 기도했다.

완전히 머리 숙임, 진정한 귀의가 일어난다.

그의 노래는 천상의 하모니가 된다.

다른 사람은 스승을 만났다.

스승과 제자는 한 몸처럼 얼싸안는다.
조금도 빈틈이 없다.
제자는 스승의 가르침 속으로 완전히 사라진다.

저편에 사명감으로 꽉 찬 용감한 분들이 있다.
성웅 이순신, 김구, 한용운 등 수많은 별이다.
나라를 위해 소중한 목숨을 모두 맡겼다.
그들은 몸을 땅에 묻고 나라와 하나가 되었다.

예쁜 미소년이 한쪽을 향해 뚫어져라 보고 있다.
빛나는 눈을 가진 어여쁜 소녀가 있다.
그 소녀는 밤의 어둠에 잠이 든다.
소녀는 소년의 어깨에 기댄 채 아침까지 깊은 잠을 잔다.
소년은 하늘에서 빛나는 별을 가슴에서 밤을 새워 본다.

들판을 뛰노는 어린 아이가 있다.
뒤에서 그의 모든 것을 살피는 부모가 있다.
아이의 한 걸음, 한 걸음은 부모에겐 신의 왕림이다.
온 정성을 다해 뜨겁게 사랑한다.
있는 힘을 모두 쏟아도 아깝지 않다.
아이는 사랑으로 와서 사랑을 먹고 자란다.

헌신은 당신을 위대하게 한다.
당신의 힘을 신의 손에 맡기니 한없이 성장한다.
신을 만나 신의 세례를 받는다.
스승의 가르침에 의해 빛나는 등불이 된다.

나라에 충성하니 이름은 하늘의 별이 되어 빛난다.
아이를 깊이 사랑하니 부모는 아이의 신이 된다.

헌신은 당신에게 자유를 선사한다.
남을 위하나 이해타산이 없으니 생각이 길을 잃는다.
남과 비교할 일이 없으니 생각이 휴식한다.
오직 주는 일만 해오니 세상의 존경이 주어진다.
모든 일에서 감사가 전해질 뿐이다.

헌신은 당신에게 진정한 사랑을 알려 준다.
주는 사랑은 받는 사랑보다 더 크다.
자신 전부를 맡기니 신이 그대를 사랑한다.
사랑으로 사니 사랑이 온몸에 채워진다.

당신도 헌신할 대상을 만나라.
당신은 신을 만나 사랑에 빠질 것이다.
당신은 사랑으로 자유로워질 것이다.

♧ 헌신은 소중한 내 마음을 전부 주는 것이다.
한번 아낌없이 주는 나무처럼 주어 봐라.
당신의 삶은 사랑의 길로 안내받을 것이다.

14. 보이지 않는 이에게 맡기는 것, 믿음

이 세상을 살아가기에는 많은 위험이 있다.
여인이 소중한 생명을 태어나게 할 때, 산모와 아이는 생명의
위험을 안고 세상에 나오게 된다.
이때 엄마는 무엇을 믿고 목숨을 거는 위험한 모험을 할까?

아이가 나이를 먹어 청년이 되고, 한 여인에게 마음을 주고
진실한 사랑을 나눈다.
사랑은 가족이라는 새로운 의미의 신세계를 만드는 것이다.
청년은 무엇을 위해 무엇을 믿고 위험을 감수하는 것일까?

믿음은 보이지 않는 손을 잡는 것이다.
보이는 줄을 잡아주며 놓지 않는 것이다.
위기를 넘게 해주고, 좋은 결과로 해결해 주기도 한다.
웅덩이에 빠진 자를 꺼내 준다.
고민이라는 짐을 내려놓기도 한다.

분노의 질주란 영화처럼 절벽 난간에서 두 손을 꼭 잡고
놓지 않는 모습은 감동적이다. 그 둘은 무엇을 잡고 있는가?
손인가? 그 둘의 목숨인가? 아님 상대방에게 생명을
내 맡길 정도로 믿는 것인가?

하늘의 별이 지구로 떨어지면 어떠한 일이 생길까?

내 아이가 오늘을 무사히 보내도록 무슨 일을 해야 할까?
또한 나는 어떤 일을 해야만 아이는 평안할까?

기도하는 일이다.
각자 자신이 믿는 누구에게, 무엇에게 간절히 말한다.
도와 달라고, 들어 달라고 말을 전한다.
기도하는 대상이 마치 자신의 이야기를 잘 들어주고
해결을 해 줄 것 같은 막연한 느낌이 자신을 위로하고
편안하게 해 준다.

신앙이나 기도는 무모한 일이라고 한다.
과학자들이나 무신론자, 현실주의자는 강력히 주장한다.
이 세상은 보이는 세계가 전부라고 한다.

신은 없다.
믿음의 대상도 없다.
기도하려면 차라리 직접 해결하라고 한다.
그들은 참 웃기기도 한다.
음악회를 가고, 미술 전시회를 관람하고,
거대한 산을 오르면서 큰소리로 말한다.
오늘 많은 감동을 받았고 감격했다고!
이성적이지 않은 말을 스스로 한다.

가슴은 보이는 몸의 기관이나 기능이 아니다.
보이지 않지만 분명히 작동하는 기관이다.
현대의 말로 신기술이다.

축의 시대부터 가슴의 기술은 엄청난 도약을 이루어 냈다.
신의 소리를 하늘에서 찾기도 하지만 매일
자신의 내면에서 찾는 법을 배운다.

믿음은 도와 달라고 하는 것에서 시작된다.
아주 옛날 사람이 동굴에서 살거나 조금 발전해
벼농사를 짓고 정착을 하는 때로 잠깐 돌아가 보자.

날이 좋아야 무리를 지어서 사냥을 했다.
날이 좋아야 벼도 심고 동물도 잡았을 것이다.
하늘의 노여움이 있어 비오는 날이면 먹을 것을 얻지 못한다.
천둥 번개가 심하기라도 하면 두려움에 겁먹을 것이다.
폭풍우가 있는 날이면 하늘을 보고 기도도 했을 것이다.

하늘, 바다, 땅, 산, 바람은 당시의 사람들에게 신이었다.
자연이 주는 힘을 두려워하며 경외의 대상이었다.
먹고 사는 것이 신의 작은 몸짓에도 큰 영향을 받았다.

사람은 자연에게 도와 달라고 했다.
날이 좋게 해 달라고 했으며, 바람이 조용하길 빌었다.
자연의 힘을 무서워했으나, 전적으로 믿기도 했다.
자연을 신처럼 의지하고, 믿음으로 음식을 올리기도 했다.
사람의 기도와 믿음은 보이지 않는 자연신을 움직인다.
마치 인디언의 기우제처럼 반드시 비를 뿌려 준다.

종교는 보이지 않는 이에게 도움을 요청한 것이 시작이다.

원시시대에 태양과 달, 하늘, 바람 등 자연신을 숭배했다.
종교의 전성기라는 축의 시대에 오면, 사람의 내면에서
인격신을 찾아내며 자연신과 함께 공존하게 된다.

믿음은 보이지 않는 것에서 신뢰를 찾는 일이다.
그것은 경전이나 가르침, 신이 들려주는 소리가 있다.
전 대륙에서 불교, 힌두교, 유대교, 기독교, 이슬람교, 유교, 도교,
조로아스터교, 철학 등 지역별로 종교가 발생한다.
믿음은 신에게서 뿐만 아니라 진아, 성품, 열반 등으로
자신의 내면에서 만나는 방법으로 획기적인 도약을 한다.
사람은 이제 내면에 존재하는 신을 믿게 된다.

사람 사이에도 믿음은 중요하다.
믿음은 일상의 삶을 보장하는 보험과 같다.
잠자리에서는 아무에게나 쉽게 옆자리를 내주지 않는다.
내가 좋아하고 믿음이 가는 사람에게 허락을 한다.
가족이며, 학교에서 의리를 나눈 친구들이다.
사회에서는 일터에서 만나는 동료이며 선후배가 된다.
모두 가까이에서 말하고, 듣는 등 주고받는 관계다.
오랜 시간 주고받으니 아는 것이 생긴다.
주어도 다시 돌려받는 다는 것을!

학교에서 식사를 하다가 컵을 달라고 한다.
공책을 빌려 달라고 한다.
직장 엠티에서 같은 방을 배정받아 한 방에 잔다.
그가 어떻게 할지, 밤새 무슨 일이 일어날지 모르는데.

그러한 많은 일들이 큰 덩어리처럼 쌓이면 믿음이 된다.
믿음의 장치는 여러 형태로 세상에 널려 있다.
법, 풍습, 관행, 가치관, 이념, 문화 등 다양하다.
모든 일상에서 사람들은 세상의 약속을 따르며 지킨다.
신호등과 차선, 횡단보도를 지키며 존중한다.
식당에 가면 먹은 음식에 대해 값을 지불한다.
착하게 살고 선하면 하늘이 복을 준다.
지구는 둥글며 태양 주위를 돈다.

말에 진실이 담기면 믿음이라는 힘이 생긴다.
자신과의 약속에서 믿음은 시작된다.
자신의 뜻, 의지, 생각, 주장을 지키면
자존감이 자라고 성장한다.
타인과의 관계에서도 마찬가지다.
각각의 개인도 역시 같은 결과를 준다.

말과 언어는 진실을 나르기도 하고 거짓을 나르기도 한다.
모두 자신이 그 말을 지킬 때 진실이 된다.
자신이 한 말을 지키지 않으면, 말한 것들이 결국 거짓이
되어 드러나게 된다.

진실은 단순하다.
자신의 결정을 따르고 지키면 된다.
자신에게 한 말이나 타인에게 한 말을 그대로 행하면 된다.
진실은 그렇게 세상을 오고 가면서 신뢰의 다리를 만들어 낸다.
믿음이라는 어떤 구조물이 생겨 단단해지고, 만나는 관계

만큼 무한정 확대되기도 한다.

믿음이 그렇게 시작해서 그렇게 자란다.

당신은 세상에서 믿음을 주는 사람이 되는 것이다.

나는 개인이며, 하나의 사회이다.

개인도 하나의 주체며 세상의 일부이다.

지역, 도시, 나라에 이르는 다양한 문화가 서로 공존한다.

가족, 학교, 직장 등 모든 사회에서 규칙을 학습한다.

이 세상의 모든 이야기는 어떻게 보면 사람의 삶이며

역사며 행동이다. 그것을 모두 모으면 세상이 된다.

이 세상의 이야기는 진실하며 믿음의 세계가 된다.

믿는 자는 복을 받는다.

자신을 믿으면 자존감이 커지고 마음의 부자가 된다.

건강한 몸을 믿으니 음식이 맛있고 사는 일이 즐겁다.

세상 규칙을 믿으니 내 마음은 편하고 다리 펴고 잔다.

사람을 믿으니 질서가 있으며 서로 돕는다.

신을 믿으니 축복이 내려온다.

가르침을 믿으니 깨달음은 선물로 온다.

믿으면 믿는 대로 이루어진다.

자신을 믿으니 꿈이 완성된다.

가족을 믿으니 가정이 화목하다.

의지를 믿으니 원하는 일을 해낸다.

친구를 믿으니 내 마음이 편안하게 소통된다.

사랑을 믿으니 사랑이 온다.

감사를 믿으니 감사가 온다.

믿으니 참 좋다.
자신에게서 시작하면 좋다.
당신 하나를 제대로 믿으면 된다.
자신을 진실로 믿으면, 지구가 흔들려도 온전히 설 수 있다.

당신만이 자신에게 믿음을 줄 수 있다.
믿음은 외부에 있는 것이 아니다.
믿음은 그대 가슴에서 일어나는, 자신 스스로에 대한 신뢰다.

그대의 말을 지키면 된다.
그대의 생각을 따르고 지키면 된다.
말과 생각을 행동으로 실천하면 진실이 된다.
진실은 사실이 되며 힘을 찾는다.

진실이 담겨진 행동은 쑥쑥 자란다.
남들도 응원해주고 격려해 준다.
당신은 진실한 사람이라고.
당신은 믿음이 있는 사람이라고.

바로 당신이 그러한 사람이다.

🪷 믿음은 가슴에서 피어나는 꽃이다.
　　어느 때가 되면 향기이며 진실이 된다.
　　　당신의 열매가 되어 만나는 사람마다 맛을 나눈다.

15. 모든 사람이 신으로 보여요, 사랑

부처의 눈에는 부처만 보인다는 말이 있다.
사랑에 빠지면 모든 사람이 신으로 보인다.
사랑은 당신을 신으로 만들어 주기 때문이다.
신이 되고 싶은가?
사랑을 하라, 사랑에 깊이 빠져라.
온 세상은 신의 나라가 되고, 당신은 신이 된다.

사랑에 대한 이야기는 너무 익숙하다.
사랑에 대해서는 어떤 말도 가능하다.
마치 숨을 쉬는 것처럼 사랑은 모든 곳에 활동한다.

사랑은 활활 타오르는 열정이다.
사랑은 다른 세계를 보게 하는 영감이다.
사랑은 온유하며 성내지 않는다.
사랑은 위대한 도약을 쉽게 한다.
사랑은 다른 사랑을 키운다.
사랑은 진실해지고 정성을 다한다.

사랑의 전문가로 알려진 레바논의 시인 칼릴지브란의
《예언자》(김영사, 박철홍 옮김)의 글을 잠시 읽어 보자.

「사랑은 오직

사랑 이외에는 아무것도 주지 않으며
사랑 이외에는 어떤 것도 구하지 않는다.
사랑은 사랑으로 충분하며 완전하다.

사랑에는 사랑을 완성하는 것 이외에
다른 욕망은 없다.」

사랑은 신비가 있다.
사랑이 그대에게 찾아가면 눈과 귀는 잠시 닫힌다.
한 사람을 보니 신으로 보인다.
그 신이 당신을 부르면 그대는 또 다른 신이 된다.
모든 것이 아름다우며 사랑스럽다.
때론 고통조차도 비명소리를 내지 못한다.
신이 주는 고통은 모두 감내해야 한다고 받아들인다.
밝은 하늘을 열어 주기도 하지만 폭풍과 번개가 동반한다.
사랑은 완전하여 항상 선과 악, 기쁨과 슬픔을 갖고 있다.

사랑은 당신을 시인으로 만든다.
나무나 꽃에 담긴 영혼의 노래를 듣는다.
숲에서 주는 평화로움을 온몸으로 받기도 한다.
때론 그림과 음악으로 그 시는 표현된다.
사랑하는 한 사람을 위해서 노래가 일어나기도 하지만
세상을 향한 영감은 예술가가 되어 춤이 되기도 한다.

사랑은 자체로서 특별하다.
사랑을 통해 어머니가 되고 아버지가 된다.

하늘의 영혼이 담긴 아이를 세상에 나오게 한다.
사랑으로 온 아이는 사랑에 의해 자란다.
그렇게 사람은 사랑을 다음 세대에게 전하게 된다.
아이는 어른이 되고 다시 부모가 된다.
사랑은 신의 손길을 인간에 참여시키는 위대한 일이다.
사랑은 신의 작업에 사람이 참여하는 기회가 주어진다.

사랑은 당신을 위대하게 성장시킨다.
이 세상은 사랑으로 만들어진 세상이다.
사람의 정성이나 손길, 의미가 담겨 있다.
하나의 물건도 무관심으로 만들어지지 않는다.
모두 사람의 관심과 손길이 있어야 태어난다.
당신은 태어나면서부터 사랑을 받고 자란다.
당신은 당신 자신의 역사에 주인이 된다.
당신은 자신만의 나라를 만들어 간다.
왕이 되어 정신을 다스리고 몸을 신하로 둔다.
당신은 세상의 다른 왕들과 지구를 예쁘게 한다.
당신은 그렇게 멋진 일을 하고 있다.

모든 생명은 사랑으로 산다.
한 송이 장미도 사랑이 담겨 있다.
전기 줄의 참새도 사랑이 담겨 있다.
저 멀리 큰 산도 사랑이 담겨 있다.
저 넓은 바다도 사랑이 담겨 있다.
생명이 있는 곳에는 사랑이 있다.
모든 생명도 사랑으로 태어나 사랑으로 자라기 때문이다.

지구뿐만 아니라 우주에서도 사랑은 존재할 것이다.
작은 입자 하나에도 생명이 담겨 있듯이,
사랑은 보이지 않는 세계까지 작용할 것이다.
사랑은 결국 존재하는 모든 곳에 존재할 수밖에 없다.

당신도 사랑으로 살아야 한다.
공기 없이 살 수 있는가?
불가능하다.
나뿐 아니라 지구 위 모든 생명체가 불가능하다.
사랑은 당신에게 이 세상을 사랑으로 만들도록 한다.

당신이 사랑이 되어야 한다.
사랑이 당신이 되어야 한다.
당신을 신으로 만들며, 세상을 신의 나라로 만들어 준다.
참으로 고맙고 아름답다.
그리고 사랑의 끝없는 순환을 이어가야 한다.

마치, 얼음이 물이 되고, 물에서 수증기가 되듯이
끝없는 그 순환은 영원히 계속된다.

사랑은 그 순환이 끝이 없고
어느 곳에서나 반드시 존재하기 때문이다.

🎗 사랑은 인간을 가장 높게, 가장 멀리, 가장 위대하게 한다.
　　사랑은 사랑으로 살게 하며, 사랑으로 자유롭게 한다.
　　　사랑은 모든 이를 신으로 만들어 주며 만나도록 한다.

16. 편하게 있는 그대로 두는 것, 자연

숲에 들어가 보라.
그대는 하나의 숲이 된다.
하나의 하늘이 되고, 땅이 되고, 별이 되며,
꽃이 되고, 바위가 된다.
자연은 그대가 누릴 수 있는 자연의 특성을
그대로 전달해 준다.

마치, 하늘은 텅 빈 넓음으로,
땅은 모든 생명을 기르지만 몸을 낮춤으로 겸손함을,
바다는 모든 것을 깊게 받아들이는 넉넉함으로,
사람들에게 맞는 가르침을 준다.

북극곰의 집을 지켜달라는 TV광고를 가끔 볼 수 있다.
북극의 추위가 이제는 얼음을 지켜 주지 못하고 있다.
오죽했으면 곰들의 집을 장만해 줘야 하나?
북극곰은 이제 어디로 가서 살아야 하는지?

2년 전 111년 만에 최장 기간 뜨거운 더위를 마주했다.
금년에는 50일이 넘는 역대 최고 장마기간을 겪어야 했다.
이상 기온 현상이 지구 곳곳에서 보도되고 있다.
폭염, 혹한, 산불, 장마 등 안전지대가 사라지고 있다.
지구가 자생 능력을 점점 잃어 준비가 필요한 시기다.

사람은 자연에서 와서 자연으로 돌아간다.
사람은 자연의 일부이며 자연을 떠나서는 살 수 없다.
문명이 아무리 발전한다 해도 자연의 힘을 이기지 못한다.
또한 자연처럼 인간을 돕지도 못한다.
원시시대의 두려움과 존경의 대상이 점점 약해지고 있다.
편리함이라는 가치 아래 자연은 오염되고 파괴되고 있다.
아마존 숲은 사라지고 있으며 남극의 빙하도 점점 작아진다.
자연에 대하여 다시 생각해 보아야 할 때이다.

자연은 모든 생명체의 어머니다.
만물을 낳고 기르며 살아가도록 한다.
하늘과 땅, 태양과 달, 바람과 구름, 산과 바다 등 그들은
각자의 힘을 돈도 받지 않고 무료로 아낌없이 준다.
오직 주기만 할 뿐 받는 법을 모른다.
그처럼 커다란 혜택을 모든 생명들은 주는 대로 받아 왔다.
모든 일은 공짜가 없다고 하는데 우리는 무엇으로 보답을
해야 하는지, 방법을 찾아보고 돌려주어야 한다.

자연은 휴식을 준다.
자연은 사람은 물론 다른 생명들에게도 귀찮게 하지 않는다.
산에 온다고 들어오지 못하도록 문을 만들지 않는다.
강에 오지 못하도록 배를 거부하지 않는다.
하늘도 비행기가 다니지 못하도록 손으로 막지 않는다.
물론 신분증 검사도 없다.
단지 국립공원 직원이 이용료를 받고 있을 뿐이다.

산과 숲에 휴식이 필요한 경우 사람처럼 안식년을 주거나
일부 코스는 방학처럼 통행을 잠시 보류하기도 한다.
숲이나 산도 건강한 모습을 유지하기 위해 쉬어야 한다.

자연은 가르침을 몸으로 보여 준다.
물은 높은 곳에서 낮은 곳으로 흐른다.
한 방울의 물은 다투지 않고 거대한 바다가 된다.
새들은 하늘에서 날고, 동물들은 땅 위에서 뛴다.
나무는 산에 살고, 물고기는 물에 산다.
사는 모습과 장소, 행동에서 따라야 할 것들을 알려 준다.
새들이 바다에 산다고 하다면?
기린이 추운 남극에서 살고 싶다고 한다면?
바닷물이 방향을 거꾸로 해서 강으로 역행을 한다면?
나무가 뿌리를 하늘에 두고 줄기가 땅 밑으로 자란다면?
사람도 선하게 살아야 하는데 악의가 선의가 된다면?
자연의 가르침은 45억 년이라는 긴 시간을 담고 있다.
사람도 자연의 일부다. 그 가르침을 따라가면 좋다.

자연에는 신비가 있다.
생명이 태어나는 비밀을 알려 주지 않는다.
생명이 삶의 시간을 모두 보내면 사라지게 한다.
생명이 겸손하도록 병을 주기도 한다.
생명이 시간의 가치를 알도록 노화와 늙음을 준다.
생명은 보이지 않는 중력에 영향을 받는다.
바다는 그 속을 다 보여 주지 않는다.
산은 품안의 생명이 무엇으로 사는지 알려 주지 않는다.

신비는 알려지지 않는 이유가 있을 것이다.
한번 비밀이 알려지면 아무런 힘도 발휘할 수 없다.
소중하게 지켜야 할 것이 바로 신비다.
신의 비밀처럼 알려고 하지 말아야 한다.
잘못 알면 다치기 때문이다.

자연에는 도가 있다.
자연은 매 순간 변한다. 단 한순간도 같지 않다.
공기는 공기대로 흐른다.
물은 끊이지 않고 한 몸처럼 흐른다.
바람과 구름은 아무 이유 없이 불고 움직인다.
자연은 스스로 행동하며 도를 보여 준다.
하나의 길이며, 가장 알맞은 있는 그대로다.

자연은 선물을 준다.
일용할 양식과 고기, 과일과 야채를 필요한 만큼 넉넉히 준다.
꽃으로 사랑을 전하며 마음을 얻도록 한다.
봄, 여름, 가을, 겨울을 통해 다른 모습을 보여 준다.
석유, 다이아몬드, 진주 등 수많은 보물을 만들어 찾게 한다.
물과 불에서 에너지를 발생시켜 인간의 생활을 이롭게 한다.
눈송이를 내려 아름다운 세상으로 안내도 한다.
물놀이, 산책, 등산 등 다양한 놀이가 무궁무진하다.

자연은 사람을 홀로이게 한다.
자연은 사람을 휴식하게 한다.
세상이나 사람과 대립하지 않고 허락이 크다.

나를 잊게 하고 자연으로 몰입하게 만든다.
자연은 나의 생각하는 흐름을 멈추게 한다.

자연이 특별한 선물을 내게 준 것에 대해 하나 꺼내 본다.
20년 전에 친구와 제주도를 간 적이 있다.
추석쯤이라 하늘은 맑고 공기가 시원하여 좋았다.
마침 수확의 계절이라 마음도 넉넉하고 편안했다.
오후 5시경 천지연 폭포를 친구와 느긋하게 걸어갈 때다.
사람들의 얼굴은 보이지 않고 동그란 형태의 웃음만 보였다.

잘못 봤나 싶어 눈을 여러 번 깜박여 봤다.
눈도 없고 코도 없고 입도 보이지 않았다.
둥근 얼굴이 아름다운 미소로 웃고 있었다.
제주도의 자연이 사람들을 신비롭게 했다는 생각이 들었다.
따뜻하며 평화로운 마음으로 채웠을 것이다.

하늘이 주는 이 순간의 선물을 고맙고 감사한 마음으로
귀히 간직했다.
지금도 그 순간을 떠올리면 가슴은 따뜻해진다.
당신들도 자연이 준 자신의 선물을 떠올려 보길 바란다.

우리는 자연의 일부다.
그러므로 우리는 자연을 내 몸처럼 대해야 한다.
지구가 많이 아파하며, 슬퍼하고 있다.
오존층이 피부가 찢긴 것처럼 아픔을 호소하고 있다.
남극의 빙하가 그 모습을 잃어 돌아갈 수 없다고 한다.

내 몸이 아프면 병원에 가고 치료도 받아야 한다.
평소 운동도 해야 하고 음식도 골고루 먹어야 한다.
자연을 건강한 모습으로 돌려놓아야 한다.
우리는 한순간도 자연을 벗어나 살지 못하기 때문이다.

사막의 황무지에 나무를 심어 옥토로 만들었다는
이야기를 몇 년 전에 본 적이 있다.
사막은 숲이며 오아시스로 완전히 탈바꿈했다고 한다.
건강한 자연은 사람을 건강하게 살도록 해 준다.

우리는 일상에서 자연을 대해야 한다.
일을 떠나 잠시 숲에 가서 앉거나 걸어 보자.
할 일이 많다고 몸이 상할 만큼 자연과 멀어지면 안 된다.
자연과 멀어지면 자연이 주는 신비, 가르침, 선물을
받을 수 없다.
몸과 마음이 약해지며, 병든 자가 많아진다.

당신은 소중하다.
자연의 특별한 선물을 늘 받아야 한다.
또한, 당신에게 맞는 가르침을 수시로 받아야 한다.

❀ 자연은 만물의 어머니며, 신비이자 가르침을 준다.
　　　또한 건강, 휴식, 충전, 선물을 주기도 한다.
　　　　자연이 주는 것을 받을 만큼 충분히 가까워져야 한다.

17. 순리는 따르는 최상의 노래, 물

이른 아침에 잠에서 깨어 먼저 하는 일이 있다.
물 한 컵을 먹는 것이다.
왜 그러한지 알 것이다. 내 몸은 소중하니까!
건강을 생각해서 아침 빈속에 물을 먹는 사람이 많다.
요즘은 판매되는 생수가 많아서 원하는 물을 사 먹는다.
어린 시절 돈 내고 물을 먹는 일은 꿈도 못 꿀 해프닝이다.
동네마다 우물이 있고 길어서 먹었다.
여름에 목이라도 마르면 냇가에 흐르는 물을 아무 거리낌
없이 입을 대고 배가 터져라 마음껏 먹었던 적이 있다.
때론 가까이에서 멱 감는 놀이터가 되던 시절도 있었다.

물은 목마름과 갈증을 해결해 준다.
요즘은 편의점에서 사다 먹으니 물 먹는 데 돈을 생각한다.
흐르는 물도 먹을 수 없고 놀 수도 없다.
안전하지 않는 물이 된 것이다.
물은 과거의 물이 아니며 사람들과 점점 멀어져 갔다.
눈에서 멀어지니 어느 순간 물이 주는 가치가 잊혀졌다.
물에 대해서 한번 돌아볼 시간이 되었다.

물은 만물을 기르는 생명수다.
어린 시절 과수원에는 복숭아, 포도, 수박 등이 많았다.
논에는 벼가 자랐고 축사에는 돼지와 소가 자랐다.

물론 사람들도 동네마다 옹기종기 모여 살았다.

모두 한 우물을 먹었고 고마워했다.

그러한 고마움을 잊으면 물도 화를 내었다.

가뭄을 주고 자신의 가치를 몸으로 보여 줬다.

그것이 안 되면 홍수를 내어 자신의 힘을 알려 줬다.

물은 인간뿐만 아니라 생명이 살아가는 데 반드시 필요하다.

물은 마음을 상징하기도 했다.

열길 물속은 알 수 있어도 한길사람 속은 모른다고 한다.

마음이 탁한 사람을 흙탕물 같다고 한다.

내 마음은 호수처럼 맑고 아름답다.

물이 맑으면 고기가 없듯이 사람도 너무 맑으면 주변에

사람이 모이지 않는다고 한다.

명경지수처럼 마음이 맑아 거울과 같다고 한다.

내 마음은 바다와 같다며 넓음을 과시하기도 한다.

바다는 부모님의 은혜로운 마음을 나타내기도 한다.

당신은 어떤 마음인가?

바다처럼 넓은 마음인가? 명경지수처럼 맑은 마음인가?

한길 안 되는 마음은 당신이 주인이니 잘 닦기 바란다.

물은 목적의 완성을 가르쳐 준다.

한 방울의 물이 뜻을 세웠다.

겁도 없이 바다에 간다는 것이다.

땅속을 뚫고 나와 높은 곳에서 낮은 곳으로 미끄럼을 탄다.

산위의 눈처럼 이리 구르고 저리 구르며 모양을 만든다.

나와 같은 뜻을 가진 물방울이 서로 힘을 모은다.

길을 조금 넓혀 얕은 내를 만들었다.

무척 힘이 들었으나 길을 낸 것이다.

힘을 더 모으면 못 이룰 것이 없다며 용기를 낸다.

어느 순간 큰 물줄기가 만들어진다. 강이 된 것이다.

힘이 조금 생기니 다양한 배를 옮겨 주기도 한다.

강은 장년의 어른처럼 속을 볼 수 없을 정도로 깊어진다.

저편에서 또 다른 강이 얼굴을 맞대고 힘을 모으자고 한다.

강은 마을을 건너고 도시를 지나 멀리 나라를 건너갔다.

때론 댐에 막혀 힘들어져도 바다를 잊지 않았다.

거대한 산이 길을 막아도 겸손하게 머리를 돌려서 갔다.

마침내 바다에 도달했다.

나는 해냈다. 그런데 아쉬움이 생긴다.

몸이 짜다.

세상의 모든 물질이 썩지 않도록 소금물이 된다.

한 방울의 물이 세상을 이롭게 하는 거대한 바다가 된다.

당신의 한 방울의 뜻은 무엇인가?

천리 길도 한걸음부터 시작하듯 물의 길을 따르라.

물은 겸손을 온몸으로 가르친다.

물은 아무런 주장이 없다.

머리를 숙여 구르고 흐를 뿐이다.

가던 길을 멈추고 내가 이런 사람이라고 소리 내지 않는다.

누구를 만나도 자신을 주장하지 않으니 한 몸이 된다.

몸이 점점 커지니 금방 내를 이루고 강처럼 넓어진다.

다른 나라를 건널 만큼 인내력도 커진다.

속이 보이지 않을 정도로 탁해져도 원망하지 않는다.

흙이 몸을 가득 채워 흙탕물이 되어도 불만이 없다.
언제나 머리 숙이고 몸을 내줄 뿐이다.
바다에 이르기까지 한마디 주장이 없다.
겸손은 그렇게 멋진 것이다.
오직 받아들이고 수용하는 것이다.
주장하지 않고 언제나 몸을 낮추는 것이다.
자신의 몸을 잃어 다른 몸과 더 큰 하나가 된다.
물의 겸손은 아름다운 성장이며 높이 날게 한다.

물은 변화를 말한다.
같은 강물에 발을 두 번 담글 수 없다고 한다.
그리스의 현자 헤라클레이토스가 한 명언이다.
어릴 적에 냇가에 앉아 물에 발을 담가 봤을 것이다.
TV 한국기행에서 무더운 여름이면 깊은 계곡에서
흐르는 물에 발 담그는 장면이 가끔 나온다.
그들이 하는 말, "야 시원하다."이다.
한 번도 같은 강물에 발을 담글 수 없다는 말은 듣지 못한다.
흐르는 강물을 본 적이 있는가?
샘에서 물이 퐁퐁 솟아오르는 것을 본 적이 있는가?
얼음이 물이 되고, 물이 수증기가 되는 것을 본 적이 있는가?
직접 보거나 TV 등 매체에서 한 번은 보았을 것이다.
단지 헤라클레이토스처럼 깊은 세계까지 가 보지 않았을 뿐!!
변화는 끊임없는 살아 있음, 생명을 말한다.
완전한 변화는 재탄생을 알려 주기도 한다.
변화는 생명의 순환이자 새로운 탄생을 보여 준다.
매 순간 새로운 순간을 열어 준다.

가끔 멋져 보이는 사람이 "지금을 살라."라고 한다.

변화는 지금의 소중함을 알려 준다.
변화의 의미를 가슴으로 조금 더 깊이 받아들여 보자.
당신도 헤라클레이토스처럼 멋진 말을 한 번 할 것이다.
그 소리를 당신 자신에게 들려주면 황홀해질 것이다.

물은 생활 속의 도리를 알려 준다.
물은 높은 곳에서 낮은 곳으로 흐른다.
이것을 모르는 사람은 아무도 없을 것이다.
너무 당연하니 모든 사람이 따지지 않고 순리라고 한다.
어른 아이 할 것 없이 우리나라와 다른 외국에서도
통용되고 있는 일반적인 법칙이다.

사람의 마음도 그러하다.
편안한 곳, 상대방이 불러 주고 찾아 주는 곳이 낮은 곳이다.
따뜻하며 다툼이 없고 시비가 없는 곳으로 저절로 흐른다.
모두가 그러한 곳으로 향하고 있다.
낮은 곳은 힘을 들이지 않아도 자연스럽게 간다.

물은 약하지만 날카로운 것을 둥글게 한다.
커다란 바위도 이름을 잃고 조약돌이 된다.
칼로 물 베기처럼 부부싸움을 하면 안 된다.
물과 기름처럼 주장하면 안 된다.
부드러움으로 강함에게 지면된다.
떨어지는 물이 맷돌을 뚫듯이 작은 말로 하라.

따뜻한 말을 끊임없이 흐르게 하라.
조만간 얼음이 눈처럼 녹아 물이 될 것이다.
마치 물처럼 당신과 사랑으로 한 몸이 될 것이다.

우리는 물의 가르침을 다시 돌아볼 시간이 되었다.
사람들이 알고 있는 상식을 다시 기억하면 된다.
사람을 귀히 여기고 존중하며 다툼을 멀리하면 된다.
그저 조용히 폭력과 독선이라는 바위를 다듬으면 된다.
원하는 목적지에 모범택시처럼 편안하게 모셔다 준다.

물의 도를 배우고 따르라.
물의 흐름에 몸과 마음을 내맡겨라.
당신은 흐름을 만들며 다른 이들과 하나가 된다.
당신도 하나의 물이 되며 순리가 된다.

요가에서도 물의 노래가 있다.
아사나는 굳은 몸을 고무처럼 부드럽고 탄력 있게 해 준다.
헌신은 단단해진 감정을 봄을 맞은 눈처럼 사르르 녹여 준다.
명상은 당신을 텅 비게 하며, 지혜와 순리를 따르게 한다.

♧ 물은 세상에서 통용되는 일반적인 상식을 따른다.
　다투지 않고 그저 세상의 뜻을 흘려보낸다.
　　세상은 물의 도를 따르는 따뜻한 사람들이 많아진다.

18. 생명 에너지를 몸으로 받아들임, 호흡

너무 가까이 있으면 볼 수 없다고 한다.
너무 익숙하면 한 몸처럼 잊어버린다.
물고기가 물을 잊은 것과 같다.
물고기가 그물에 걸리면 물의 소중함을 알게 된다.
공기처럼 익숙하고 늘 함께했던 물이 자신의 생명을
지켜 주는 안전한 집이자 보호막이라는 것을!

사람에게도 그러한 것이 있는데, 태어나자마자
찾아와서 그 시작을 알 수 없는 호흡이다.
호흡은 모양도 없이 원래 있었던 것처럼
세상에 처음 나오는 순간 몸과 같이 활동한다.
한 번도 호흡에 대해 제대로 생각해 보지 않는다.
하지만 때가 되면 물고기의 물처럼 분명하게 그 가치를
배우게 된다.

호흡의 중요함을 명확하게 알려 주는 곳이 있다.
생사가 한 호흡에 의해 결정되는 병원이다.
울음에 의해 호흡이 시작되는 신생아, 한 호흡을 뱉지 못해
저세상으로 가는 중환자가 있다.
호흡은 4~5분 정도 멈추면 뇌가 활동할 수 없고 뇌사 상태에
빠진다고 한다. 5분은 아주 짧은 시간이다.
이처럼 호흡은 삶과 죽음을 나누는 중요한 기준이 된다.

다시 호흡의 가치에 대해 생각하는 시간이 필요하다.

호흡이 생사를 가늠하는 중요한 것이라 생각하고
일찍부터 연구해 온 나라들이 많다.
우선 우리나라는 고대부터 선도수련이라 알려져 있다.
중국은 도가라고 하여 신선이 되는 호흡 수련법이 유행했다.
인도는 요가에서 깨달음을 이루는 방법에 사용되기도 한다.
티베트는 승려들이 추위를 이기는 뚬모라는 기술도 있다.
모두 신기한 힘이 있다고 생각하고 발전시켰다.

사실 호흡은 코로 숨을 들이 마시고 내시는 일이다.
공기 중의 산소를 폐에 받아들이고 생명 활동에
필요한 에너지를 얻는 단순한 과정이다.

하지만, 참된 호흡은 우주에 흐르는 어떤 신기한 물질이나
흐름, 프라나라고 불리는 생명 에너지를 나르기도 한다.
이때 몸과 우주를 연결시켜 주기도 하며,
몸과 내면의 육체인 가슴·의식과 연결한다.
호흡은 단순히 공기를 마시는 일이 아니라 우주의 생명력인
프라나를 흡수, 축적, 정화시키는 방법이다.

프라나가 움직이면 마음도 따라서 움직인다고 한다.
프라나가 떠나면 몸에서 마음이 떠나 죽음이 온다.
그래서 생과 사는 한 호흡에 있다고 경전에서 말하고 있다.
프라나는 기본적인 생명력이고 원초적인 창조의 힘이다.
우주 존재의 단계에서 작용하는 모든 에너지의 근원이다.

우주 자체를 프라나의 발현이라고 하며, 모든 생명체를
초월하는 순수 의식, 에너지, 생명력 그 자체라고 한다.
요가에서는 프라나를 제어하는 기술을 프라나야마라고 한다.
요가경의 8단계 과정에서 중간인 4번째에 해당한다.

프라나가 흐르는 통로를 나디라고 하며 수십만 개가 있지만,
이다, 핑갈라, 수슘나 3개가 대표적으로 중요한 기능을 한다.
아울러 나디의 교차점이자 프라나가 집중적으로 모이는 차크라가
있다. 요가 호흡법은 두개골을 정화하는 정뇌호흡, 온몸에 열기를
가지는 풀무호흡, 나디의 통로를 정화시키는 나디 정화호흡 등
다양한 방법들이 사용되고 있다.

호흡을 조금 더 알기 위해 인체의 7개 차크라를 알아보자.
첫 번째 물라다라(성)차크라, 회음부 주변 자리, 인간의 생명력을
몸 위로 보내며 땅과 닿아 뿌리와 같은 역할을 한다.
난소와 생식선을 관장하며 성적 기능, 생식, 가족 등을
담당하고 육체적 생명력과 쿤달리니의 근원이다.

두 번째, 스와디스타나(천골)차크라, 꼬리뼈 부근 위치,
간, 비장, 췌장을 관장하며, 청결, 정화, 건강을 담당한다.

세 번째 마니프라(보석)차크라, 배꼽 조금 위 자리, 신진대사를
관장하며 정력적인 힘, 의지, 소화를 담당한다.

네 번째 아나하타(가슴)차크라, 가슴 중앙에 위치, 폐, 심장을
관장하며, 하위 3개 차크라와 상위 3개의 차크라를 연결하는 중요한

기능을 한다. 육체적인 것과 육체적인 것을 넘어서는 내면과 연결시켜
준다. 사랑, 감사를 담당하고 있다.

다섯 번째, 비슈디(목)차크라, 목 중간에 자리, 갑상선을 관장한다.
창의적인 것과 자아 표현과 관련되며 목소리, 말, 선택을 담당한다.

여섯 번째, 아즈냐(지혜)차크라, 양 눈썹 중간에 위치, 제3의 눈이라
불리며 직관의 근원이 된다. 송과선을 관장하며, 영감, 통찰력, 지혜,
비전을 볼 수 있다. 의식을 넘어 황홀한 경험, 경지로 안내한다.
마치 우주선이 지구를 벗어나듯 고차원적인 도약이 일어나며,
우리가 지금껏 알았던 관점이 해체되며
자유를 느끼기도 한다.

일곱 번째, 사하스라르(연꽃)차크라, 정수리 부분에 자리하며
뇌하수체를 관장한다. 우리의 정신, 고차원적인 힘, 우주가
연결되는 지점과 연결되며 신성과 합일이 일어나는 자리다.
시·공간을 넘어 초월적인 경험으로 흔히 지복을 충만하게
한다. 인간을 넘어가는 경지로 이끌어 주며 천 개의 연꽃잎이
핀 것처럼 의식을 환하게 꽃피게 한다.

이처럼 프라나를 이용하여 7개의 차크라를 열면 정신적인
각성으로 깨달음이 온다고 한다. 신비한 에너지가 허리의
척추 부분에서 쿤달리니를 깨워 머리 부분인 사하스라르
차크라를 열어 준다. 이때 천개의 연꽃잎이 머리에서 꽃처럼
피어나고 자유롭게 되었다는 요기들의 이야기가 있다.

태초에 하느님께서 흙으로 인간을 빚으시고 숨을 불어넣어
아담이 최초의 인간이 되었다고 성경에 나와 있다.
생명은 그렇게 한 줌의 호흡에서 시작되었다.
사람은 호흡에 특별한 힘이 있는 것을 예전부터 알았고
현재도 일부 사람들이 실천하고 있다.
호흡은 그 자체로는 자각이 없어 무해하다.
단지 에너지를 빨리 모으려고 욕심을 부리면
상기가 되면서 몸을 상하기도 한다.
특히, 숨을 쉬는 속도와 리듬, 경로와 깊이에 따라
효과가 달라지며 영향을 받는다.

호흡이 주는 혜택은 무궁무진하다.
건강은 물론 가슴을 열어 주고 지혜도 준다.
깨달음을 얻어 신선도 되고 현자도 된다.
누구나 욕심을 내는 장수도 한다.
생명 에너지를 얻으려면 숨을 잘 쉬면 된다.
우주의 선물을 받으려면 직접 해 보면 된다.

한 줌 숨을 들이쉬면 우주에서 평화가 들어온다.
한 줌 숨을 내쉬면 몸과 마음의 독이 빠져나간다.
호흡은 당신의 진정한 변화와 위대한 도약을 준다.

🙏 호흡은 기분도 좋아지고 마음도 편안하게 한다.
　　그저 천천히, 반복적으로, 욕심내지 말고 하면 된다.
　　　프라나가 쌓여 차크라가 열리면 지혜와 깨달음도 온다.

19. 땅에서 빛나는 아름다운 별, 꽃

"네가 나의 이름을 불러 주었을 때,
나는 진정한 꽃이 되었다."라는 말이 있다.

꽃은 아름다움을 나타내는 대표적인 자연이다.
깨달음과 사랑을 상징하기도 하고,
소중한 진심을 표현하기도 한다.

꽃은 그 자체로서 아름답다.
색깔이나 모양, 특히 향기에서 일어나는 그 힘은
사람의 정신을 황홀하게 한다.
마치 온몸을 사랑하는 여인에게 안긴 것처럼⋯⋯.

꽃밭에 앉아서 꽃잎을 차분하게 본 적이 있는가?
고운 빛은 어디에서 왔을까?
고운 향기는 어디에서 왔을까?

꽃의 여왕 장미를 보자.
푸른 잎과 줄기의 모습은 고고하며,
뜨거운 그녀의 열정을 표현하듯 새빨간 얼굴의 장미!
색의 화려함과 아름다움에 잠시 넋을 놓을 적에 장렬한
장미향이 우리를 끌어당기며 매혹시킨다.
그 향은 어디에서 왔을까?

그 빨간 빛은 가슴에서 어떻게 정열을 일으킬 수 있을까?
이른 아침에 꽃밭을 보면 기분이 좋아진다.
꽃잎을 보니 그 고운 빛이 어디에서 왔는지 궁금하다.
그 빛깔과 향기는 대체 어디에서 왔는지?
이처럼 나를 매혹시키며 황홀하게 하는지?

내가 아는 분 중에 꽃을 좋아하는 분들이 많다.
꽃을 가까이해서 얼굴도 예쁘고 마음도 곱다.
함께 차라도 하게 되면 꽃 같은 미소에 놀라고
말씀에 담긴 향기는 가슴에 스~윽 하고 들어온다.
꽃 같은 사람을 만나면 나도 꽃이 된다.

지리산 화개, 옥천, 가까운 대전 중리동에 살고 있다.
꽃이 생각날 때면 겨울에도 그들을 만날 수 있다.

지난해에 꽃처럼 아름다운 선물을 받은 적이 있다.
《쉬운 명상》이라는 책을 세상에 인사로 내놓았을 때
위층 아주머니가 "좋은 일 축하한다."라며 주신 다육이다.
20년 넘은 먼로라는 품종인데 색과 모양이 화려하고
얼마나 의젓한지 마음에 쏙 들고 깊은 배려를 느끼게 했다.
그날 이후 먼로는 베란다에서 아주머니를 대하듯이 인사하고,
말하며, 따뜻한 감사를 담아 좋은 일이 많아지도록 기도한다.
꽃같이 아름다운 사람을 가까이서 자주 뵈니 좋다.

꽃을 생각하면 기분이 좋아진다.
꽃은 가슴을 활짝 열어 줄 만큼 아름답고 예쁘다.

색깔이나 모양, 특히 보이지 않는 향기에서 일어나는
힘은 사람의 마음을 춤추듯 황홀하게 한다.
온몸을 꽃으로 만들며 웃음과 미소로 향기를 더하기도 한다.

꽃은 아름다운 자연이다.
봄에는 개나리, 진달래, 벚꽃 등 꽃의 천국이다.
들에도 꽃이요. 산에도 꽃이요. 세상은 꽃밭의 정원이 된다.
물론, 당신도 꽃이 된다. 아름다운 꽃이 된다.

당신에게서 꽃향기가 난다.
잠자는 가슴을 깨워 다른 이에게 사랑을 전달한다.
머리도 맑게 해 주며 온몸이 부드럽고 편안한다.
사랑으로 피어나 가슴에서 산다.

꽃은 향기로 숨어 있는 모습을 드러내기도 한다.
보이지 않는 메시지가 가슴으로 직접 전달된다.
얼굴 없는 존경이 가슴에서 가슴으로 전해진다.

별은 하늘에서 피는 꽃이다.
하얀 눈은 겨울의 꽃이 되기도 한다.
꽃은 아름다운 전설, 신화, 이야기를 알려 준다.

노래, 그림, 춤, 시가 가슴을 진동하면 꽃이 된다.
모든 예술은 가슴을 열어 주며 꽃을 피운다.

아름다운 장미를 받아 본 적이 있는가?

당신의 특별한 날에 선물로 주는 사람이 있었을 것이다.

한참을 들여다본다.

빨간 장미가 아름다운 자태를 뽐내고 있다.

장미는 그 사람의 의미를 전달하여 준다.

그 사람이 되어 사랑스럽고 가슴으로 들어온다.

그 사람의 마음도 들어와 사랑이 꽃을 피운다.

장미는 단순한 꽃이 아니다.

그 사람이 되며, 사랑을 담은 마음이 된다.

가슴에서 피운 꽃은 시들지 않고 살아 있다.

당신의 가슴에 간직하는 순간까지 영원하다.

다음은 눈에 볼 수 없는 특별한 꽃에 대한 이야기다.

인간의 내면에서 피는 꽃이 있다고 한다.

연꽃을 상징하며 7개의 차크라에서 피는 꽃이다.

특히, 사하스라르 차크라는 천 개의 꽃잎이 있는 연꽃이다.

깨달음을 얻어야 피는 꽃이라 아름다움을 표현할 수 없다.

하늘에서 불꽃놀이가 보여 주듯 인간의 자유를 알려 준다.

두 번째는 선에서 들려주는 아름다운 꽃이다.

염화미소라고 한 송이 꽃과 한 번의 미소가 있다.

부처님께서 하루는 영취산에서 한 송이 꽃을 들고 말없이

한참을 가만히 계시었다. 아무도 그 의미를 모르고

금방 말씀을 하시겠지 하던 차에 웃음소리가 들린다.

제자 마하가섭에게 한 송이 꽃을 준다.

가섭아, 그대가 법을 알아보았으니 그대에게 전하노라.
그때 사용된 꽃이 우담바라이거나 연꽃이라고 한다.

진정으로 무엇이 전달된 것인가?
어찌 말할 수 없는 것을 그저 꽃을 보임으로서
주고받을 수 있는가? 어떤 신비로움이 있다.
그 신비의 비밀을 어떻게 찾을 수 있을까?

어느 책엔 머리에서 가슴까지 가는 데 평생이 걸렸다고 한다.
하지만 꽃은 머리를 가슴으로 직접 연결하여 준다.
눈앞에서 꽃을 주는 순간 바로 전해진다.

꽃은 아름다움을 상징한다.
꽃은 마음을 상징하기도 한다.
꽃은 순수와 순결을 상징하기도 한다.

꽃은 말할 수 없는 것을 말하는 그 무엇이다.
보통 사람들은 꽃을 받으면 마냥 즐거워하고 행복해한다.
돈보다 꽃은 더 커다란 감동이 일어난다.

꽃은 머리가 아니라 가슴에서 가슴으로 전하는 메시지다.
꽃은 말하기 힘든 무엇을 나르기도 하고 보이기도 한다.
말로 할 수 없는 무엇을 전하기도 한다.
가슴을 열리게 하고 가슴으로 받게 한다.

꽃의 아름다움은 그대의 가슴을 뛰게 한다.

그대의 가슴을 살아 있게 한다.
머리가 할 수 없는 것을 자연스럽게 하게 한다.
꽃은 두 번째 육체인 가슴을 열게 하는 열쇠다.
수용성이 내면의 가슴에 받아들임이라면,
꽃은 외부에서 가슴을 열어 주는 또 다른 신비의 열쇠다.

그래서 수많은 신비가나 탐구자들이 꽃을 사용했다.
소중한 보물을 한 번에 준다며 한 개의 꽃을 전달한다.
머리에서 천개의 연꽃잎이 피어나기도 한다.
가르침을 전해 진리의 꽃을 피우기도 한다.

꽃은 모양에 취하고 그 향기에 취하면 된다.
소중한 마음, 진실, 의미 등이 가슴에 살 것이다.

당신의 가슴에 꽃을 길러 보자.
아름답고 예쁜 꽃을 피우길 빈다.

꽃은 사랑이며, 가슴을 상징한다.
   소중한 마음이나 진리를 보여 주기도 한다.
      가슴을 열어 꽃을 심으면 당신도 꽃이 된다.

20. 감정의 독을 가슴으로 녹이기, 정화

잘 먹는 사람을 보면 참 부럽다.
젊은 사람은 소도 잡아먹을 만큼 소화가 잘된다고 한다.
맛있는 것을 마음껏 즐기며 쑥쑥 자라게 한다.
하지만 나이를 먹으면 잘 버리지 못해 비만이 된다.

알맞게 먹고 버려야 한다.
버리지 못하면 살로 가고 몸이 소처럼 무거워진다.
몇 날을 보내면 변비가 되어 몸을 상하게 하는 병도 된다.

감정도 마찬가지다.
10대, 20대에는 성장을 위해 다양한 세계를 경험한다.
30대의 성인이 되면 스스로 책임지며 지켜야 한다.
정글 같은 생존 경쟁에서 건강한 마음을 간직하기 어렵다.
스트레스가 심해지고, 신경질적이며, 사람도 미워진다.

날마다 기쁨, 슬픔, 미움, 성냄 등이 가슴에 쌓인다.
소화하지 못한 감정이 많으니 가슴이 답답하기만 하다.
먹기만 했지 버리지 못하니 병든 사람이 많다.
우울증, 화병, 대인기피증 등 다양하다.

용광로는 철광석이나 녹슨 철을 순수하게 녹인다.
순수한 철은 자동차도 되고 솥도 되고 숟가락도 된다.

사람들을 유용하게 하는 다양한 제품이 된다.
녹이 쓸면 고물이 되어 싼 값에 팔린다.
쓸모가 없는 철은 다시 용광로에서 전부를 태워야 한다.

정화는 감정에 쌓인 독을 순수하게 하는 것이다.
가슴에 감정의 녹이 슬면 답답하다고 한다.
가슴에 철광석처럼 불순물이 많으면 우울증이 된다.
가슴이 철을 정화시키는 용광로처럼 건강해져야 한다.

9살 때 사고로 아버지가 저세상으로 갔다.
11살 때 새아버지가 오셨는데 집안은 남극처럼 추웠다.
가족들은 견디기 힘든 추위로 차츰 몸과 가슴이 얼었다.
지금도 동상처럼 후유증이 있는 누나와 동생이 있다.
나는 운 좋게도 2가지 약을 찾아냈다.

먼저 중학교 때 읽은 《적극적 사고방식》이라는 책이다.
"세상은 즐거운 것이다. 다 잘되고 행복하다."라는 문장이
너무 좋았다. 가슴으로 받아들이고 매일 외우고 다녔다.

두 번째는 고등학교 때 만난 《채근담》이라는 책이다.
아침에 바람이 고요하면 새도 고요하다는 데서 힌트를 얻었다.
따뜻하고 편안한 감정이 가슴을 건강하게 해 준다는 것을.
이후 따뜻한 생명의 기운이 모든 것을 이룬다는 "화기성통"
네 글자를 스스로 정하고 틈이 나는 대로 외우고 다녔다.
날마다 가슴이 따뜻해지고 몇 년이 지나자 정말 눈물이
날 정도로 딴 사람이 된 것처럼 봄이 찾아왔다.

봄이 되면 알 것이다.
바람도 부드럽고 꽃이 피는 것을.
가슴이 아픈 사람들을 만나면 내가 찾은 두 가지 약을
권해 주기도 한다. 약을 잘 먹으면 가슴은 건강을 되찾는다.
당신도 새사람이 되고, 봄이 주는 선물을 함께 해 보면 좋다.

어른이 되면 책임도 커지고 할 일도 많아진다.
먹고 사는 일이 만만치 않다.
그래서 가슴에 소화되지 않는 것이 많이 있다.

가정에서, 직장에서, 사람과의 관계에서 힘이 든다.
감정이 점점 메말라 가고 속이 상하게 된다.
현대를 살아가는 사람들은 가슴이 강해져야 한다.
나를 사랑하며 행복해야 할 책임과 권한을 가졌기 때문이다.

사람들이 일상에서 감정을 다스리는 방법이다.
미운 놈이 있으면 가지 않듯이 외면하는 방법이다.
명산이나 아름다운 강으로 여행을 간다.
여행은 당신에게 주는 휴식이며 충전이다.

다음은 독서, 운동, 영화 등의 취미생활이다.
즐겁고 재미있는 것을 하는 것이다.
잘 놀면 기운도 나고 기분도 좋아진다.

세 번째는 봉사활동이다.
도움이 필요한 사람을 돕는 것이다.

주는 것이 즐겁고 칭찬을 들으니 좋은 사람도 된다.
청소, 돌봄, 성금 등 가슴이 따뜻해진다.
경쟁하지 않고 사람을 대하는 것을 경험한다.

한 가지 더하면 땀과 눈물이다.
머리와 감정을 쉬게 한다.
땀은 한 시간 이상 운동이며, 대가 없이 하는 일이다.
운동에서 얻은 땀은 몸과 감정의 독을 빼 준다.
무료로 땀을 낼 만큼 집도 청소하고, 물건이나 냉장고를 정리해라.
옆 사람도 좋아하고 부모님 등 다른 사람도 좋아한다.

작은 텃밭이 있으면 작물을 길러 보자.
가족이 먹고 이웃과 나눌 정도면 된다.
조그마한 땅이라도 농사를 통해 나는 땀은 아름답다.
땀이 나면 세상에 물든 감정의 독이 빠져나간다.
순수한 땀은 고귀하다.
당신은 땀으로 독을 배출시켜 다시 순해진다.

눈물은 일종의 카타르시스를 준다.
영국하고도 바꾸지 않겠다는 셰익스피어를 알 것이다.
비극은 깊은 감정의 상처를 꺼내어 버려 준다.
두려움, 슬픔, 미움 등이 신기하게도 떠나간다.
지금도 드라마를 보면서 눈물이 나올 때가 있을 것이다.
수줍음이나 쪽팔린다는 창피한 생각을 잊어라.
눈물이 펑펑 쏟아지는 만큼 당신은 건강해진다.

정화는 진정한 자유를 위한 준비다.
흔히 진리를 찾는다고 수행하는 사람들이 많다.
불교, 기독교, 천주교, 선도 단체 등 다양하다.

정식이 되기 전에 훈련병 시절을 겪는다.
흔한 예로 스님이 되기 전에 힘든 과정이 있다.
6개월이나 1년 정도 고난의 시절을 맛보게 한다.
새벽부터 일어나 밥하고, 청소하고, 잠도 덜 재운다.
천주교 수녀들도 그러하다고 들었다.

그런 시간들은 세상에서 찌든 다양한 독을 빼 준다.
한편, 그 훈련은 고생이 심해 후에 어려운 일이 생기더라도,
자신을 돌아보며 회복하는 소중한 계기를 주기도 한다고 한다.
진리의 길을 걸으려면 순수해져야 한다.

세상은 전쟁터처럼 경쟁하고, 시장처럼 혼란스럽다.
일상에서 자신을 지키려면 날마다 돌보아야 한다.

자신을 돌아보는 반성도 정화를 시켜 준다.
거울 속의 얼굴을 보듯 자신과 만나 대화하고 돌아본다.
묵은 감정들이 일어나며 순하게 버려진다.
일기도 자신의 생각을 꺼내어 주고, 묵은 가정의 때를 버려
주며 깨끗하게 해 준다.

얼음이 강한 열을 받으면 완전히 녹아 물이 된다.
차가워진 감정은 일종의 얼음이다.

따뜻한 가슴은 얼음이 열에 의해서 녹아진 물이다.
당신은 따뜻한 물이 되어야 한다.
따뜻한 감정은 얼어붙은 겨울 강에서 봄을 부르고,
꽃을 피우기도 한다.
화기성통처럼 가슴의 용광로를 가져야 한다.

가슴을 잘 사용할 줄 알아야 한다.
가슴은 봄을 부르기도 하고 겨울을 만들기도 한다.
가슴을 온전하게 사용하는 법이 정화다.
가슴은 따뜻함으로 온돌방처럼 은은하게 데워진다.
가슴은 차가워지면 상하게 되고 병이 된다.

정화는 여러 의미들이 있다.
버려야 할 것을 버리는 것이다.
순해지며 순수해지는 것이다.
깨끗하고 맑아지는 것이다.
불순물이나 녹을 태우는 것이다.
큰 도약을 위해 준비하는 것이다.
가슴이 건강해지면 봄은 늘 그대 곁에 있다.
숨 쉬는 모든 세상에서 꽃이 피고 향기를 피운다.

♧ 정화는 얼음에서 물이 되는 변화이다.
　봄을 부르며 반성, 용서, 겸손으로 꽃을 피운다.
　　가슴은 따뜻해져, 나와 세상을 다시 건강하게 한다.
　　　감정은 지혜의 길을 가기 전에 온전한 정화가 필요하다.

제3장

지혜

21. 진정한 자유의 길, 공성(空性)

우주 밖에서 지구를 본 적이 있는가?
우주에서 본 지구는 아름다운 한 송이 꽃이라고 한다.
공성은 우주에서 지구를 보듯 진정한 자신을 보게 한다.
당신은 꽃처럼 아름다운 세계를 경험할 것이다.

내가 26살 때 시내의 한 건물 안 대형 스크린에서
피아노의 대가 야니의 공연을 우연히 본 적이 있다.
유명한 아크로폴리스의 공연으로, 최초로 우주인, 지구 밖을
나가 본 남자, 달을 밟고서 지구를 본 남자 닐 암스트롱
이야기를 다음 곡으로 연주하기 위해 설명하고 있었다.

달에서 본 지구는 푸른 원형의 빛으로 꽃처럼 아름다웠다고
한다. 오직 하나의 파란 공이었다고 한다. 나라별 경계도
보이지 않았고, 인종의 경계, 언어의 구분도 없었다고 한다.
오직 파란 꽃이 빛나고 있었다고 암스트롱의 말을 대신한다.

오래전에 사람들은 지구가 네모나다고 생각했다.
배를 타고 멀리 나가면 절벽에서 떨어지듯 죽는다고 여겼다.
갈릴레오가 망원경으로 천체를 관측하면서 지구가 둥글다는
사실을 발견한다. 지구가 무척 반가웠을 것이다.
처음으로 지구 자신의 모습을 알아본 과학자가 생겼다.
당시 세상을 다스리던 교황청이 그를 설득한다.

지구가 우주의 중심이 아니며 태양을 중심으로 돈다는
사실은 하느님에 대한 도전이며 죄라고 하면서!

그 후 마젤란, 뉴턴 등이 여러 사실을 통해 증명한다.
몇천 년 지켜 온 세상의 관념은 깨지기가 힘들다.
차라리 지금까지 믿고 살아온 것이 편하다는 생각이 든다.
그 충격, 놀라움, 진실이 어우러져 감당이 안 된다.
하지만 진실이 밝혀지면 진정한 힘과 가치가 생긴다.
그리하여 지구의 중력을 벗어나는 시도가 일어나고,
우주인이라는 위대한 탄생을 우리 눈으로 볼 수 있었다.

지구의 중력을 벗어나는 일이 정말 어렵다고 한다.
대기권 밖을 나가려면 로켓이라는 장치가 필요하다.
우주선을 타려고 특수한 훈련을 받아야 한다.
그러한 기술을 보유한 나라도 많지 않다.
우주 발사 비용도 엄청나서 국가에서 추진하고 있다.
최근에 와서야 앨론 머스크라는 사업가가 민간 우주선을
최초로 발사해서 성공한 사례가 있다.
우주인이 되기 위해서는 엄청난 투자, 노력, 훈련, 기술이
필요하며, 우주인도 몇 명이 되지 않는다고 한다.

인간에게도 또 다른 중력이 있다. 자아라는 중력이다.
나의 몸, 감정, 생각이나 마음을 나라고 여긴다.
몸, 감정, 생각을 나라고 동일시하고 평생을 보낸다.
꿈에서도 나를 떠나서는 한순간도 존재할 수 없다.
나를 생각하지 않고서는 어떤 일도 할 수 없다.

마치 자아는 중력처럼 모든 현상을 끌어당긴다.

나라고 살아가는 배경이 되지만 무겁게 짓누르기도 한다.

자아는 의지를 주고 꿈을 준다.

세상을 즐겁게 살아가는 원동력이자 근원이기도 하다.

나를 보호하고 유지하며 성장시킨다.

하지만 나의 이름을 가지고 살기에는 많은 어려움이 있다.

배우고, 익히고, 경쟁해야 하고 또한 사랑도 해야 한다.

자아는 사는 동안 휴식과 자유 없이 평생 일해야 한다.

자아의 중력을 벗어나는 법칙이 바로 공성(空性)이다.

불교적 표현을 빌리자면 색즉시공, 공즉시색이다.

바로 우리가 알고 있는 반야심경에 나오는 구절이다.

색(色)이 바로 공이요, 공(空)이 바로 색이다.

형상으로 된 모든 물질이 바로 색이요.

공은 바로 모든 형상으로 이루어진 물질이다.

공은 바로 물질이요. 물질은 바로 공이다.

"사람이 바로 공이요, 공이 바로 사람이다."라는 등식을 사용할 수 있다.

공(空)은 바로 숫자로서는 0(영, 제로)이기도 하다.

0은 모든 숫자를 앞에 두어도, 0 자신은 변하지 않는다.

0은 더해도, 빼도, 곱해도, 나누어도 0 자신만 남는다.

0 자신은 어떠한 조건에서도 변하지 않는 신비를 보여 준다.

0은 바로 형상이면서 또한 공(空)이기도 한 성질을 보여 준다.

자신이라는 중력을 벗어나는 세상이 공이라고 한다.

자신이라는 세계 속에서 자유로워지는 것이 공이다.
공의 세계를 보면 당신은 더 이상 지구인이 아니다.
우주인이며 진정한 자유인이 된다.

자신이 바로 공이다. 자신이라는 모든 활동이 공이다.
자신이 하는 모든 생각이 공이다.
자신이 세상에서 하는 모든 활동이 공이다.
자신의 삶이 바로 공이다.
자신이 세상을 바라보는 모든 것이 공이 된다.
0(영)은 오직 0(영)을 낳는다. 공(空)은 오직 공(空)을 낳는다.

공은 자신이라는 중력을 벗어난 지혜이다.
나는 몸이 아니다. 나는 감정이 아니다.
나는 생각이 아니다. 내가 아는 그 어떤 무엇도 아니다.
나는 의지가 아니다. 나는 의지가 발현된 그 무엇도 아니다.
나는 결국 공이다. 나는 공이다.

나를 바로 아는 것을 지혜라고 한다.
그래서 《반야바라밀다심경》을 지혜의 경전이라고 한다.
공을 증명한 가르침이기도 하다.
모든 이들에게 반야를 주고 싶다.
현상이 바로 공이고, 공이 바로 현상이다.
나라는 현상은 공이요. 공의 현상이 바로 나다.
공은 당신의 삶을 지혜와 자유로 살게 한다.

2차원 가슴에서 3차원 공의 세계로 나아가야 한다.

공의 세계는 자유의 세계이다.
처음으로 거울 속의 얼굴처럼 자아를 분명하게 볼 수 있다.
모든 것이 자신이라고 여기는 지옥을 벗어난다.
바로 동일시에 틈이 생겨 벗어날 수 있다.
당신은 바로 공이다. 바로 자유의 또 다른 이름이다.

모든 것이 공하다. 모든 것이 허무의 공이 아닌 진공이다.
허무의 공은 이 세상이 만들어져 있어 공하다는 것이다.
만들어진 것은 반드시 사라지게 된다.

진공은 생겨나지도 않고, 멸하는 것도 아니며
고통도 없고, 고통의 원인도 없다.

마음도 없고, 죽음도 없으며, 의지도 없고, 무지도 없다.
모든 것은 지혜이며, 광명의 세계다.

공은 온전하고, 완전한 자유의 길이며, 자유의 세계다.
그렇게 가슴의 길에서 의식의 길로 위대한 도약을 하게 된다.

깨어 있음, 지혜의 길인 공성의 세계에서 살아가게 된다.
세상을 온전하게 보며, 살아가는 첫 걸음을 비로소 시작한다.
달팽이가 산을 넘듯이 위대한 일은 가능하다.

⚙ 나와 이 세상을 온전하게 보는 세계가 공성(空性)이다.
　　달에서 지구를 보듯 새로운 세상을 보게 된다.
　　　우주인이 되면 당신은 전혀 다른 사람으로 도약한다.

22. 세상은 하나의 거대한 환상, 마야

무지개를 처음으로 본 순간 황홀했을 것이다.
눈앞에 펼쳐진 신기한 광경에 놀란다.
빨주노초파남보의 둥근 줄이 화려하게 펼쳐져 있다.
허공 위에 떠 있으면서 산, 들, 구름의 앞을 덮어 준다.
잠깐 동안 신세계를 경험하고 있으면……
무지개는 언제 있었냐는 듯이 흔적 없이 사라진다.
무지개를 찾으러 높은 곳에 간적도 여러 번 있었다.
열병이 날 정도로 간절하게 찾은 적도 있었다.

사람을 아주 혼란스럽게 하는 것이 또 있다.
사막에서 보이는 신기루다.
메마른 사막을 걷다가 힘이 들면 그림 같은 숲에 물이
흐르고 있다. 보는 것만으로도 너무 황홀하다.
지친 몸은 순간 번쩍 깨여 기운이 충만해지고 그곳을
향해 달린다.
아름답던 숲이나 샘에 도착하면 눈이 순간 놀란다.
아무것도 없다. 진짜가 아니었던 것이다.

진짜 무슨 일이 일어났을까? 나의 목마름을 어떻게 해결해야 하는가?
눈앞에 있던 그 아름다운 시냇물은 어디로 갔을까?
한없이 허망한 그 아쉬움은 말할 수가 없을 것이다.
눈앞에서 분명하게 보았는데 실체가 없다.

아름다운 동화 속 신데렐라도 있다.

마술사가 그녀에게 신비한 힘으로 변신술을 보여 준다.

신데렐라는 밤 12시 이전까지 변한 모습을 유지할 수 있다.

그 이후에는 마술이 풀려 본래의 모습으로 돌아간다.

그러나 왕자와 결혼한다는 멋진 결말이 있다.

누구에게나 바라고 싶은 마술의 순간이 있다.

당신은 다른 사람이 되어 원하는 멋진 세상을 살고 싶다.

마술은 신비하게 그 사람이 원하는 것을 이루게 해 준다.

힌두 전설에도 신비한 이야기가 있다.

마음 착한 청년이 하루는 산을 올라갔다. 어머니의 약초를
캐러 깊이 올랐다. 산에는 멋진 궁궐 같은 집이 보인다.

잠시 물을 얻어먹으려고 문을 두드린다. 선녀 같은 절세미인이
다소곳이 인사를 한다. 둘은 금방 사랑에 빠진다.

꿈처럼 달콤하고 황홀한 7일을 보냈다. 어머니가 생각나서
여인에게 묻는다. 잠시 집에 다녀온다고 한다.

여인은 안 된다고 한다. 청년은 또 7일을 보내게 된다.

너무나 달콤해서 이 순간을 도저히 멈출 수가 없다.

이렇듯 여러 번 똑같은 일이 반복되었다.

여러 번 반복되면서 어머니를 아주 잊어버렸다.

그렇게 수십 년을 보내니 아이들도 이미 장성했다.

이제 그도 늙은 몸이라 어머니를 한 번 보겠다고 한다.

그녀도 이제는 늙어서인지 집에 가는 것을 허락한다.

집에 도착하자 젊은 어머니가 반긴다.

어머니를 뜨겁게 안자 순간 모든 것이 사라진다.

아침이었다. 지난밤에 아름다운 여인과 수십 년을 함께한 꿈이었다.

너무나 달콤해서 다시 눈을 감아도 돌아갈 수 없다.

이와 같이, 마술처럼 신기한 이야기들이 참으로 많이 있다.
현실과 꿈, 진실과 가짜, 아름다운 동화 속 이야기는 우리를
지금 눈앞의 현실에서 마술처럼 다른 세계로 이동시킨다.
어느 때는 잠, 마술, 무지개처럼 있기도 하고 없기도 한다.
분명한 것은 경험하는 사람들은 그것들이 진실이고 현실이다.
아이러니하게도 그 속에 있을 때는 전혀 알 수가 없다.

눈앞에 바로 있으나 실제가 아닌 것을 구별할 수 없다.
꿈속에서 꿈이 아님을 알 수 없듯 말이다.
신기루라고 자각하는 순간 모든 것은 사라진다.
마술은 분명히 진짜 같지만 일종의 눈속임이다.
무지개는 모습을 갖추고 있지만 실체가 없어 만질 수 없다.
나는 분명 진짜이고, 현실인데 어떻게 속는지 알 수가 없다.

마야는 이 세상이 잠이며 꿈이라고 알려 준다.
꿈은 쉽게 말해서 진짜가 아니라는 것이다.
진짜 세상은 어디에 있을까?
나는 진실한 삶을 살고 있을까?
내가 아는 것이 진실이 아니면 어떻게 해야 할까?
진실을 찾으려고 노력을 해야 할까?
아니면, 세상이 한갓 꿈인데 그저 자유로이 살면 될까?
저 하늘에 흰 구름처럼 바람이 부는 대로 말이다.

인생은 하나의 꿈이다.

내가 주인공으로 살며 언제나 즐겁고 행복하다.
나는 진짜 행복한 세상에 살고 있는가?
이제 더 어려운 이야기를 하나 해야 한다.
황당해서 믿을 수가 없다고 놀라지도 말라.

바로 당신이 진짜가 아니라고 한다.
현재 보이는 모든 세계가 진짜가 아니라고 한다.

불교와 힌두교에서 찾아낸 진실이다.
이 세상은 하나의 커다란 마야이며 환상이다.
앞서서 이야기한 무지개이며, 마술이며, 꿈이다.
현실은 가장 생생한 꿈이라고 한다.

처음에는 누구나 믿기지 않는다.
21번 글에서 이 세상은 공이라고 했다.
허무의 공이 아닌 진실의 공이라고 했다.
달에서 지구를 보듯 진실을 보는 방법이 있다고 했다.
이 세상을 그러한 방법으로 보면 마야임을 알게 된다.
마야는 색즉시공, 공즉시색의 절정이다.

　　내가 바로 공이다. 세상 모두가 공이다.
　　세상 모든 것이 마야이다. 세상 모든 것이 환상이다.

이 세상을 환상으로 볼 수 있으면 그 어떤 자유가 있다.
너와 나의 경계가 사라져 버린다.
세상의 가치관, 법, 형상들이 구속하지 않는다.

이 세상은 마야이지만 또한 현상이다.
내가 보는 모든 것이 마야이자 또한 진실이다.
마야는 이 세상의 진실한 모습을 보는 방법이다.
다이아몬드처럼 강하던 세상이 물거품처럼 부서진다.
한 개의 구름처럼 수시로 변하면서 끝내는 사라진다.

진주처럼 단단한 것이 허공으로 사라진다.
마치 아침의 이슬처럼 햇빛을 받자마자 사라진다.
어둠 속의 번개처럼 순간 빛으로 밝게 보이지만
세상은 처음부터 빛이 없는 듯 깜깜해진다.

당신은 하나의 마술사로 다시 태어나야 한다.
세상에 마야라는 세계가 또 있다는 마술을 알아야 한다.
그러면 어떠한 마술에 걸려도 속지 않는다.
세상에서 매 순간 어느 곳에서도 자유롭다.
마야라는 마술을 알면 당신에게 그런 능력이 주어진다.

삶의 모든 순간이 진실이 된다.
당신 자신이 위대한 진실이 된다.
세상의 모든 것이 진실이 되며, 자유가 주어진다.

♧ 세상에서 진정한 자유는 마야라는 마술을 알면 시작된다.
베일에 가려진 진실의 세계가 다시 열린다.
삶은 모든 순간에서 모든 것들이 진실이 된다.

23. 모든 것에 쓰이나 알 수 없는 내 것, 마음

마음은 하나의 신비이자 알 수 없는 세계다.
열길 물속은 알아도 한 길도 안 되는 사람 속은 모른다.
마음을 곱게 써야 하늘이 복을 내린다고 한다.
놀기만 좋아하는 사람은 공부에 마음이 없다.
우린 친구이니 마음에 있는 생각들을 솔직하게 말하자.
마음이 심란하고 좀처럼 진정이 되지 않는다.
마음 같아선 달라는 대로 다 주고 싶었는데
주인이 옆에 있어서 조금밖에 주지 못했다.
첫눈에 그 여자에게 내 마음을 모두 빼앗겨 버렸다.

마음은 누구나 가지고 있으며 가장 많이 사용하는 주제다.
사람 사이에서 경계가 없이 자유롭게 사용한다.
또한 마음 스스로에 의해 사용되기도 한다.
시간과 공간에 구속이나 통제를 받지 않는다.
사람이 숨을 쉬는 모든 순간 마음은 활동하며 작동한다.
사람과 현상, 사람, 시공간을 오가며 마음이 언제 사용하는지,
언제 작동되었는지도 모르게 스스로 알아서 작용한다.

마음은 모든 곳에 존재하며 빛보다 빠르다고 한다.
내 마음은 우주와 같이 크고 넓다. 내 마음이 바로 나다.
내 마음은 하늘도 땅도 그리고 그 누구도 모른다.
나는 내 마음을 알고 있으나 내 마음대로 되지 않는다.

마음은 모양이 없고 보이지 않아 구별이 불가능하다.
사람들은 마음 가는 대로 즐겁게 쓰는 경우도 있다.
하지만 때론 답답하고 막막해지며 고통스럽다고 한다.
자신이 마음의 주인이라고 하면서도 고통, 슬픔, 답답함에
대해서 대부분은 전혀 손을 쓰지 못한다.
마음이 사람을 내키는 대로 다스리며 요동치게 한다.

마음은 고정되어 있지 않아 물처럼 흐른다.
대상(경계)을 두고 구름처럼 마음이 일어나거나 사라진다.
인과의 법칙에 따라 경험되면서 찰나에서 찰나로 움직인다.
전기나 빛처럼 모든 것을 자유롭게 이동하는 유동체며,
사람의 내면에 있는 알 수 없는 주체이기도 하다.

마음은 감정, 생각, 기억 따위가 깃들어 있거나 생겨나는
곳이며, 내면에서 성품, 감정, 의식, 의지를 포함하는 주체다.
작은 의미로 육신에 상대되는 지각능력이라고 한다.
넓은 의미는 우주의 본체를 정신적으로 보며, 물질적 현상도
정신적인 발전이라는 우주와 마음을 일치시키는 경우도 있다.
마음이 바로 '작은 우주'라고 생각한다.

초기 불교에서는 안식, 이식, 비식, 설식, 신식, 의식의 6식이라고 하고
후에 유식 불교에서 7식을 말나식, 8식을 아뢰야식이라고 추가하면서
마음을 8식 전체라고 했다.
유위법으로 인연의 산물이니 진실이 아닌 것으로 해석된다.
인연에 의해 만들어진 것은 인연이 다하면 사라진다.
결국 마음은 인연의 산물이니 "마음은 없다."라고 한다.

마음은 생각하고 판단하는 아는 기능을 한다.
바로 자신의 생각을 결정하는 주체이다.
몸은 외부 현상을 아는 기관이 보통 여섯 개다.
바로 눈, 귀, 코, 혀, 피부, 뇌이다.
현상은 위의 기관으로 들어와 인식되어 마음속에 저장된다.
그러한 과정을 알아채고 저장하는 것을 식이라고 한다.
마치 컴퓨터 하드웨어처럼 모든 정보가 저장된다.

마음은 다루기 어려워 최고의 사람들이 오랜 시간 연구했다.
세상을 이롭게 하며 편하게 살려고 동서양 구분 없이 종교,
철학, 심리학, 과학, 예술 등 많은 분야로 만들어 왔다.

또한, 자신을 알려고 마음을 공부하는 분야도 있다.
동양은 기수련을 통한 단전호흡, 움직이는 선이라는 태극권,
말의 처음을 알아 마음을 넘어선다는 화두나 참선,
숨을 그저 숫자를 세면서 관찰하는 비파사나 명상법,
호흡이 들어오고 나가는 자리를 알아차리는 명상비법 등,
유교, 불교, 힌두교, 도교, 자이나교, 단학 등에서 다양하다.
또한 서양에서는 마음을 의학적으로 공부하는 심리학,
마음을 밝히는 철학, 유대교, 기독교, 이슬람교 등이 있다.

이처럼 마음은 어떻게 해 볼 수 없는 특별한 주체다.
마음은 자신, 사람, 세상, 우주이기도 했다.
마음은 성품, 신, 진아, 자아이기도 했다.
마음은 해탈, 진여, 마음 없음이라고도 했다.
그래서 마음을 쓰는 방법을 조금 알아보았으면 한다.

마음은 불교에서 일반인도 알아볼 수 있도록 쉽게 보여 준다.
개인적으로 요가를 가르치지만, 불교의 가르침도 좋아하고
배웠기에 조금 소개하려고 한다.
불교에서는 보통 몸을 통해서 마음을 설명하는데, 종교가
있는 사람이나 없는 사람이든 쉽게 이해하고, 금방 대입할 수
있어서다.

마음은 몸의 일부로 사람의 일에 중요한 기능을 한다.
내 일부를 담당하지만 판단, 결정, 실행을 하는 중심이 된다.
몸은 외부를 담당하는 겉으로 드러난 신체가 있으며,
보이지 않으나 내부를 담당하는 마음이 있다.

마음은 6개의 신체기관이 대상을 알아채는 과정에서 생긴다.
내가 주인이 되어 원하는 부분을 선택해서 정한다.
관심사가 아니면 멀리 무의식 공간으로 버려진다.
내 마음을 잘 쓰려면 나를 잘 쓰면 된다.
내가 필요할 때 원하는 부분을 맞게 사용할 수 있다.

마음은 신체기관을 통해 얻는 6개의 의식, 나라고 생각하는
자의식, 보이지 않으며 알 수 없는 무의식 등 8개다.
마음이 머리 안에 있어서 모양도 없고 구분점도 없다.
각자 선택 기준과 조건이 달라 사람마다 다르다.
내 몸의 일부이니 마음의 주인은 나다.
세상을 보고, 듣고 맛보는 일상생활로 업그레이드시켰다.
지금의 나는 오늘까지 만들어 온 최고의 시스템이다.
물론 남과 비교하지 않아야 하며, 자신만을 한정한다.

지금 이 순간이 최적화된 최고의 성능을 가진 상태다.

마음은 내가 주인이며 컴퓨터같이 작동시키는 시스템이다.
사람마다 자신의 기능과 성능으로 특성화되어 있다.
마음의 모양을 보고 사용법을 알면 아주 좋다.
소프트웨어처럼 몸체 안에 있으며, 관심과 필요에 따라
작동한다.
세상에 하나밖에 없는 생명처럼 마음은 자신만의 보물이다.
자신을 믿고 그냥 잘 사용하면 된다.

마음은 내가 결정해서 원하는 대로 쓰는 것이다.
그것이 나이며 자아이기도 하다.
마음에다 나를 더하면 자아라고 한다.
내가 쓰지 않는 무의식이라는 무한의 저장고가 있다.
세상에 살면서 원할 때 마다 조금씩 사용하면 된다.
사람은 자신의 뇌를 3%도 못 쓰고 죽는다는데 늘리면 된다.
관심이나 필요를 알고 조금 더 사용하면 된다.

작은 것을 얻으려면 작은 관심, 적은 시간이 필요하다.
큰 것을 이루려면 결심, 노력, 실천 등이 필요하다.
일, 취미, 사람 관계 등에서 마음은 사람마다 차별화된
능력과 혜택을 준다.
마음은 관심, 목적과 의도를 가지고 실천하면 된다.

마음은 잠을 잘 때 꿈의 세계를 연다.
마치 요즘 컴퓨터가 가상의 세계를 창조한 것처럼 한다.

마음의 주인이 되면 꿈의 세계에서도 자유롭고 편안하다.
인터넷에서 명령어만 주면 마술처럼 힘을 발휘한다.
스마트폰을 잘 사용하듯이 꿈속에서도 충분히 가능하다.
꿈의 세계에서 왕도 될 수 있어 좋다.

내 마음을 내 것이라고 말하나, 주인이라 생각하지 않는다.
대부분 그런 생각도 하지 않고, 그럴 이유가 없음을 안다.
마치 자신이 태어나기 전부터 있었던 호흡처럼, 마음을
나와 같이 여기나 어떻게 생겼는지 알 수가 없다.
마음은 생각만 하면 저절로 모든 행동이나 결정이 된다.
내가 주인이라고 하지 않으면 마음이 주인이 된다.
마음에게 자리를 내주면 종처럼 시키는 대로 산다.
하루 종일 일해도 일은 산더미고 괴롭다며 잠도 빼앗는다.

개가 주인을 모르면 덤비고 문다.
마음도 내가 주인임을 알려 주어야 따르게 된다.
알려 주지 않으면 개가 모르는 사람에게 물거나 짖듯이
고통과 고뇌, 화를 주거나 열받아 미칠 지경까지도 간다.

마음의 주인은 바로 나다.
내가 주인으로서 자리를 찾아야 진정한 주인이 된다.

🍀 마음은 몸의 기능 일부이나, 최고의 성능을 자랑한다.
   스스로 매 순간 업그레이드하는 자동시스템이다.
      당신은 마음에게 주인 자리를 돌려받아 예뻐해야 한다.

24. 내 마음의 진정한 주인, 자아

아침에 일어나 세상을 보면 참으로 아름답다.
저녁이 되어 밤하늘을 보면 고통스럽기도 하다.
아침과 저녁이 왜 이렇게 다른지 무척 황당하다.
아침의 나와 저녁의 나는 다른 사람인가?

마음은 주인을 잘 만나야 한다.
주인을 잘 못 만나면 아름다운 세상이 고통으로 변한다.
하늘보고 들으라며 참 세상 살기 힘들다고 한다.
운도 따르지 않는다며 고래고래 원망할 때도 있다.
때론 공연히 지나가는 사람을 보아도 신경질이 나기도 하며,
그냥 남이 싫고 미워지기도 한다.
주인을 잘 만나면 세상은 더 없이 고맙고 감사해진다.
살아가는 매일매일이 축복이며 선물이다.
마음의 주인이 바로 나이며, 다른 말로 자아라고 한다.

자아를 잘 쓰려고 어떻게 생겼는지 알아봐야겠다.
자아는 언제 처음 생기는가?
아이가 태어나면 자신을 나라고 여기지 못한다고 한다.
먹고 마시고 잠자는 단순 기능만 한다.
그러다가 부모를 인식하고 자기의 이름을 들어 가면서,
자신이 어떤 무엇이라고 알게 된다.
그 누구를 나라고 하며 자신이라고 한다.

그러면서 세상과 분리된 그 무엇이 나라고 여기기 시작한다.
나라고 여기는 순간 자아는 활동하기 시작한다.

몸과 자신을 나라고 여기며 세상과 구별되는, 자신을 알게
되는데 그것을 자아라고 한다.
그렇게 스스로 느끼는 나를 자아라고 인식하게 된다.
그때부터 남에게 자신을 소개할 때, 나라고 하며, 이름을
밝히기도 한다. 부모형제와 부모의 가족들을 통해, 자신을
조금씩 구분하고 구별됨을 알아가게 된다.

자아는 그렇게 생기면서 점점 확대된다. 장소가 확대됨에 따
라 새로운 사람을 만나고 새로운 관계와 역할을 배우게 된다.
어린이집, 유치원에서 다른 사람을 보게 된다.
선생님을 통해 규칙을 배운다. 순서, 이름, 친구와의 호칭과
관계, 놀이를 통해 다양한 역할을 학습하게 된다.
나라는 역할이 집에서 어린이집이나 유치원까지 확대된다.
나는 친구들을 만나면서 여러 사람과 대하는 동일한 나가
있음을 배우게 된다.

초등학교에서 대학교 등 학교생활을 통해 다양한 문화를
접하고 지역에서 전국, 다른 나라까지 활동 무대가 확대된다.
숙제, 평가, 취미 활동, 입학과 졸업, 국어, 역사, 영어 등
다양한 학습 과목을 체험하고 습득한다.
또한, 친구들을 통해 놀이, 청소, 여행, 이성과의 교제도 한다.
진로와 직업, 꿈과 이상 등을 자기 안에서 생각하고,
여러 과정을 겪으면서 어른의 사회로 나갈 준비를 한다.

나이를 먹어 감에 따라 자기를 아는 사람이 점점 많아진다.
다양한 자신을 그들과 함께하고 가까워지며 멀어지지도 한다.
또한 밖에서는 물건을 구입하거나 은행에서 거래도 하고,
차를 타고 여행을 가는 등 모르는 사람들과 이야기도 한다.
그러다 마음이 통한다며 친구가 되기도 한다.
종교 활동도 하고, 취미클럽 활동도 한다.
이 모든 학교생활은 대부분 부모의 지원으로 이루어진다.
학교라는 공간에서 다양한 역할을 하며 세상을 배운다.

학교를 졸업하고 군대나 직업을 정해 취업을 한다.
취업은 다른 신분을 얻는 과정이며 역할을 배운다.
자기 사업을 하는 사람도 있다. 사장이 되어 직원들을
리드하는 자가 되어 새로운 의미의 역할을 한다.
결혼을 하면서 가장이 되고, 남편이 되고 아빠가 된다.
자아는 그때마다 늘 활동하고 자라고 성장한다.

이렇듯, 가정, 학교, 학교 밖의 활동, 직업, 결혼, 부모, 가장,
동호회, 취미 등 장소와 그 안에서 만나는 사람, 관계에서
나는 늘 활동한다. 자아는 그렇게 활동한다.
자신의 역할이 너무 좋다고 새로운 역할을 거부하거나,
멈추지 말아야 한다. 늘 성장하고 배워야 한다.

자아는 나와 같다.
나의 마음을 잘 쓰고 역할을 잘하면 된다.
나와 만나는 사람들과 좋게 관계하면 된다.
만남 속에서 자신이 원하는 역할을 하면 된다.

마음을 쓰는 자를 자아라고 한다.

자아는 몸의 일부 기능으로써 부분적으로 쓰인다.

자의식에다 무의식까지 쓰면 '진아'라고 한다.

힌두교에서는 그렇게 규정하고 있다.

진아는 성품, 본래 자기라고도 한다.

자아는 사고, 감정, 의지, 체험, 행위 등의 여러 작용을

주관하며 통일하는 주체로서 나 자신을 말한다.

보통 자기 자신에 대한 의식이나 관념이라고 한다.

정신분석학은 자기 또는 나로서 경험되며 지각을 통해

외부 세계와 접촉하는 인간 성격의 일부분이라고 한다.

자신이 자기에 대해 스스로 지각하는 전체를 말하기도 한다.

또한 철학은 일상의 모든 감각, 사고, 행동 등 모든 경험을

통일하여 경험을 하고 있는 그 당사자를 자신이라고 한다.

자아도 파악하거나 정의하기가 매우 어려운 무엇이다.

자아는 사실 나 자신이다.

나를 자신이라고 여기는 마음이다.

몸, 감정, 생각이 내가 태어나면서부터

나로 살아온 전체이며 현재가 바로 자아이다.

자아는 소중하고 귀하게 대접해야 한다.

자아를 잘 사용해야 세상에서 돈도 벌고 성공도 하고

이름도 얻는다. 생활이 안정되며 좋은 가장이 될 수 있다.

자아를 잘 써야, 자아를 넘어설 수 있다.

진정한 부자여야 돈에서 자유롭고, 돈을 넘어
사람을 귀하게 대한다.
자아를 통해 세상의 의무에서 승자가 되어야 한다.
그러면 더 멋진 기회로 넘어갈 수 있다.
지혜로운 사람이 되어 삶의 주인으로 살아갈 수 있다.

마음공부하는 대부분의 사람들은 자아를 부정하곤 한다.
아이가 성장하지 못하면 진짜 어른이 되지 못하듯이,
자아도 어른으로 성장해야 마음의 진짜 주인이 된다.
지혜가 열리며 공성의 세계에서 다시 살아가게 된다.

인도의 속담에 "하루하루를 잘살면 어제는 행복한
꿈이 되고, 내일은 희망의 비전이 된다."라고 한다.
자아는 날마다 행복하고 희망의 비전을 만들어 갈 수 있다.

당신의 자아를 믿고 꾸준히 밀고 나아가길 바란다.
진정한 주인이 되어 저 높이 자유롭게 날아야 한다.

♧ 자아는 나의 활동 모든 것에서 알아채는 자신의 분신이다.
　　몸과 마음, 나와 관련된 사랑과 관계에서 활동한다.
　　　몸과 이름을 동일시하며, 모든 역할이 자아의 세상이다.

25. 자아를 업그레이드하는 방법, 집중

집중하면 흔히 떠오르는 것이 과녁이다.
윌리엄 텔이 아들의 머리 위에 사과를 놓고 쏜 일은 누구나
알고 있을 것이다.
우리나라 양궁은 각종 세계 대회에서 성적이 아주 우수하다.
과녁을 두 눈으로 집중하면 가까워지고 크게 보인다고 한다.
그러면 과녁에 쏘는 화살마다 명중이다.
집중은 오직 한 점에 그 힘을 쏟는 일이다.
아들의 목숨을 살리고 금메달을 얻게 한다.

또 다른 집중이 있다. 절에서 하는 안거다.
여름에 하는 하안거, 겨울에 하는 동안거가 있다.
특별한 기간을 두고 용맹정진하는 이들도 있다.
한순간의 집중도 매우 어렵고 힘이 드는데, 100일 동안
안거라는 특별 기간을 통해 얻고자 하는 것은 무엇인가?
어느 때는 화두라는 특별한 장치를 가지고 한다.
여러 스님들이 오직 한 소식을 얻기 위해 해마다 실시한다.
전통적 방법으로 장시간, 장기간에 걸쳐 집중을 요한다.
수도원 등 다양한 종교 시설에서 요즘도 행해진다고 한다.

집중이란 정신을 한곳에 모으는 것이다.
"정신일도 하사불성"이라는 말이 있듯이 정신을 하나로
모으면 못 이루는 것이 없다는 말이다.

집중이 어려운 것은 생각이 끊임없이 움직인다는 것이다.
생각은 잠시도 멈추지 않는 것이 본래 특성이다.
생각은 꼬리에 꼬리를 물고 물처럼 끊임없이 이어진다.
눈에 보이는 대상에 따라 일어나거나 순간 바뀌기도 한다.
생각은 감각에 따라서 작용하는 습성이 있기 때문이다.

요가에는 본격적으로 집중에 들어가기 전에 하는 사전 준비 단계가
있다. 감각이나 지각의 대상을 차단하는 '제감'이며, 요가의 5단계에
해당하는 방법이다. 감각이 생각이나 에너지를 분산시켜 낭비하는
것을 줄여 준다.

물이 얼음이 되면 멈춘다.
생각이 얼음이 되어 멈출 수가 있을까?
물이 수증기가 되면 생각의 사라짐을 사용할 수 있다고 한다.

두려움도 집중을 돕는 기폭제다.
이순신 장군께서 명량해전을 앞두고 하신 "살고자 하는 자는 죽고,
죽고자 하는 자는 살 것이다."라는 말씀이 있다.
죽고 사는 일이 앞에 있으면 생각은 저절로 멈추게 된다.
모든 생각은 오직 자신의 목숨을 지키는 데 힘을 모으고,
그 힘은 온몸이 전율하듯 젖 먹던 힘까지 깨어나게 한다.
운전하는 분이라면 한 번쯤 경험이 있을 것이다.
사고를 경험하거나 위험을 눈앞에서 보게 되면, 온몸에
가시가 돋아나듯 소름이 일어나고 식은땀도 난다.
사고가 일어나지 않고 그냥 눈앞에서 멈추었는데도 말이다.
소름이 돋고 진땀이 날 만큼 힘이 모아진다.

집중은 생각의 힘을 정신의 힘으로 바꾸는 것이다.
정신은 자신의 의도대로 무언가 변화를 줄 수 있다.
생각은 무한대의 출력을 가진 에너지다.
집중을 자신에게 잘 쓰면 무한대의 축복이 일어난다.
마치 로켓이 발사되어 대기권을 벗어나 우주로 나가듯이
중력이라는 거대한 무게를 벗어나는 큰 힘이 된다.

집중은 무한대로 소모되는 생각 에너지를 자신에게 맞는
정신 에너지로 변화시켜 준다.
만일 그러한 일이 생기면 위대하고도 엄청난 일이 일어난다.

그 위대한 일은 자아의 정체를 볼 수 있게 해 준다.
자아는 나의 몸과 생각을 동일시하는 감옥을 말한다.
감옥의 정체를 알고 다시 그곳으로 돌아가지 않으려고 한다.
자신이 그동안 알지 못했던 어려움을 풀어낼 수 있다.
그대가 살고 있는 감옥에서 벗어나고 싶은가?
집중은 바로 지금 당신의 면전에서 특별 사면을 해 준다.

공(空)의 세계에서 지혜를 얻는 방법이 집중이다.
공(空)의 세계를 직접 보는 방법이 바로 집중이다.
집중은 빛보다 빠른 생각의 틈을 보는 위대한 방법이다.
집중은 하루 5만 개쯤 일어나는 생각에서 휴식하게 한다.

몇 가지 이야기를 통해 집중의 방법을 가까이 보도록 한다.
우리들은 어렸을 때 한 번쯤 돋보기를 가지고 논 적이 있다.
물건을 크기보다 확대해서 볼 수 있어 매우 신기했다.

친구의 눈을 보기도 하고 곤충들의 모습을 보기도 했다.
돋보기를 통해 즐겁게 노는 또 다른 놀이가 있다.

학교에서 점심을 먹고 잠시 돋보기로 종이를 비춘다.
태양 빛을 어느 한 점에 모으기 위해서다.
태양 빛을 돋보기로 거리 조절을 하면 작은 점이 된다.
그렇게 잠깐 있으면 종이에서 하얀 연기가 나고
시간이 지나면 불이 붙거나 크게 구멍이 나기도 한다.
태양 빛을 돋보기로 한 점에 모이게 하니 신기하게도
열이 난다.
열은 강해 종이를 태우고 구멍이 나거나 재가 되게 한다.

집중은 돋보기처럼 생각을 어느 한 점에 모으면 열이 난다.
"나는 누구다."라는 나와 몸을 동일시하는 생각을 태운다.

정신의 돋보기를 '주의력'이라고 한다.
주의력이 대상에 초점을 잡으면 집중이 일어난다.
의사는 아프다는 소리가 멀리서도 들리고, 장사꾼은 돈 이야기가
크게 들리는 것처럼 자신의 일에 관심을 쏟는다.
주의력은 이처럼 자신의 하는 일에서 시작하면 좋다.
집중을 배우기 전에 주의력을 연습하면 쉬워진다.

상대방의 이야기를 주의 깊게 들어 보라.
많이 좋아하면 가까워지고 특별해진다.
다른 것이 보이며 다른 관계가 내면에서 형성된다.
주의력은 그렇게 커지고 강해진다.

옛날 조선시대에 전설적인 검술의 대가가 있었다.
스승에게 오랜 훈련을 받고 시험을 보게 되었다.
시험 중에 대나무 베기, 볏단 베기, 물 베기 등이 있었다.
진검을 손에 쥐고 정신의 힘을 검에 실어 벤다.

정신과 검은 일체가 되어 대상을 자른다.
만일 잠시라도 다른 생각이 끼어들면 검은 검대로, 손은
손대로 움직여서 대상을 베지 못하고 크게 다치기도 한다.
검과 정신이 하나 되면 위대한 절단이 일어난다.

정신을 어느 대상 하나에 집중하면 신기한 일이 일어난다.
자아의 활동인 동일시라는 생각이 잠시 잘라진다.
새로운 생명이 태어난다. 집중은 그렇게 특별한 힘이 있다.

자신 전체가 나이며 자아이다.
자아가 어른으로 성장하려면 관리를 할 수 있어야 한다.
나를 몸, 감정, 생각으로 여기지 않으면 관계가 느슨해진다.
그러다가 조금 더 힘을 내어 조용히 앉아 한 점에 생각을
정하고 계속해서 모아 보자. 어느 순간 생각이 한 점에 고정
되어, 오고 가도 못하는 지점이나 순간이 반드시 찾아온다.

나는 있지만 나는 멈추며, 자아는 있지만 자아는 멈춘다.
자동차처럼 마음이나 생각에 브레이크가 작동한다.
물처럼 생각이 끊어지거나 멈춤이 일어나는 순간
나와 단절이 일어나거나 멈춤이 일어난다.
자동차가 멈추면 지나가는 사람들이 보이고 세상도 한가롭다.

집중은 모든 생각의 흐름을 멈추는 최고의 방법이다.
생각을 멈추는 일은 다른 세계를 보이게 한다.

이때 자아는 더욱 세련되고 훌륭하게 매너를 갖추게 된다.
멋진 신사가 되고 아름답게 성숙한 지혜로운 여성이 된다.
자동차 브레이크처럼 당신의 안전을 보장한다.
멈출 때 멈추고, 차선을 분명하게 지킬 수 있다.
사람과의 관계에서 자신을 보고 선을 넘지 않는다.

집중하자.
집중 기술을 연마하자.

자아라는 몸체에 집중이라는 돋보기나 로켓을 쏘아 보자.
하늘 위를 수놓는 불꽃놀이의 불처럼 환하게
세상에서 빛으로 다시 살아 보자.
스스로 등불이 되고, 스스로 빛이 되면
이 세상은 안전하고 편안하다.

일을 마치고 차를 주차시키면 몸은 자유롭다.
마음껏 산책도 하고 차도 마시고 휴식도 한다.
자동차라는 몸에서 진정 빠져나와야 한다.
참 편안하고 좋다.

    ♧ 집중은 자아라는 생각의 감옥에서 벗어나는 기술이다.
      중력을 벗어나듯 아름다운 자신을 온전하게 본다.
        생각의 잡념을 정신의 보석으로 바꾸어 준다.

26. 생각의 틈을 보는 법, 주시(注視)

생각을 쉬어 본 적이 있는가?
생각은 하루의 단 한순간도 멈추지 않는다.

생각의 다발이 마음이다.
마음의 다발을 쓰는 자가 자아이다.

자아는 사람이 나면서부터, 생각과 마음의 다발을
지금 이 순간까지 저장하고, 재생산하면서
만들어진 전체이다.

자아는 생각의 주인이며, 생각을 잠시도 쉬지 않고 일하는
자동시스템이다.
집중으로 잠시 멈추거나, 잠을 자거나 일이나, 고민이
매우 클 때 자아는 나라는 생각에서 벗어나게 된다.
생각을 쉬는 휴식이나 생각의 틈을 보는 것이 도움이 된다.

나의 고민이나 문제에 대해 해결할 힘이나 방법을 찾지 못하면
남이나 전문가에게 도움을 청하게 된다. 이때 내 문제는 잠시
해결 방안을 찾을 동안 제3자에게 넘어간다.

이처럼 주시는 자신이 제3자가 되어 자아를 보는 것이다.
생각의 중력을 벗어나 문제의 본질과 해결책을 찾는다.

주시(注視)를 알아보기 위해 몇 가지 예를 들어 본다.
어린 시절 밤늦게까지 놀고 다음날 학교에 가려고 일어
나려면 눈이 안 떠져 고생한 경험이 한 번쯤은 있을 것이다.
일어나서 아침을 먹을 때까지 사이, 학교에 도착해서 수업
하기 전까지 휴식 시간 등과 같이 일과 일 사이에는
반드시 틈이 있다.
그 틈에는 일이 끝나고 다음 일을 준비하는 여유가 있다.
자기만의 시간이 주어지면 짧은 순간도 황홀하다.

세상엔 여유, 즐거움을 주는 다양한 틈이 존재한다.
아침과 저녁 사이에는 점심이나 낮이라는 중간이 있다.
태어남과 죽음 사이에는 삶이라는 중간이 있다.
일과 일 사이에는 휴식이, 땅과 땅 사이에는 강이 있다.

땅과 강 사이에 다리가 있기도 하다.
하늘과 땅 사이에 바다가 있다.
몸과 마음을 연결해 주는 호흡도 있다.
어떤 중간은 다리와 같은 연결을 한다.
다리는 지금 세계에서 다른 세계로 도약이나 변화를 준다.
어떤 때는 휴식과 기쁨으로 전환을 주기도 한다.
다리는 하나의 틈이자 바로 중간이다.

틈은 어떤 단절을 나타내기도 한다.
아침과 점심에는 아침과 단절이 있다.
태어남과 삶, 삶과 죽음도 서로 분명히 다르다.
한 공간이나 같은 시간에 함께할 수 없는 것들이다.

태어남을 놓아야 삶을 만나며, 삶을 놓아야 죽음을 만난다.

어떤 무엇이 다른 것이 되려면 틈이 존재하게 된다.
기존의 성질은 분명히 변화하고, 달라지고 단절하게 된다.

몸과 마음의 연결인 호흡이 단절되면 죽음이 찾아온다.
산과 강을 이어주는 다리가 끊어지면 건너갈 수가 없다.
틈은 이 세상과 저세상과의 단절을 보여 주기도 한다.

생각의 멈춤이 일어나는 것을 감히 생각할 수가 없다.
잠이 자아와 생각을 단절시켜 매일 죽음을 알려 주기도 한다.
긴 잠을 죽음이라고 하듯이 말이다.
하지만, 생각은 일상에서 보고 듣고 먹고, 사람을 만나고,
이야기를 하는 모든 순간에 한시라도 멈추지 않는다.

태어나서 지금까지 한순간도 생각이 멈춘 적은 없는 듯하다.
숨을 멈추면 죽음이 일어나듯이, 생각을 멈추면 자신은 존재
할 수 없다는 두려움이 있기 때문이다.

생각은 태어나서 오늘까지 나라는 존재를 위해 일해 왔다.
보고 듣는 모든 감각을 해석하고 받아들이고, 어떤 때는
자기와 전혀 상관이 없다고 무시하기도 한다.
생각이 바로 나를 만든다.

물론 몸의 활동을 우해 음식을 먹고, 잠을 자기도 한다.
나로 살기 위해 몸, 가슴, 생각은 각자 자신의 역할을 한다.

셋 중 어떤 것을 멈추면 일종의 죽음이 일어난다.
그래서 몸, 가슴, 생각이 각기 살기 위해 모두 일하고 있다.
몸은 먹으면 되고, 가슴은 느끼면 되고, 생각은 판단하고,
해석하고, 무시하고, 받아들인다.

생각이 그중 하는 일이 가장 많다.
생각을 잠시 쉬도록 하면 어떤 일이 날까?
바위에 틈이 생기면 어떤 일이 일어날까?

바위가 강한 햇빛이나 빗물에 씻기다 보면 어느 순간 균열이 생기고
마침내는 커다란 몸체가 조각조각 나누어진다.
바위는 어느 순간에 큰 몸을 잃어버리고 돌이 된다.
이제는 바위라는 명성이나 모습도 사라지게 한다.

물론 이것이 바위에게 좋은 일인지, 원치 않는 일인지
알 수 없지만 말이다.
틈은 어떤 것을 부수어 버리는 힘의 시작이기도 하다.
사람 사이 관계에서 신뢰에 틈이 생기면, 그 관계는
돌이킬 수 없는 상처를 내기도 하고 깨지게 된다.

또한, 사람이 눈에서 멀어지면 생각에서 멀어지고 그러다
어느 순간 좋은 관계에 틈이 생긴다. 마치 큰 댐에 작은 틈이
생겨 균열이 생기고, 물살을 이기지 못하고 부서지게 된다.

생각은 자신을 알게 하며, 존재케 하는 커다란 역할을 한다.
나는 몸, 감정, 생각을 통해 평생 쌓아 올린 전체인 하나이다.

나는 나라고 여기는 기억의 전체이며, 날마다 축적하고
성장하는 기록의 산증인이기도 하다.

나는 생각을 키우면서 자존감, 자신이라는 자아를 위하게 된다.
나는 어느새 산처럼 강해지고 바위처럼 단단해진다.
생각은 그러한 나로 살아가는 가장 큰 힘이 된다.

나라는 생각은 나를 또한 가장 힘들게 한다.
내가 원하는 것, 하고 싶은 것, 먹고 싶은 것, 만나고 싶은
사람, 살고 싶은 집을 위해 끊임없이 일을 한다.
자아는 나 자신을 위해 살지만 가장 힘들게 일도 시킨다.
잠시도 쉬지 않는 생각은 스트레스가 되어 나를 상하게 한다.
사고하는 힘은 동물과 대비되는 중요한 힘이자 선물이다.
생각하는 것은 위대한 축복이지만 위대한 고통이기도 하다.
고통을 이겨낸 생각은 성공으로 보상을 받는다.

살면서 생각이 없는, 생각이 멈춘 순간이 단 한 번이라도
있었던 적이 있는가?
대부분은 그러한 생각을 못 해 보고, 알 수가 없었을 것이다.
아울러 생각이 없으면, 죽음이 있는 것처럼 두려워해서
시도가 어려웠을 것이다.

바위가 어떤 이유로 틈이 생기면 균열이 생겨 부서진다.
생각도 틈이 생기면 바위가 부서지듯이 부서지지 않을까?
바위가 부서지면 작은 돌이 되듯이 전혀 다른 이름을 얻는다.
먼 시간이 지나 바위가 돌이 되고 모래, 먼지가 될 때가

있을 것이다.
생각도 그렇게 될 수 있을까?

나는, 생각이 생활을 통해서 만들어 낸 틈이 없는 하나이다.
그 누구도 나를 어찌하지 못하고 나만이 결정할 수 있다.
나라는 바위가 틈이 생기면 자존심이 상하며 부서진다.
나라는 이미지가 손상을 받으면 점점 위축되거나 심리적인
부담감으로 스트레스가 엄청나게 된다.
나는 그러한 작업을 마치면 새로 태어날 수 있을 것이다.

주시는 바로 생각의 틈이다.
나는 몸이 아니며, 감정이 아니며, 생각이 아니라고 할 때,
나라는 역할, 책임감, 나를 유지하는 기억에 틈이 생긴다.

나는 생각이 아니다. 생각이 아닌 나가 있다.
나라는 생각은 기존 생각에 다양한 현상을 쌓지 않는다.
음식을 먹지 않으면 몸이 마르고 달라진다.
나라는 생각의 집에, 현실에서 접촉하는 여섯 감각을 통해 일어나는
생각이나, 모든 기억을 쌓지 않으면, 몸에 음식을 먹지 않듯이 변화가
일어난다.

그냥 신기하게도 고민이 작아진다.
책임이 작아지며 머리가 가벼워진다.

자신과 생각을 동일시하지 않으면 생각의 주시자가 생긴다.
마치 거울을 보듯이 자신에게 일어나는 생각을 보게 된다.

내가 남을 보듯이 내 생각을 제3자처럼 볼 수 있다.
나라고 여겨졌던 생각을 보게 되면 신기한 일이 일어난다.
내가 하는 모든 일들이 내가 아니다.
내가 하는 모든 책임이 나를 짓누르지 않는다.
내가 하는 모든 행동은 보이는 세상, 만나는 사람과
부딪히지 않고 주장하지도 않는다.

나라고 하는 고집이 사라지며, 바위처럼 단단해진
나라고 하는 모든 관계가 느슨해진다.
몸도 마음도 여유가 생기고 편안해진다.

거울은 자신의 모습이나 행동을 볼 수 있게 해 준다.
거울은 자신에게 어떻게 보면 제3자가 된다.
나는 지금까지 생각이나 행동에서 제3자가 되어 나 자신을
본 적이 없었을 것이다. 타인을 보면서 행동이나 태도, 대화를 통해
그가 살아온 역사까지 안다고 착각하면서 살았다.
정작 무엇보다는 중요한 나를 모르면서!

주시자가 생기면 남과 대화하듯이 나를 만난다.
내가 이루고 싶은 꿈, 좋아하는 것, 감추고 싶었던 비밀이나
상처 등을 다시 볼 수 있고, 새롭게 결정할 수 있게 된다.

그러면 내가 나라고 알던 나는 어느새 달라진다.
우리가 어떤 사람의 숨겨진 비밀을 알면 지금껏 알던 사람이
사라지고 전혀 다른 사람으로 생각하고 결정하게 된다.
나도 그렇게 된다. 나와의 관계가 제3자처럼 보게 되어

전혀 다른 사람으로 거듭나게 된다.

틈은 어떤 변화를 유도한다.
생각의 틈은 나라고 여겼던 나를, 제3자가 되어 관찰하며,
매 순간 주시할 수 있게 한다.
마치 잠에서 깨어 다른 세상을 보듯 전혀 다른 사람을
볼 수 있게 해 준다.
그러면 다른 사람으로 거듭나서 새로 태어나게 된다.

당신도 생각의 틈을 통해 진정한 자아를 볼 수 있다.
주시라는 작업으로 전혀 새로운 자신을 알게 한다.
그동안 알던 나는 죽고 새로운 내가 태어난다.

매일 그대는 새로워진다. 자유로워지며 행복해진다.
모든 생각이 그냥 그대를 지나간다.
구름이 하늘에서 자유롭게 흘러가듯이 책임, 역할,
자존심의 무게가 사라진다.

나라는 생각은 더 이상 단단하지도 무겁지도 않다.
한 줌 먼지가 되어 사라지듯이 고집, 주장, 기억이 해체된다.
자신을 무겁게 짓누르는 두려움이 사라지게 된다.

🍀 생각의 틈은 세상과 자신과의 단절이다.
  틈은 외면에서 내면으로 이동하는 다리며 중간이다.
    자신을 제3자로 볼 수 있는 일종의 관찰자가 주시다.
      주시를 통해 자아를 바로 보면 새로운 당신이 된다.

27. 참자아를 찾아가는 방법, 명상

명상이 요즘 시대의 유행이며 대세라고 한다.
명상이 돈이 되는 시대라고 단적으로 알려 주는 말이다.
불교, 요가, 각종 명상 센터에서 명상을 자주 소개한다.
몇몇 유명 회사는 자체 명상 센터를 운영하고 있다.
세계적인기업 구글, 아마존에도 그들의 센터가 있다고 한다.
스티브 잡스도 자신만의 명상을 했다고 한다.
걸어서 하는 명상, 숲 명상, 웃음 명상 등 들어 봤을 것이다.
명상은 현대인에게 휴식이나 충전을 위해 반드시 필요하다.
명상을 알면 세상의 흐름에 조금은 참여하고 있는 것이다.

명상의 어원은 약에서 비롯된다.
명상이라는 메디테이션은 메디신처럼 정신의 약이다.
잠시도 쉬지 않는 자아에게 휴식이라는 약이 명상이다.
생각을 천천히 그리고 느리게, 여유롭고 한가하게 하면 된다.
다른 기술은 그다지 필요하지 않다.

자아는 일을 너무 많이 해서, 지치고 힘이 들어 병들어 있다.
조용한 방에 홀로 앉아 두 눈을 잠시 감아 보라.
그리고 자신과의 대화를 하는 것이 약을 먹는 방법이다.
자신의 내면에서 흘러나오는 자신의 이야기를 들어 보라.
몸의 무거운 군살이 빠지듯 머리가 상쾌해지고 가벼워진다.

명상은 자신 안에서 일어나는 모든 생각을 어둡게 하여
잠시 머릿속이 아무 일도 하지 않고 관찰하는 것이다.
나라는 생각이 어두워지면 알아차림이라는 통찰이 일어난다.

집중으로 정신을 하나에 모으면 생각의 멈춤이 일어나고
주시할 수 있는 힘이 처음으로 찾아온다.
주시는 '나는 생각이 아니다.'를 자신이라는 생각
밖에서 보고 난 다음 일어나는 관찰이다.

주시는 제3자가 되어 단순히 바라보는 것이다.
자아의 중력을 벗어나면 모든 세상이 순수하다.

내가 무엇을 한다는 생각에서, 내가 멈추거나 제3자가 되면
알아차림이 생긴다.
무엇을 해도 제3자처럼 내 생각에 불편을 주지 않는다.
주시는 나라는 생각 덩어리 군살에 불을 지피는 운동이다.
점점 살이 빠지면서 어떤 명료함이 찾아든다.

명료함이 점점 깊어지면 순수한 통찰이 일어난다.
그것이 바로 명상이다.
이처럼 주시보다 조금 더 고급 기술이 명상이다.

통찰은 깊이 보는 것으로 속까지 깊이 볼 수 있다.
현상을 접하면 자각이 일어나나 나라고 여기지 않는다.
그것이 주는 혜택은 정말 무한하다.
통찰의 혜택에 대한 이해를 위해 다음 예를 들어 본다.

나의 집을 장만 했을 때 정말 행복했다.
어머니와 나는 기쁘고 설레어 밤을 거의 뜬눈으로 보냈다.
세상에 나와 처음으로 내 집의 주인이 된 것이다.
서른 살 정도 되었을 때니 최소 30번은 넘게 이사를 다녔다.
이제는 내 집이 생겨 주인 눈치 안 보고 살 수 있다.
다리를 뻗고 푹 잠들어도 마음이 편했다.

명상은 세상에서 잃어버린 가장 소중한 것을 찾아 준다.
잃었던 집을 찾아 주듯이 나를 주인으로 찾아 준다.
자아가 아니라 참된 자신을 만나게 된다.
주인에게 이 세상은 모든 순간이 선물이며, 축복이 된다.

주인이 되면, 나를 힘들게 했던 것들이 세입자로 바뀐다.
바로 생각의 덫, 혼란이나 방황, 어둠과 무지, 무질서와 무책
임, 비교와 거짓, 탐욕과 어리석음, 게으름 등이다.
이들은 내 안에 살며 나를 부정하고, 힘들게 했던 주인들이다.
이제는 미운 오리가 아니라 진정한 주인으로 백조가 된다.
세입자는 주인의 눈치를 보고, 나가라고 하면 나가야 된다.

나는 나의 정신의 주인임을 안다.
명상은 마치 자동차처럼 나의 운전 실력에 따라 움직임과
멈춤, 가속과 천천히 등 나의 생각 모든 것을 다스린다.
자기 사랑과 믿음, 타인 사랑과 존경, 현재의 알아차림과
깨어 있음, 세상 사랑과 헌신 등이 자연스럽게 변화된다.

하늘을 보고, 땅을 걷고, 일을 하고, 사람을 만나고, 홀로

자신과 대하면서 감사하는 마음이 점점 커지고 충만하다.
지금 이 순간을 중요하게 보내게 된다.
모든 일을 그냥 지나가도록 지켜보고 허락하니 고요하다.

나의 세상이 사라지자 세상 전체가 나를 사용하기 시작한다.
나라는 작은 우주를 거대한 우주가 나를 움직인다.
점점 넉넉하고 느긋하게 그리고 아주 천천히 받아들인다.
여유로워지며 너그러워 웃음만이 얼굴, 온몸으로 충만하다.

명상으로 살아가는 자를 명상가라고 한다.
명상가는 자신을 많이 사랑하고 가장 사랑을 받는 자이다.
어떤 일에 막힘이 없으며, 뜨거운 가슴, 무한의 배움과 사랑,
사람을 사랑하고 배려하는 지혜로운 자이다.

명상가는 가을날 벼의 모습처럼 지혜라는 열매가 겸손으로
들어 난 모습이다. 세상의 모든 어려움을 사랑으로 여기고
불의 세례를 감내하여 얻은 숭고한 지혜로 충만한 자이다.
당신을 있는 그대로 존중하며, 어둠을 밝혀 길을 안내해 주며,
당신의 보물인 지혜가 바로 당신에게 있음을 알려 준다.
명상가는 세상을 이롭게 하며 조용히 있는 숲과 같다.

명상은 사람들에게 잃어버린 능력을 다시 찾아 준다.
당신 자신이 아름답고 사랑스럽다는 것이다.
자아가 멈춰진 고요해지는 활동이다.
또한, 아무 이유 없는 바람처럼 자유로움을 준다.
명상은 진짜 자기를 알게 하는 공부이며, 선물이다.

명상은 어떤 일을 느긋하고 느리게 지나가도록 허락한다.
저항이 없으며 아무 마찰 없이 받아들인다.
아이처럼 순수해지고 새로워지며, 재미있고 젊어진다.
마음에 고통을 주는 무지의 치료약이다.

명상은 매 순간 의식적으로 대하며 알아차림이 일어난다.
내면이라는 텅 빈 공간으로 이동해서 보는 것이다.
나라고 하는 주장이 없으며 고집이 없다.

상대성을 넘어 나와 너의 구별이 없어진다.
나라고 하는 모든 자아를 잃어버리게 한다.
휴식과 여유, 편안함과 너그러움을 준다.

명상은 당신이 반드시 받아야 할 선물이다.
명상은 당신이 얻어야 할, 본래 주어진 잃어버린 능력이다.
좋은 명상가를 만나서 따르기 바란다.
행운이 따르기를 빈다.

🍀 명상의 인연은 진정한 자기 믿음에서 시작된다.
　　명상가를 찾아서 그들의 보물을 배워라.
　　명상을 하려면 제대로 배운 안내자가 꼭 필요하다.

28. 무명의 어둠을 걷어 지혜를 주는 자, 스승

이른 아침에 태양을 본 적이 있는가?
태양은 밤의 어둠을 걷어 밝은 세상의 모습을 찾아 준다.
어둠에 가려졌던 산, 하늘, 나무, 수많은 건물과 집들,
그리고 우리의 이웃인 사람들을 보여 준다.

스승은 여러 가지 보물을 가지고 있는 자다.
그는 가르침이라는 보물을 가지고 있다.
태양이 아침이 되면 밤의 어둠을 다시 제자리로 돌려놓듯이,
스승은 지혜의 빛으로 무명이 감춰 논 진실을 보게 해 준다.

세상이 전혀 구별이 되지 않는 무명이라는 당신의 깊은
잠을 깨우고 새로운 아침을 맞이할 수 있게 해 준다.
모든 것이 어제와 다르다.
당신은 잠을 깨고 새로운 사람이 된다.

스승은 그대를 새로운 세상에 안내하여 주고
그대의 잠들었던 눈을 열어 준다.
모든 것이 분명하고 편안하다.

밤의 어둠이 주는 보이지 않는 세상의 불편과 고통을, 밝은
지혜의 빛으로 원래 없는 것처럼 완전히 사라져 버리게 한다.
그대의 눈으로 이 세상의 진짜 모습을 바르게 보게 한다.

또한, 스승은 명상의 방법을 아는 자이다.

명상은 자신의 내면에서 자아를 보게 하고, 참자아를 찾아
주는 최고의 방법이라고 27번 글에서 말했다.

스승은 명상의 방법을 터득하여 참자아를 찾은 자를 말한다.

명상법을 모르거나, 명상을 할 줄 알아도 참자아를 찾지
못하면 스승이 아니다.

명상은 주로 종교를 통해 스승에서 제자로 전해져 과거부터
지금까지 이어져 오고 있다. 오랜 전통이 있으며 경전이라는
형식을 갖춰 소중하게 익히며 계승되어 왔다.

그러한 전통이나 가르침을 계승한 자가 바로 스승이 된다.

스승은 명상으로, 먼저 자신을 구하고 다음으로 다른 사람을
구하며, 세상을 이롭게 하려는 사명감을 가지고 살아간다.

스승은 당신에게 참자아를 알려 주고 자유를 주는 자이다.

명상을 아는 자를 열심히 찾다 보면 우연히 스승을 만나게
될 것이다.

스승은 보이지 않는 거리와 시간을 뛰어넘는 통찰이 있다.

삶 전체를 보게 하고 자신만의 인생을 살아가게 한다.

과거로부터 현대에 이르기까지 선배들의 가르침이나
훌륭한 대가들의 지혜를 배우고 익히게 한다.

삶의 시간 속에서 꿈을 하나씩 이룰 수 있도록 시간과
목적에 맞는 역할을 알려 준다.

좋은 스승은 지혜를 주고 행복한 인생을 살 수 있게 해 준다.

또한 명상으로 참자아를 보게 하여, 자유를 찾아 주기도 한다.

그러면 좋은 스승은 어떻게 알아볼 수 있을까?

스승과 제자의 만남을 생각하면 늘 떠오르는 이야기가 있다.
어른이라면 누구나 한 번쯤은 들어 봤을 내용이다.
달마가 깨달음을 얻고 가르침을 전달하고자 인도에서 중국
소림사로 건너온다. 자신의 가르침을 전달하고자 하나 받을
준비가 된 제자가 없었다.
동굴 안에서 벽만을 바라본 채 9년을 보내던 어느 날,
혜가라는 소림사의 수제자가 찾아왔다.
제자가 되겠다며 받아 주길 청하나 달마는 벽을 보고 아무런 답이
없다. 그러자 혜가는 칼을 꺼내어 자신의 왼팔을 자르면서 말한다.
지금 제자로 받아 주지 않는다면 다음에는 당신에게 머리를 잘라
바치겠소.

달마가 돌아서 그를 본다. 왜 왔냐고 묻는다. 나의 머릿속이
시끄러워 지옥이 되었으니 멈추게 해 달라고 한다.
달마가 너의 머릿속에서 고통을 주는 놈을 찾아보라고 한다.
가부좌를 틀고 혼신을 다해 찾는다.
한참을 지나고 또 한참이 지나도 조용하다.
이윽고 혜가가 두 눈을 뜨고 도저히 찾을 수가 없다고 한다.
머리 안에 사는 시끄러운 놈을 찾을 수 없다고 한다.
달마가 웃으면서 말한다. 나는 너를 치료하였다.
너는 건강해졌다.
그러면서 지극한 눈으로 쳐다본다.

너를 아주 오랫동안 기다렸다.
나의 가르침을 너에게 주마.
너는 나의 제자가 되었다.

스승은 제자를 알아볼 수 있다.
하지만 제자는 스승을 알아볼 눈이 없다.
스승은 특별함이 사라져 보통 사람이 되어 드러나지 않는다.

몇 년 전 〈낭만닥터 김사부〉가 큰 인기를 끌며 방영되었고
올해에도 시즌2가 방영되었다.
좋은 의사는 어떤 의사인가?

김사부를 통해 보았던 모습이다.
일단 실력이 뛰어나다.
생명을 살리고 병을 고치는 일을 어떤 일보다도 우선한다.
리더가 되어 큰 책임을 진다.
솔선수범한다.
불의에 타협이나 굴복하지 않는다.
사람들에게 따뜻하며 어떤 위기에도 침착하게 일을 풀어낸다.
자신의 이익을 생각하지 않고 대의를 위해 노력한다.
낭만이라는, 세상을 뛰어넘는 자신만의 철학이 있으며
사람을 많이 사랑한다.
타인의 고통을 해결하려고 노력한다.
세상의 좋은 선생은 이러한 모습을 하고 있다.

하지만 좋은 스승은 이러한 모습을 넘어 있음을 알아야 한다.
좋은 선생은 세상에 있지만, 좋은 스승은 세상을 넘어서 있음을 꼭
기억해야 한다.
스승이 세상에 잘 알려지지 않는 진짜 이유이다.
좋은 선생과 좋은 스승은 전혀 다르다.

다음은 조나단이 위대한 갈매기가 되어 제자 플래처에게
전하는 가르침에서 일부 스승의 모습을 볼 수 있다.

"그대는 더 이상 내가 필요치 않다.
다만, 날마다 조금씩 그대는 자신을 발견하는 것,
진정하고 무한한 존재인 플래처 시걸을 발견하는 것이
필요할 뿐이다.
그가 곧 그대의 스승이다.
그를 이해하고, 그를 실현하는 일이
그대에게 필요할 뿐이다.

그대 눈이 그대에게 말하는 것을 믿지 말라.
그것들이 보여 주는 것은 모두 한계가 있다.
그대의 이해를 통해 바라보고,
그대가 이미 알고 있는 것을 발견하라.
그러면 그대는 나는 법을 알게 되리라."
《갈매기의 꿈》(리처드 바크, 현문미디어)

스승은 지혜로 노래하는 자다.
지혜가 익어 가르침이라는 열매를 나누어 주는 자이다.
자신의 내면이라는 바다에서 지혜의 보물을 찾은 자이다.
지혜로 등불을 밝혀 세상 어둠과 고통을 스스로 물리친다.
무명의 어둠에 갇혀 사는 사람들에게 내면의 등불을 알려
주고, 스스로의 심지에 불을 붙이도록 안내한다.

스승은 친구가 되고, 선배도 되며, 때론 부모처럼 따뜻하다.

세상의 거센 바람을 막아 주는 집이 되고, 기둥이 되고,
가림막이 된다.

인생이라는 긴 강을 안전하게 건너 주는 뱃사공이며, 배이다.
깊은 산에 난 등산로이자, 숲의 어둠을 밝히는 등불이다.
스승은 그대에게 없어서는 안 될 인생에 꼭 필요한 길잡이다.

스승은 명상의 방법을 아는 자이다.
전통을 계승하고 가르침을 전하는 다리이기도 하다.
당신의 참자아를 찾아 주며, 잃었던 자유를 찾아 준다.

스승은 인도말로 구루라고 한다.
구루는 암흑을 몰아내는 사람이라는 뜻이 담겨 있다.
스승은 자아와 내면의 암흑을 걷어 지혜를 열어 줄 것이다.

자신의 스승이 될 선배를 찾아보고 알아보라.
운이 좋아 좋은 스승을 만나게 되면, 반드시 머리 숙여
절하고 그를 따르라.
그를 따르면 그의 보물을 얻을 수 있다.

♧ 스승과 제자의 인연은 진정한 믿음에서 시작된다.
　　처음에는 충분히 알아보고 살펴봐야 한다.
　　　그의 가르침을 소중히 간직하면 삶이 행복해진다.

29. 큰 하나를 신성하게 보는 것, 전체

전교 1등, 학생이나 학부모라면 얼마나 듣고 싶은 말인가?
전체는 하나의 묶음을 말한다.
같은 무리, 종류, 장소, 사람 등에서 어떤 단위를 정하면
전체라고 하고 무언가를 결정할 수 있다.
그 어렵다던 인생도 하나로 묶어 볼 수 있다.

전체를 보고 다루는 법을 알면 신기한 힘이 생긴다.
초월이 일어난다. 가장 높이 나는 새가 가장 멀리 본다.
아는 자는 말하지 않고 말하는 자는 알지 못한다.
사람이 전체를 보았다는 것은 부분을 빠져나와 자신이
알 수 있는 하나로 단순화시킨 비밀을 얻은 자이다.

3개 도에 넓게 걸쳐 있는 지리산을 잠깐 생각해 보자.
어머니의 품처럼 포근한 국내에서 가장 넓은 산이다.
산을 좋아하는 사람은 천왕봉이나 지리산 종주를 자주 한다.
산에 들어서면 가고 가도 끝이 없이 길이 이어진다.
산의 정상에 올라도 산 밑 처음이나 끝자락을 볼 수가 없다.
산의 모습 전체를 보려면 산보다 높은 하늘까지 올라가야
한다. 그러면 진정한 산의 모습 전체를 볼 수가 있다.

산 전체의 모습은 지리산 본래의 모습을 알게 한다.
분명하게 그리고 생생하게 다른 땅이나 산과 구별이 된다.

전체는 하나를 알게 한다.
다른 무엇과 분명하게 구별을 하여 준다.
지리산 안에서는 지리산의 모습 전체를 볼 수 없다.

강도 마찬가지다. 배를 타고 강을 여러 번 반복해서
왔다 갔다 하더라도 하나인 강, 전체 모습을 보지 못한다.
전체가 보일만큼 높이 올라가야 비로소 볼 수 있다.

어떤 젊은 남녀가 서로를 보고 첫눈에 반해 버렸다.
그 둘은 하루라도 빨리 같이 살고 싶어서 바로 결혼을 했다.
얼마 후에 그 둘에게 아이가 선물로 찾아왔다.
부부는 서로 사랑하였고, 결실의 아이는 소중한 선물이었다.
아이는 이제 그들에게 목숨과 같은 귀한 생명이었다.

사실 아이는 신의 축복이자 선물이다.
어떻게 사람이 사람을 만들 수 있단 말인가!
오직 신의 신성한 손길과 보살핌으로 열 달의
순수한 기도 하에 찾아오는 영혼이다.

아이는 부모에게 하나의 신이며, 전부이다.
아이는 사랑으로 만든 신성한 존재다.
사랑의 상징이 되어 신성하게 대하며 모든 것을 양보한다.
아이가 원하는 모든 것을 주며, 일반 사람들과의 관계에서는
낼 수 없는 웃음, 헌신, 기쁨, 인내를 솟아나게 한다.
성장이 아주 느림에도 모든 것을 참아 내며 그저 아이가
온전하게 자라기를 기원할 뿐이다.

성냄이 없이 감사로 보듬고 감싸 준다.

손해가 있음에도 이유를 따지지 않고 그저 허락한다.

자신에게 가장 소중한 마음, 돈, 정성을 모두 쏟아부어도

아깝지 않고, 기쁘고 즐겁기만 하다.

이처럼 아이도 부모에겐 삶의 전부이기도 하다.

전체는 아이처럼 어떤 신성한 의미와 완전한 상태라는

뜻이 담겨 있다.

모든 것이 온전하며 완벽하다.

원이 하나로 연결되고 끊어짐이 없는 것처럼 완전히 동글다.

전체는 모든 것이 갖추어진 온전한 하나이다.

온전한 하나는 분명하게 보이고 구별된다.

전체는 완성된 작품이며 세계다.

완성된 것은 진정한 의미와 모습 전체를 볼 수 있다.

사람도 마찬가지다.

그 사람의 얼굴을 본다고 그 사람을 아는 것은 아니다.

좋은 감정이 일어 호감을 가지고 사귀어 평생의 지기가 되고,

부부가 되어도 알 수가 없다.

그처럼 가까운 사이가 되어 음식을 먹고, 이야기를 나누고,

아이마저 태어난다 해도 그 사람을 안다고 할 수 없다.

류시화 시인의《그대가 곁에 있어도 나는 그대가 그립다》

라는 책의 제목처럼 사람을 알지 못하고 결국 그 사람

전체를 보지 못 해 불안하고 두렵고 외로운 것이다.

그러면 사람 전체를 볼 수 있는 방법은 무엇인가?

전체는 진실한 실재이기도 하다.
부분은 남겨진 작업이나, 해야 할 숙제가 남아 있다.
선생님이 숙제로 '나는 행복한 사람입니다.'라는 문장을
다섯 번 쓰라고 했다. 네 번만 쓰면 한 번이 부족하다.
'나는 사람입니다.'라고 쓰면 '행복한'이 빠져 있어서
다시 해야 할 부분이 남아 있다.

완전하지 않다.
글자의 숫자, 순서, 다섯 번이라는 횟수를 모두 채워야 한다.
그렇듯이 모든 것이 다 갖추어진 숙제는 사실이 되어
선생님이 잘했다고 칭찬을 준다.

전체는 제대로 행하여진 진실이다.
아무런 문제가 없다.
진실은 그냥 통과된다.
혼란이나 불편을 야기하지 않는다.
다른 것을 추가하거나 빼라고 하지 않는다.
전체는 어떤 진실을 실어 나르는 힘을 드러낸다.
진실은 전체라는 힘이 담겨 있다.

나는 지리산의 모습에서 둥그런 산의 흐름을 보았다.
나는 지리산의 모습에서 어머니의 포근함을 느꼈다.
나는 지리산의 모습에서 인류의 역사가 흘러 있음을 알았다.
나는 지리산의 모습에서 하나의 거대한 산을 보았다.

전체는 지리산 전체를 통찰하고 아는 것이다.

전체는 통찰로 보는 것이다.
안, 밖, 느낌, 그리고 역사나 의미, 그러다가 형상이
사라지고 지리산을 산으로 보는 것이다.
이름을 빼고 오직 산만이 남는다.
산과 하나 되어 진정한 의미를 보게 된다.
통찰의 의미는 전체를 꿰뚫어 보는 법이다.

세상에서 말을 할 때는 필요한 부분만 말하면 된다.
통찰의 눈으로 본 것을 말하면 엉뚱하다는 소리를 듣거나
아는 체한다는 오해를 받기도 한다.
잘 보았어도 적절하게 말을 전달할 줄 알아야 한다.

전체를 보면 모든 것이 편안해진다.
그저 흐름에 맞게 자신을 세상에 드러내면 된다.
그날의 컨디션에 맞게, 상대방의 요구에 맞게,
세상의 가치관이나 통념에 어긋나지 않게
조금씩 꺼내 놓기만 하면 된다.
잘하려고 하지 않고 잘되려고도 하지 않는다.

전체는 하나의 완벽함이다.
모든 조건이 사라진다.
그저 허락하고 좋아하고 함께하면 된다.
모든 사람을 있는 그대로 보고 판단하지 않는다.
그는 그대로 완벽하며 시비가 없다.
그는 신의 축복이자 완성품이며, 아무도 말할 자격이 없다.

우리는 경험하지 않았거나 알지 못하는 것은 매우 어렵다며,
알아보지 않고, 알려고 하지 않아 불편과 어려움을 겪게 된다.
부자, 지혜, 인생, 사랑, 자비 등 여러 큰 세계를 담고 있는
단어는 전체를 보기가 매우 어렵다.
어려움이 있다고 등을 돌려 외면하거나 알아보지 않으면
주어진 혜택을 얻지 못하며 그만큼 고통을 당하기도 한다.
알아야 할 것은 반드시 알아봐야 하고 배워야 한다.
힘이 들거나 어려우면 안내자를 통해 배워야 한다.

전체를 본 자를 우리는 스승, 명인, 부자, 대가라고도 한다.
먼저 전체를 본 자나, 성공으로 결과를 드러낸 자를 찾아서
물어보고 기회가 되면 가까이에서 따라 해 보자.
전체를 배우면 그대는 어느 순간 자유로워진다.

당신은 그대로의 당신이다.
당신은 당신 자체로 전체이다.
당신이 아는 모든 사람도 그렇다.
당신과 마찬가지다.

♧ 전체는 신성함이며 완전하고 온전한 하나이다.
    모든 하나는 각각이 전체이다.
      전체는 그저 하나를 분명하게 보는 것이다.
        처음과 끝을 모두 다 보는 것이다.

30. 살아서 반드시 알아야 할 길, 죽음

인도 갠지스 강은 성스러운 강으로 알려져 있다.
많은 사람들이 순례를 하고 존경을 담아 몸을 씻는다.
모든 죄를 깨끗이 씻어 순수해지고 깨달음을 주길 기도한다.
또 한편에서는 시체를 태우는 불과 연기가 보인다.
죽은 자에게 명복을 빌며 다음 생을 기원한다.
신성과 죽음이 공존하는 갠지스 강은 신기한 강이다.

세상에는 다양한 길이 있다.
길은 가고 싶은 모든 사람에게 열려 있다.
세상의 모든 길은 로마로 통한다고 하던 때가 있었다.
우리가 어려운 일을 겪으면 길이 막혔다고 한다.
그토록 익숙하고 편안했던 길을 갈 수 없도록 한다.

길은 평소에는 아무런 문제를 일으키지 않는다.
하지만 끊어지거나 막히기라도 하면 생활에 어려움을 겪거나
이산가족처럼 오랫동안 마음고생을 하게 된다.

사람이 살아서는 갈 수 없는 길이 바로 죽음이다.
죽음은 인생을 마친 개인의 마지막 도피처이자 선물이다.
물론 죽음은 모든 것을 다 사라지게 하고 허무하게 한다.

자신이 쌓아 온 명예, 부, 권력이나 사랑하는 가족, 좋아하는 친구들,

자신에게 의미가 있는 모든 업적이나 흔적을 지운다.
그래서 죽음과 가까이에 있는 병과 늙음을 피하려 하고,
죽는다는 것은 생각하기도 싫어 언제나 자신을 예외로 둔다.

자신의 죽음은 받아들이려 하지 않고,
죽음이 없을 거라는 자기암시를 걸기도 한다.
얻는 것보다는 잃는 것이 너무나 크고, 한순간 세상을
떠나야 하는 것이 아깝고, 안타깝고, 두렵기 때문이다.
어린 아이가 죽음에 대해 말하는 경우가 있으면 조숙하고
생각이 깊다고도 하고 때론 심각하다고도 했다.

어린 시절 까마귀가 울면 재수가 없다고 했다.
꽃으로 장식한 화려한 상여를 메고 여러 사람들이 따른다.
한 사람이 다른 세상으로 가는 것이다.
죽음의 길은 누구에게나 슬픔이 담겨 있다.
소중한 이를 다시 보지 못하는 이별을 감당해야 한다.

죽음은 혼자 외로이 가는 길이라 피하는 것일까?
세상에 다하지 못한 일을 놓고 가서 아쉬워하는 걸까?
모든 것이 끝이라는 절망감이 커다란 슬픔을 주는 것인가?
아님, 평생 소중한 정을 나누며 함께해 온 이들을
다시는 보지 못하는 이별이 큰 슬픔을 주는가?

죽음을 아주 가까이 본 적이 있다.
약 15년 전, 아는 사람의 소개로 티베트 스님을 뵌 적이 있다.
그때 같이했던 사람 중에, 죽음을 앞둔 여든 살이 넘은

할머니를 보았는데 눈빛을 잊을 수가 없다.
당시 경주 불국사를 방문하면서 하루를 같이 보냈다.
할머니는 눈이 너무나 조용하고 고요했다.
말없이 휠체어에 앉아 아들이 안내하는 대로 움직였다.
바람에 날릴 정도로 마른 편이라 고통도 있을 법했다.
그분이 3일 후에 돌아가셨다는 이야기를 들었다.
평화로운 눈빛에, 세상의 마음을 담지 않은 눈이었다.
가끔 그분의 눈빛이 떠오른다.
죽음을 초월한 잔잔한 눈빛, 살아온 세월에서 할 일을
다하고 소중한 인연도 다 정리된 듯싶었다.
정말 새처럼 가볍게 떠났을 거라는 모습이 떠오른다.

죽음은 사람이라면 모두 피하고 싶은 큰 두려움일 것이다.
죽음은 끝이며, 종말이며, 마침표이기에 다음 기회가 없으며,
이대로 나의 모든 것이 사라진다는 것이다.
다양한 죽음을 통해 육체적인 고통과 심리적인 두려움을
간접적으로 경험하며, 슬픔과 고통이 항상 가까이에서
공존함을 보게 된다.

죽음은 누구도 피할 수 없는 반드시 겪어야 할 과제다.
죽음은 삶과 연결되어 있다.
알은 죽으면 새가 되고 병아리가 되는 등 생명이 태어난다.
죽음을 배울 수 있는 기회가 명상이다.
명상을 통해 죽음이 가지고 있는 기회와 가치를 배워야 한다.
명상은 죽음의 신비를 보여 주며 두려움을 벗어나게 한다.
잠 또한 죽음의 체험을 알려 주는 좋은 기회다.

잠을 주의 깊게 살펴보면 죽음은 조금 편해진다.

죽음은 살아서 경험할 수 없는 신비의 세계이자 대상이다.

간혹 죽었다 다시 살아온 자, 임사 체험에 대한 이야기도 있다.

티베트에서는 환생했다는 것이 특별한 사명과 힘을 가졌다고

림포체라고 불리며 존경까지 받기도 한다.

특히 죽음의 과정을 세밀한 기록으로 남긴 파드마 삼바바의

《사자의 서》는 동서양에 널리 알려져 있는 고전이다.

집단 무의식의 대가 칼 융이 널리 소개하였고, 그의 이론에 많은

이야기를 남기기도 했다. 아무튼 죽음은 알고 싶은 신기한 영역이며

누구나 피하고 싶은 세계이기도 하다.

《사자의 서》에서 바르도라는 이 세상에서 저세상으로 가는

중간 지역이 나온다. 바르도는 다음 생을 선택하는 가장 좋은

기회라고 여기며 티베트 사람들은 살아 있는 동안에 많은

노력을 한다.

죽음은 다시 태어나는 삶의 꼭지 점이자 기회의 시작이 된다.

삶으로 주어진 시간이 얼마나 소중한 보물인지 알게 한다.

생각과 생각의 사이, 호흡과 호흡의 사이에도 죽음이 있다.

바르도는 마음만 먹으면 매 순간 경험할 수가 있다.

공부하는 사람은 잠을 통해 죽음을 이야기하는 경우가 많다.

잠은 일종의 죽음이라고 널리 알려져 있어서다.

깊은 잠은 몸을 잊고 자신의 생각, 기억, 감정까지 모든 것을

멈추게 한다.

밤사이 꿈을 꾸기도 하지만 기억할 수 있는 것은 거의 없다.

또한 중간 중간에 줄이 끊어지듯이 연결이 안 되어 무슨

이야기인지 알 수도 없다.

그래서 잠은 죽음의 상태와 비슷하다고 여겨지고 있다.

하루의 잠은 잠깐 동안 죽음을 알려 주지만 아주 긴 잠은
죽음을 의미하기도 한다.

죽음은 다시는 예전의 자기를 기억하지도 못하고
돌아가지도 못한다. 그래서 죽음은 길이 없다고 한다.

길 없는 길을 가려면 잠에서 힌트를 얻어야 한다.

잠은 하루 동안 일어난 모든 일을 잠시 멈추게 한다.

나와 알고 지내던 사람이나 관계했던 모든 사람을
알아보지 못하게 한다.

잠은 나의 몸은 물론 내 재산에 대해서 사용할 수 없게 한다.

잠은 몸의 기능은 살아 있으나 생각이나 의식 활동이 정지돼
알아보지 못하고 기억할 수 없게 한다.

나는 몸은 있으나 나라고 여겨지는 모든 활동이 멈추고
알아볼 수 없다.

잠은 그래서 진정한 휴식을 준다.

잠이 들면 나는 아무것도 할 수 없다. 생각, 의식, 기억 등의
모든 활동을 전혀 못하게 된다. 나는 알아보지 못하고, 심지어
내가 잠들었는지도 모른다. 저절로 나는 없어진다.

원래 없었던 것처럼 나는 나를 알지 못하고 기억하지 못한다.

잠은 나를 알 수 없는 세계로 안내하는 신비한 마술이다.

갈 수 없는 세계를 가 볼 수 있는 방법이나 길이기도 하다.

잠을 통해 죽음을 이해할 수 있다.

잠을 통해 죽음이라는 곳에 갈 수가 있다.
하지만 잠을 통해 죽음에 가 볼 수 있지만 그것에 대해
자신이 기억하지도 알지도 못하면 아무 소용이 없다.
그래서 세상에 죽음을 알 수 있는 방법이 그 옛날 5,000년
이전부터 나와 있으니 명상이라고 한다.

명상은 일종의 죽음이라고 한다.
나라고 하는 자아의 죽음을 안내한다.
나라는 기억, 역사, 모든 것들이 잠시 멈춘다.
명상은 내가 몸이 아니라고, 감정이 아니라고,
생각이 아니라고 하는 세계로 안내한다.

몸의 죽음이 일어나고, 감정의 죽음이 일어나고, 생각의
죽음이 일어나고, 나라고 하는 이미지 전체가 분리된다.
나는 몸, 감정, 생각이 나와 동일하지 않음을 보게 된다.
내가 자아가 아님을 보게 됨으로써 나는 하나의 죽음,
깊은 잠에서 또 다른 나를 알아보듯이 보게 된다.
잠에서 깨어 세상을 보듯이 다른 자신을 분명하게 보게 된다.

보성에 있는 천년고찰 대원사는 죽음을 미리 경험해 볼 수 있는
프로그램으로 널리 알려져 있다.
관속에 누워 자신의 죽음을 직접 경험해 보고 삶의 소중함을
다시 배우고 열심히 살도록 한다.
다른 생명을 소중히 알게 해 주기도 한다.
죽음은 반드시 죽어 봐야 가는, 길 없는 길이 아니다.
명상을 통해 자신을 완전히 잃어버리면 죽음이 일어난다.

나라는 것은 없어지나 분명하게 보이는 세상이 있다.

죽음은 다른 자유를 준다.

길 없는 길은 엄청난 도약을 일으킨다.

살아서 알 수 없는 죽음이라는 도시에 이르게 한다.

명상의 위대한 힘은 길 없는 길을 가게 해 준다.

위대한 도약으로 죽음을 바로 볼 수 있게 하고

죽음에서 자유롭게 해 준다.

죽음을 통해 삶은 더욱 아름다워지고 소중해진다.

죽음을 경험함으로 살아 있는 모든 생명체가 더욱 귀해진다.

길 없는 길을 가 봄으로써 살아 있으면서 삶을 초월한다.

보통의 인간이 죽음을 넘어서는 불멸을 이룰 수 있다.

살아서 길 없는 길, 죽음의 세계에 가 봐야 한다.

명상을 해 보아야 한다.

명상으로 죽음을 보고 넘어서야 한다.

명상은 그대에게 선물이자 축복을 준다.

꼭 해 보시길 권해 본다.

♧ 명상은 길 없는 길을 통해 죽음의 도시를 갈 수 있다.

　　자아의 죽음을 통해 실제적인 죽음을 경험하게 된다.

　　명상으로 죽음을 직접 보고 알아봐야 한다.

　　자아의 죽음을 넘어서 자유와 삶을 존귀함을 얻어야 한다.

제4장

지 복

31. 하늘이 주신 진정한 행복, 지복(至福)

인도는 흔히 신들의 나라라고 한다.
인도인들은 세상을 살면서 모든 곳에 신의 이름을 붙였다.
신들의 모습과 특징에서 신들처럼 그 능력을 닮고자 했다.
신을 표현하는 말 중에 "삿 찌뜨 아난다"라는 것이 있는데
"존재는 모두 의식이며 지복이다."라는 뜻이 담겨 있다.
인도인의 표현을 빌자면, 지복은 바로 당신이 된다는 것이다.

세상에서 최고 높은 산은 에베레스트 산이다. 이 산은
산악인에겐 살아서 오르고 싶은 최고의 성지 중에 하나이다.
산악인 엄홍길은 히말라야 16좌를 등반한 최초의 한국인으로,
세계에서 가장 높고 어려운 산을 오르고자 결심하고, 마침내
그것을 이루어 냈다.
처음 에베레스트를 등정했을 때는, 가슴이 벅차 숨도 쉬기
어려웠을 것이라 생각이 된다.
마지막 16좌를 성공했을 때 신의 축복이 있었음을 느끼고,
감사의 눈물과 행복한 마음이 온몸을 가득 채우고도
남았을 것이라고 짐작이 될 뿐이다.

히말라야에서는, 5천 미터가 넘는 산은 신이 허락해야 죽음
이나 재난을 당하지 않고 오를 수 있다고 한다.
그에게 신의 가호와 위대한 은혜가 있었음을 하는 구절이다.
남이 평생에 한 번하기도 어려운 16좌 등반을 모두 마쳤다.

그의 마음은 어떤 마음일까? 참 궁금했다.
아울러, 그의 소중한 꿈을 이루었을 때 앞으로
어떤 삶을 살아가는지 보고 싶었다.

죽음의 세계를 넘어선 자에게 주어지는 축복이 지복이다.
히말라야 16좌를 등반할 때 수많은 죽음과 마주쳤을 것이다.
신의 은혜가 주어지고, 신의 일을 대신했다는 생각이 든다.

최근 그는 네팔에서 학교 짓는 운동과 등반교실 운영 등
보통 사람들과 어울리며 살고 있다고 TV에서 본 적이 있다.
큰일을 모두 마쳤는지 평범하게 보통 사람으로 살아간다.
그는 신성한 히말라야의 성지를 만나고 온 비범함을 간직한 채,
보통 사람의 일상으로 살아가고 있다고 한다.

나는 지금부터 33년 전, 1987년 8월 육군에 입대하고,
6주간의 신병 훈련을 받은 적이 있었다.
힘든 훈련 기간이 끝나면, 3일간의 휴식 시간이 주어진다.
휴양소의 하루 일과는 점호, 훈련이 없는 자유 시간과 식사,
취침 시간만 주어졌는데, 교관의 통제가 없는 것이 너무 좋았다.

하지만 이때 더욱 놀라운 일을 경험하게 된다.
군 생활 중 가장 놀라웠던 순간이라 지금도 생생하게
기억하고, 눈앞에 바로 보듯이 느껴진다.
휴양소에 도착하자마자 파란 잔디밭 위를 하얀 토끼 여러
마리가 뛰어 놀고 있는 것이 보였다.
정말 그 순간은 번개가 나를 관통하듯 6주간의 훈련에서

느꼈던 팽팽했던 긴장감이 눈이 녹듯 사라졌다.
그 순간 시간이 멈춰지고, 마치 군대가 아닌 다른 세상으로
공간이 이동된 듯 모든 것이 평화롭게 느껴졌다.
마치, 정신 못 차리는 힘든 훈련 과정 중 높은 곳에서
뛰어내리게 되었는데 우연히 바닥이 물이었다.
아! 살았다.
자신도 모르게 안도의 숨과 마음이 편안해지는 것처럼!

하얀 토끼가 파란 잔디밭을 뛰어노는 것,
어떤 벅차오르는 감동과 감격, 경이로움, 오직 평화롭고,
평화로움의 세계에 나만 혼자 있는 것처럼,
아무런 저항도 긴장도 없었다. 더 바랄 것이 없었다.
순간 평화로움의 세계가 지극한 행복으로 이끌어 주었다.

3일간의 평화로운 세계는 잊을 수 없는 지복이었다.
정말 평생 잊을 수 없는 신기한 체험이었다.

선을 공부하는 스님이나 마음을 공부하는 분들은 십우도라는
소를 찾는 이야기를 알고 있을 것이다.
주인공은 귀중한 소를 깊은 산속에서 잃어버려, 여러 어려움을
이겨 내고 마침내 소를 찾아 편안하게 산다고 한다.
그는 소와 일치되어 소를 잊고, 세상을 노니는 모습으로
이야기의 끝을 맺는다.

주인공은 소가 우리의 자아 또는 마음이라며 진정한 자기
자신을 찾게 된다는 가르침을 담은 이야기다.

소는 떠난 적이 없는 자신의 마음임을 알고 편안하게 산다.
결국은 찾을 마음도 없다며 세상에서 술을 마시고 평화롭게
보통 사람으로 산다는, 알 수 없는 가르침을 전달하고 있다.

처음과 끝은 같다고 한다.
평생소원인 소를 찾았으나 결국 보통 사람으로 살아간다.
마음은 이제 그가 해야 할 의무, 책임, 두려움, 긴장이 없다.
그저, 보통 사람으로 배고프면 밥 먹고 졸리면 잔다.

지복은 이처럼 할 일을 모두 완성해야 비로소 일어나는 일이다.
더 이상 갈 길이 없으면 어떤 선물이 하늘에서 내려온다.

지복(至福)은 어떤 신비한 힘이 아니다.
우주에서 지구를 보면 파란 꽃으로만 보인다고 한다.
나라는 생각을 멈추고 보는 것이, 생각 없는 하나이다.
공성(空性)과 마야를 지나가면 '있다는 것'만 남게 된다.

지복은 하나인 어떤 세계다.
지복은 하나뿐인 어떤 세계가 내 안에 존재하는 것이다.
지복의 세계에서는 지금껏 경험하지 못한 세계가 열린다.

마음속에는 오직 평화로움이다.
자신이 바로 침묵이다.
자신이 살아가는 매 순간이 고요함이다.
자신이 살아가는 동안이 자비이자 사랑이다.
세상이라는 현실에서 그는 단순히 몸의 의무를 진다.

하지만 평화로움이라는 지복이 그를 살게 한다.
세상에서 그는 이름을 가지고 일을 한다.
하지만 그 이름마저 나라고 여겨지는 것이 없다.
세상에서 그는 밥을 먹고, 이야기 나누고, 잠을 잔다.
하지만 그는 밥을 먹을 때 밥만 먹는다.

세상의 그 누구도 그의 평화로움을 깨지 못한다.
그는 살아 있는 평화로움이다.
그는 살아가는 침묵이다.
그는 말하는 고요이다.
그는 그저 있다는 것이다.
그는 그저 자유이다.

그는 오직 모름이며, 홀로 있음이다.
그는 지금 이 순간 깨어 있음이며,
알아차림이며, 존재함이다.
그는 아무 의지가 없고, 아무 바람이 없다.

모든 일들이 그냥 그렇다.
모든 것들이 그냥 그렇다.
모든 순간들이 그냥 그렇다.
모든 순간이 지금이다.
모든 순간이 멈춤이다.
모든 순간이 깨우침이다.

하늘이 파랗다. 땅은 평평하다.

사람이 숨을 쉰다. 사람이 웃음으로 하나이다.
사람이 바로 지복이다. 모든 것이 지복이다.
바로 당신이 지복이다.

사랑합니다.
가슴 벅차게 사랑합니다.
모두가 지복입니다.
모든 것이 지복입니다.

지복은 살아 있는 모든 순간이 행복하다.
숨 쉬는 모든 순간이 기쁨이고 선물이다.
지복은 어떻게 보면 천국과 같다.

지복은 완전하게 자신을 잊고, 하늘의 축복에 몸을 맡겨
노는 것이다.
세상의 일을 모두 마친, 모든 일을 진정으로 완성한 사람에게
주는 하느님의 귀한 선물인 것이다.
구해서 얻어 지는 것이 아니라 저절로 찾아오는 축복이다.

일상이 모두 행복이며, 웃음이며, 사랑이다.
이 모든 것이 지복이다.

♧ 모음의 세계에서 지복이 이 세상에 다시 찾아왔다.
    지복만이 사랑을 살게 하고 살아가게 한다.
        지복은 이 순간 살아 있는 행복의 충만감이다.

32. 사랑 안에서 깊어지는 조화, 평화로움

베트남 전쟁을 소재로 한 영화 중에 〈플래툰〉이 유명하다.
1986년 상영된 이 영화는 올리버 스톤 감독이 베트남전 경험을
바탕으로 전쟁에서 겪은 실상과 참혹함을 그린 작품이다.
아카데미 작품상 등 4개 부분을 수상한 명작이다.

줄거리는 1967년 크리스 테일러라는 신병이 플래툰이라는
작은 전투 소대의 최전방 소대원으로 배치되며 시작된다.
지휘자는 울프 중위였으나 실세는 두 명이 따로 있다.
나이와 경험이 많은 딱딱하고 냉소적인 반즈 중사와
이상주의를 꿈꾸는 얼라이어스 병장이 주축이 된다.
크리스는 전쟁 속에서 두 선배의 대립으로 인한 동료 살해,
마약 실상, 양민 살해 아울러 동료들의 죽음을 마주한다.

살인 기계가 되어가는 현실주의 반즈파,
인간성을 지키려는 다른 이상주의 얼라이어스파,
그리고 아침이면 양민이었다가 저녁이면 베트콩으로
돌변하는 양민 등 모든 것이 참혹하고 처참하다.
크리스는 전투 속에서 정신을 잃었다가 마침내 구출된다.
헬기 안에서 한 그의 마지막 대사가 인상적이다.

　"우리는 적군들과 싸우고 있었던 것이 아니다.
　우리끼리 싸우고 있었다.

결국 적은 우리들의 내부에 있었던 것이다."

전쟁은 평화가 얼마나 소중하고 값어치가 있음을 보여 준다.
사람을 죽이는 전쟁은 냉전시대를 지나면서 줄어든다.
이제는 인간 내면의 전쟁을 종결시켜야 한다.
내면의 전쟁은 자신을 아는 것에서 멈추게 된다.
자신을 찾게 해 주는 명상으로 내면의 전쟁을 멈춰야 한다.

1993년 직장 선배가 좋은 스님의 강연이 있다고 알려 주었다.
그 선배는 어려서부터 불교를 좋아해서 믿음이 강했다.
스님처럼 경전에도 조예가 깊은 신자여서 직장에서 불교
모임 총무를 보고 있었다.

대전 시민회관에서 틱낫한 스님의 강연이 있다고 했다.
그때는 틱낫한 스님이 우리나라에 잘 알려져 있지 않았다.
나도 스님에 대해 처음 이름을 들었다.
아무런 기대 없이 딱딱한 의자에서 2시간을 어떻게
지내나 하는 생각도 들었다.

여자 스님이 종을 크게 한 번 친다.
청아한 종소리가 수백 명의 참여자를 순간 조용하게 했다.
틱낫한 스님은 베트남의 고귀한 스님이라고 소개되고,
강옥구라는 분이 영어 말씀을 직역해서 알려 준다고 했다.

스님은 아주 천천히 그리고 아주 조용조용 말씀하셨다.
중간 중간 종소리가 나고 멈춤 그리고 어떤 침묵……

그 많은 사람들이 마치 한 사람도 없는 듯했다.

신기하게 그곳에서는 아무런 경쟁, 주장, 바쁨이 없었다.

그냥 인자하신 스님의 웃음이 아주 따뜻하고 평화로웠다.

공연장의 넓은 공간이 아주 따뜻하고 평화로웠다.

점점 평화로움이 커져 나가는 듯했다.

오직 평화로움으로 가득해졌다.

Being Peace, 평화로움을 생생하게 느끼며 빠져들었다.

스님의 강연을 듣고 감동하여 책을 바로 구입했다.

《평화로움》(틱낫한, 장경각)이라는 책으로 강연에서 직역했던

강옥구라는 분이 번역했다.

강연에서의 내용이 아래처럼 쓰여 있었다.

> "우리가 만일 평화롭고 행복하면 우리는 꽃처럼 피어나
> 우리의 가정과 우리 사회 안의 모두가
> 그 평화로움으로부터 혜택을 받게 될 것입니다.
>
> 인생은 고통으로 가득 차 있으나 동시에 푸른 하늘, 햇살
> 그리고 어린아이의 웃음 같은 많은 경이로움으로 가득 차
> 있습니다. 그들은 우리 안에, 우리 주변에,
> 어느 때 어느 곳에서나 존재합니다."

평화로움은 신기한 마술처럼 왔다가 사라지는 것이 아니다.

우리 안에, 우리 주변에, 어느 때, 어느 곳에서나 존재한다.

틱낫한 스님은 현재 세계적으로 널리 알려져 있고, 많은 활동

중에 있다. 강연 이후 우리나라에 여러 번 초청받아 강연을
해 주셨으며, 국내에 번역이 된 책도 수십 종이 된다.

깜깜한 밤을 지나고, 이른 아침이 되어 창밖 공원을 본다.
먼저 커다란 나무들이 눈에 들어온다.
다음으로 조금 더 작은 나무 여러 그루가 있다.
작은 나무 아래 이름을 모르는 많은 풀들도 있다.
풀 아래 약간 건조한 듯 마른 땅이 보인다.
나무 어딘가에서 짹짹하는 새의 소리가 맑게 들려온다.

많은 것들이 있음에도 너무 조용하다.
내가 있다고, 내 말이 맞는다고, 이것은 내 것이라고,
당신의 주장이 틀렸다는 등 아무 소리가 들리지 않는다.
지켜보는 나도 공원 안에 그들처럼 아무 생각이 없다.
나무, 새, 풀, 나는 모두 자신의 활동을 하고 있다.
아무도 서로에게 간섭하지 않는다.
누구도 서로에게 자신의 주장을 하지 않는다.
경쟁도 없고, 다툼도 없고, 이해관계도 없다.
모두 같은 곳에서 함께 있는데도 말이다.

그 순간이 지속되면서 점점 어떤 분위기들이 만들어진다.
나무는 기둥으로 중심을 잡고 의젓하게 서 있으며, 파란
나뭇잎이 바람에 살랑살랑 흔들리면서 점점 빛이 난다.
풀들은 아주 작은 몸을 바람에 소리 없이 떨고 있다.
새들은 그들의 모습을 보이지 않은 채 누군가에게 들려줄
사랑의 아침 인사인지 아름다운 노래를 부른다.

나는 나도 모르게 나무와 풀에게, 새의 노래가
아주 생생하게 가까워진다.

눈은 보는 것들을 어느 순간 스르르 멈춘다.
눈의 멈춤은 가슴도 멈추게 하고, 생각도 멈추게 한다.
그들이 나를 맞이하고 너무 가까워져 서서히 하나가 된다.
내가 나무가 되고, 풀이 되고, 새의 노래가 된다.
모든 것들이 평화롭게 자각된다.
모든 순간이 그냥 평화롭게 흘러간다.
평화로움으로 아주 따뜻하다.

평화로움을 말로 하기는 어려움이 있다.
어느 상황이 신비의 마술을 부려야만 일어난다.
마음으로나 생각으로는 갈 수 없다.
몸이나 가슴으로도 다가가기가 불가능하다.
저 건너의 피안처럼 그 세계가 허락해야 한다.
그 세계가 우리를 옮겨 주어야 한다.

평화로움은 지복의 다른 얼굴이다.
어느 때는 침묵으로, 고요함으로 드러난다.
진정한 평화는 내면에서 솟아나는 평화로운 충만감이다.
바로 평화로움이다.
평화로움이 지복이 된다.

평화로움은 모든 것이 아름답고 다투지 않는다.
경쟁하지 않고, 주장하지 않는다.

마치 숲처럼 나무가 서로서로 조화롭게 섞여서 어떤 고요함으로,
어느 때는 침묵으로 생명력을 드러낼 때 찾아온다.

평화로움은 전체가 홀로 있음이다.
전체가 서로 서로 완벽하게 이롭게 해 준다.
생명들이 서로 행복하게 해 주는 조화로운 활동이다.

♧ 나는 오직 나로서만 존재한다.
   나는 지복이며 평화로움이다.
    평화로운 세계이자 평화로움의 지복이다.

33. 모든 소리를 받아들이는 바다, 침묵

우주 최초의 소리는 옴이라고 한다.
옴은 침묵의 소리이기도 하다.
옴은 완성이자, 진리이자, 완벽함이다.
침묵은 소리 없는 완성, 진리, 완벽함을 드러낸 진실이다.

침묵하면 초등학교 시절 미술책에서 밀레의 만종이 떠오른다.
어린 나이임에도 그 그림을 보고 있으면 경건한 마음과 함께
말할 수 없는 신비가 느껴졌다.

농부 부부가 석양을 뒤로 하고 교회 종소리를 들으며, 머리를 숙이고,
두 눈을 감은 채 기도하며 가만히 있는 모습이다.
석양의 빛, 두 사람이 기도하는 모습에서 경건함과 평화로움,
그러면서 말없이 그 속으로 빠져들어 가는 알 수 없는 힘이
있음을 그림을 본 사람이라면 경험했을 것이다.

프랑스의 대표화가 장 프랑수아 밀레, 비르비종이라는
농촌 출신의 가난한 화가로 '이삭줍기', '만종', '씨 뿌리는 사람'이란
작품이 잘 알려져 있다.
만종은 루브르 박물관에서 모나리자 그림과 같이 많은
관람객이 몰려 있는 값을 매길 수 없는 명작이라고 한다.

침묵은 입을 다물고 조용히 있음이다.

밀레의 만종에서는 경건한 모습으로 기도하는 분위기가
말이 없는 것뿐만 아니라 더 커다란 말을 하는 느낌이 든다.
마치 우주가 소리 없이 소리를 하는 것처럼 고요해지고
겸손해진다.

소리가 없는 위대한 소리를 침묵이라고 한다.
우리에게 침묵하면 떠오르는 두 명의 성자가 있다.
인도의 라마나 마하리쉬와 메허바바이다.

마하리쉬는 '침묵은 가장 영적인 가르침이며, 가장 진보된
단계에서 행해지는 완벽한 가르침'이라고 말씀하신 스승이다.
리쉬는 말 없는 가르침을 침묵으로 노래하는 성자이고,
마하는 '위대하고 위대한'이라는 의미로, 우주의 침묵을 담아
가르침을 전수한 성자를, 존경을 담아 마하리쉬라고 한다.

자비로운 아버지라는 뜻의 메허 바바는 1894년 2월, 인도의
푸나에서 태어났다. 대학 재학 중에 스승을 만나 가르침을
받고, 1921년 최초의 제자를 받았다.
1925년부터 생애 마지막 44년간의 가르침은 모두 침묵
속에서 이루어졌다고 한다.

"너의 침묵이 들리지 않는다면 무슨 말이 소용이 있겠는가?
참된 것은 침묵 속에서 주고받게 된다." 침묵에 대한 가장
유명한 성자이면서 그의 침묵의 메시지는 많은 사람들의
가슴을 열게 했다.

아주 배가 고픈 이가 있다. 그는 삼 일간 밥을 먹지 못했다.
식당에 가서 배고픔이 극에 달한 그는, 소리 높여
죽기 살기로 밥을 내놓으라고 한다.
1분 1초도 아깝고 참을 수 없으니, 아무 음식이라도
가져오라고 고래고래 소리를 지른다.
주인이 바로 번개처럼 빠르게 음식을 내주니,
그는 헐레벌떡 게걸스럽게 음식을 먹는다.
그의 배고픔이 사라진다. 이후 조용하다.
아무 소리가 없이 조용하다.
그의 문제는 사라졌다.
그의 문제가 사라진 것처럼, 그의 소란도 사라졌다.

진실은 말로 설명할 수 없다고 한다.
침묵은 말로 설명할 수 없다. 만종처럼 그냥 일어난다.
배고픔이 사라진 자처럼 지혜를 먹으면 말이 사라진다.

모든 의심이 사라지면 말은 더 이상 필요 없게 된다.
머리에 담겨진 모든 생각과 말은 침묵에게 자리를 내어 준다.

침묵은 말이 된다.
침묵으로 노래하게 된다.
그때 당신은 진정한 침묵이 되며, 침묵의 세계로 사라진다.

🕉 침묵하는 자여, 침묵으로 말하라.
　　오직 침묵으로 말하라.
　　　당신은 침묵의 세계로 녹아들 것이다.

34. 홀로 존재하는 내면의 세계, 고요함

칠흑 같은 어둠은 오히려 밝다.
밤이 깊어짐에 따라 어둠도 점점 깊어지고,
새벽이 오기 직전 가장 어두운 순간이 있다.
이처럼 깊은 어둠은 빛, 소리, 세상까지 모두
잠시 사라지게 한다.

어둠이 밝게 빛나니 그것이 바로 고요함이다.
고요함은 어느 절정의 순간을 넘은,
모든 것이 이루어지고 끝나는 순간, 그리고
모든 사람이 돌아가 빈자리만 남고 불이 꺼진 상태에서
한 발짝 더 나아간 자리다.

고요함은 고요해지기 직전까지 모든 일이 이루어졌으나,
한 발짝 더 나아가야 하는 도약이다.
백 척이 넘는 절벽의 경계를 지나, 한 걸음을 더 나아가야
진정한 고요함의 세계가 열린다.

고요함 하면 떠오르는 몇 장면이 있다.
화려한 공연이 끝나고 관객, 진행요원, 공연자 등이 모두
공연장을 빠져나간 홀로된 공간, 그 공간은 고요하다.

올림픽 경기 100M 결승 출발선에서 신호탄을 기다리는

선수나 관객의 그 순간은 모두 숨죽인 고요함이 있다.
2019년 봉준호 감독이 〈기생충〉이란 영화로 아카데미 감독상 발표를
기다릴 때, 순간 모든 사람은 말없이 고요해진다.
어떤 역할에서 멈춤의 순간은 고요함으로 안내한다.

자연이 주는 여러 고요함도 있다.
깊은 숲이나 거대한 산은 사람들을 고요하게 한다.
붉은 태양이 떠오르기를 기다릴 때 바다는 고요해진다.
물론 깊은 바다에서는 세상 소리와 빛조차 사라져 고요하다.

어느 것들은 시간이 다 되어 멈춤을 요구할 때도 있다.
밤이 되면 모든 것들이 하나둘씩 낮 동안의 역할을 다하고
제자리로 돌아간다.
먼저 해가 산 너머나 지평선 아래로 사라진다.
물고기, 새, 땅의 동물이 그 뒤를 따라 자신의 쉴 곳으로 간다.
사람들도 얼마 되지 않아 일을 멈추고 퇴근한다.
점점 어둠이 깊어지면 건물들의 불빛도 조용히 사라진다.
모두 제자리로 돌아가서 잠이 들고 고요해진다.

매년 성탄절이 되면 언제 어디서나 들을 수 있는
〈고요한 밤, 거룩한 밤〉이라는 노래가 있다.
고요한 밤, 거룩한 밤, 어둠에 묻힌 밤에 주의 부모께서
감사기도 드릴 때 아기가 잘 잔다고 한다.
위대한 성인이신 예수님을 기리면서 마음이 순수해진다.
또한 정성을 다해 세상 사람들이 잘되기를 기도한다.
잠시 고요해지면 성인이 오셨듯이 거룩한 일이 일어난다.

위대한 일은 밤이 깊어지고 고요해져야 이루어지듯 말이다.
밤에는 그 누구도 보지 않고, 누구도 알지 못하는
자신만의 독립된 세계가 펼쳐진다.
어떤 이는 낮의 일을 반성하기도 하며,
어떤 이는 내일의 준비를 위해 공부를 하고 있다.
어떤 이는 자신의 신앙을 위해 순수하게 기도하고 있으며,
어떤 이는 홀로 자신과의 만남과 대화로 보내고 있다.
홀로 있는 자유와 편안함에는 깊은 고요함이 드러난다.

오늘 하루 세상에서 강렬하고, 열정적이었던 활동의
멈춤이 하나의 고요함이다.
사람이 모이는 곳에는 복잡한 이해관계가 얽히고설킨다.
고요함은 이해관계의 얽힘을 뒤로 하고 혼자 있는 것이다.

외적인 세상에서 뿐만 아니라 내면에서 홀로 있어야 한다.
눈에 보이지 않는 세계,
자신의 생각 속 세계에서 홀로 있어야 한다.
그것이 내면의 홀로 있음, 상대방이 없어지듯
나라는 생각이 없어지는 멈춤이며 고요함이다.

나의 생각을 어떻게 멈출 수 있을까?
앞서 이야기 했듯이 생각을 하나의 대상에 모으는
집중 명상이 있다.

아울러, 나에게 일어나는 생각을 주시하면서 알아채는
통찰 명상이 있다.

내면의 고요함은 진정으로 홀로됨이다.
진정한 혼자가 되어 모든 세상이 멈춤이 일어난 상태다.
고요하면 거룩해지듯이 그대가 신성해진다.
마치 신이 된 것처럼 고요함이 자유를 준다.

그러나 인간은 혼자 있어도 고요함을 유지하기는 어렵다.
상대방이나 대상이 없으면 잠시 나는 멈추게 된다.
하지만 나의 머리 안에서는 무엇들이 끊임없이 속삭인다.
오늘 하루나 아니면 기간이 오래된 문제, 고민이라는 것들이
서로가 먼저라고 아우성치는 소리가 들린다.

아우성은 강력한 스트레스가 되어 몸을 무겁게 하고,
머리에 열이 나거나 가슴을 뻐근하게 압박해서 답답해진다.
그 기간이 길어지거나 강도가 심해지면 무기력해지고,
우울증이 생기기도 하고, 깊어지면 마음에 병이 생겨 병원을
찾거나 전문가의 상담을 받기도 한다.

현대인들은 혼자 있으면서 홀로 있지 못하는 경우가
매일 반복되며, 끊임없이 무언가를 하고 있다.
돈 문제, 직장 일과 사람 문제, 가족과 친구들이
머리 안에서 살고 있다.

세상이 너무 빠르게 발전하여 일이 많아진 탓이다.
배울 것도 많아지고 경쟁도 더욱 심해져서
매 순간 긴장이 함께하며 병을 주기도 한다.

어쨌든 모든 사람의 만남에는 이해관계가 있다.
쉬운 말로 각자가 원하는 것이 있다.
서로의 이해관계가 해결되지 않으면 다툼이 생긴다.
친구, 가족, 연인, 경쟁 업체, 정당 간, 이웃나라와의
무역 마찰 등 요구하는 일이 끝없이 이어진다.

세상은 적자생존이라는 관계가 항상 존재하고 다툼,
경쟁, 뺏고 빼기는 상황이 무수히 반복된다.
상대방이 있으면 잠시도 가만히 있지 못한다.
자신, 가족, 회사, 나라, 세상을 위한다는 명분이 한결같다.
그들의 입장은 혼자 있으면 조용해진다.

대상이나 고민 없이 진정으로 혼자 있으면 모든 관계가
잠시 동안 사라진다.
세상에 살거나, 세상을 살아가면서 고요해지는 방법이다.

고요함은 적정 또는 열반적정이라고 불교에서는 말한다.
적정은 마음에 번뇌가 없고 몸에 괴로움이 사라진 아주
편안한 어떤 상태다.
그 상태에서는 편안함과 고요가 저절로 일어나고 흘러간다.

열반은 범어 니르바나를 음역한 말로 타오르던 불길을
확 불어서 꺼진 상태를 표현한다.
탐욕, 성냄, 어리석음이라는 3독의 불이 꺼져 편안한 상태며,
모든 모순을 초월한, 고요하고 청정한 경지라고 한다.

고요함은 외면이라는 보이는 세상과, 내면이라는 자신의 생각
안 세계에서, 멈춤이 일어날 때 찾아오는 특별한 선물이다.

모든 세상, 모든 생각이 멈춰지고
홀로 있음이 비로소 드러나니
그것이 고요함이다.

고요함은 번뇌의 불이 꺼져 버린 진정한 사라짐이다.
그저 고요해지고 번뇌의 불은 다시 타오르지 않는다.

❀ 고요함은 적정의 다른 말이다.
　세상 모든 것들이 잠들고, 사라지며,
　　진정한 멈춤이 일어난 오로지 홀로 있음이다.

35. 모든 것에서 자유로운 경지, 있다는 것

본래부터 있는 것,
그것은 '있다는 것'이다.

태어나지도, 늙지도, 병들지도,
죽지도 않는 것이 '원래 있는 것'이다.
흔히 진리, 로고스, 코스모스, 성품이라고도 한다.

있다는 것은 그냥이다.
모든 이유가 없다.
물음도 없고 답도 없다.
모든 이유가 들어설 자리가 없다.
모든 것의 처음이라 어떤 무엇도 없다.

단지 그러할 뿐이다.
단지 있을 뿐이다.
있다는 것은 그처럼 단순하고 아무것도 섞이지 않은,
순수한 모든 것의 처음이다.
처음과 끝은 같고, 모든 것이며, 있다는 것이다.

원래 있는 것은 만들어지지 않는다.
원래 있는 것은 그 누구도 만들 수 없다.
원래 있는 것은 시간적, 공간적, 인식이라는 의미를

모두 넘어서 있는 것이다.
신이라도 원래 있는 것은 노터치다.
그것을 우리는 진리, 본질, 실체, 진여라고도 이름한다.

오래된 관습, 법, 가치관, 풍습처럼 그 누구라도
그러하다고 한다.
원래 그런 것이여…….

신이 주신 보약 중에 잠이 있다.
요즘 현대인들은 나면서부터 이제까지 날마다 몸으로 해 온,
그래서 평생 익혀 왔던 그 잠자기가 쉽게 안 되는
경우가 자주 발생한다고 한다.
그러면 신이 주신 본래부터 있었던 타고난 능력이 아닌지,
잠에 대해 의심이 들 때가 있다.

어떤 이가 그 어렵다던 잠을 꿀처럼 달달하게 잤다고 했다.
얼마나 잘 잤는지 다른 사람이 나를 업어 가도 모를
정도로 깊이 잠들었다고 했다.
정말로 그렇게 깊은 잠을 자면 아침에 몸이 날아가듯
가볍고 기운이 충만해진다.

정말 자기도 모르게 깊이 자본 적이 있는가?
정말로 세상도 모르게 깊은 잠을 들어 본 적이 있는가?

그러한 때 매우 웃기는 질문이 떠오른다.
세상도 모르게 깊이 잠들었으면 누가 그것을 아는가?

사람이 업어 가도 모를 정도로 깊이 잤다며 아무런 기억도
없다고 하는데 그것을 어떻게 알고 말할 수 있는지?

밤새 잠자는 나는 있다.
밤새 잠들어 있는 나도 있다.
변함이 없는 것은 잠도 아니고 꿈도 아니다.
잠자리인 침대도 아니며, 나의 기억도 아니다.
기억은 하지 못하는데 잘 잔 무엇은 자각된다.
아무 기억이 없어도, 무언가가, 무엇을 알고, 말한다.

마치 아침을 먹고 옆 사람에게 잘 먹었다고 하듯 말이다.
분명한 사실처럼, 직접 체험한 일처럼 말한다.
누구도 아닌 바로 자신에게 또는 듣는 다른 이에게 말한다.
말하는 나도, 듣는 상대방도 전혀 따지지 않는다.
그것이 본 것도 아니고, 그 무엇을 설명해 보라고 하면
뻔히 말할 수 없음을 서로 분명히 알고 있으면서 말이다.
거짓은 아닌데 분명히 그 무엇을 명확하게 알 수가 없다.

나는 몸이 잠자는 것도 아니다.
나는 감정이 잠자는 것도 아니다.
물론 생각을 잠시 멈추고 자는 것도 아니다.
무의식인 꿈이 나를 잠자게 하는 것도 아니다.

그러면 잠자는 나는 누구인가?
잘 잤다고 그것을 알고 아침에 말하는 자는 누구인가?
밤새 잠자면서도 있는 것은 무엇인가?

그냥 따지지 말자고 하면 되는 것인가?

누구도 그것을 본 적이 없고 그냥 그렇다고 한다.

그냥 밤새 어떤 일을 하는 그것이 있다.

밤새 잠을 자도 잠자는 것을 아는 누군가가 있다.

알아채는 그것이나 그 누군가가 밤새 있었다.

그것을 편의상 나라고 하자.

그러면 잠 없이,

꿈 없이 나는 존재하는 자이다.

잠을 넘어, 꿈을 넘어,

밤새 존재하는 자는 나인 것이다.

잠에서는 이름도, 기억도, 말도,

세상도 그 아무것도 없다.

나는 어떤 있는 것이 있고, 그것을 아는 자각도 있다.

나는 어떤 있다는 것의 자각이다.

결국 나는 있다는 것이며, 나는 자각이다.

원래라는 말은 우리가 일상에서 자주 쓰는 쉬운 단어다.

본래라는 말과 비슷하며 어떤 사물이 전하여 내려온

그 처음이라고 한다.

진여나 여여라고 하며, 불교에서는 궁극적 진리, 만물의

본체가 한결같은 변함이 없는 것을 말한다.

산스크리트어로 '타타타'라고 한다.

한때 김국환이라는 가수가

"내가 나를 모르는데 난들 어찌 알겠냐며,
바람이 부는 날은 바람을 맞으며,
비오면 비에 젖어 살면 된다."라고 노래했다.

원래 주인은 따로 있다.
원래 그놈은 그렇다.
원래 그래, 잘하려고 애쓰지 마라.
원래 예쁘고 잘생겼다.
원래 옷을 벗고 자는데 오늘은 피곤해서 그냥 잤다.
원래 수박은 맛있다.

원래는 많은 것들을 쉽게 말할 수 있다.
나는 원래 그런 사람이야,
나는 원래 잘 몰라도 되는 사람이야.
나는 원래 모든 것을 모르는 사람이야.
그 용도가 무궁무진하다.

원래, 본래, 여여, 진여, 그냥 처음부터 그랬다.
이유가 없고, 그 이유를 따질 필요가 없다.
그냥 있는 그대로 두면 된다.
원래부터 그런 것은 아무런 관심, 책임, 영향력이 없다.
원래부터 그러니 그 누구라도, 아무것도 할 수 없다.

있다는 것은 그냥 있는 것이다.
처음부터 있는 것이다.
그냥 둘 수 있는,
그대로 두어야 하는 그 무엇이다.

우리는 매일 잠을 잔다.
잠은 우리에게 휴식을 주고 기운을 충전시켜 준다.
잠자는 것은 일종의 죽음을 경험한다고 했다.
그래서 예로부터 아주 긴 잠을 죽음이라고 했다.

죽음은 내가 나를 기억하지 못하는 긴 잠이다.
앞에서 이야기했듯이 잠을 자도 계속되는 나는 있다.
죽음이 깊은 잠이라면 계속 이어지는 나는 있을 것이다.
깊은 잠이나, 죽음조차도 어찌하지 못하는 나가 있다.

나는 누구인가?
아주 예전부터 많은 종교에서 궁극의 실체를
찾을 때 주로 쓰였던, 수행 문구이자, 방법이다.

어떤 단체는 태어나기 이전에 나는 누구인가?
어느 단체는 본래 진면목이 뭐냐고 묻기도 한다.
또는 나는 무엇인가? 묻기도 한다.
그러다가 그 질문이 답을 준다고 한다.
내면에서 들리는 답을 듣게 되면, 어떤 깨달음이 있다고
하고, 자유로워졌다고도 한다.

요가에서는 원래 있다는 것을 '진아'라고 한다.

불교에서는 성품, 열반, 해탈이라고도 한다.

기독교, 유대교, 이슬람교에서는 천국이라고도 한다.

원래 있는 것은 그냥 자유롭고,

열반이나 천국처럼 좋은 곳이다.

그냥 있다는 것은 그렇게 좋은 것이다.

있다는 것은 그냥 자유로움이다.

있다는 것은 자유로움이라는 자각이다.

🍀 나는 본래 있다는 것이다.

　　있다는 것은 자유로움이라는 자각이다.

　　　나는 있다는 것이며, 자유로움이라는 자각이다.

36. 숨 쉬는 모든 순간이 신의 축복, 모름

오직 모를 뿐이다.
그러한 모름은 노력 없는 모름이다.
순수한 모름이다.

'있다는 것'의 다른 이름이 '모름'이다.
모름은 자신을 모른다.

존재의 이유조차 모른다.
존재(자기 자신)에 대한 자각도 없다.

칠흑 같은 어둠처럼 자유가 있다.
이 세상을 빛과 밝음으로 살아가니 밝고 밝다.
이 세상을 모름으로 보니 모든 것이 자유롭다.

모름은 모든 이들을 자유롭게 해 준다.
모름을 쓰는 당신은 이미 자유인이다.
순수해지며 밝게 빛난다.

모름은 가장 큰 지혜이자 선물이다.
오직 자유로만 그대를 숨 쉬게 한다.

세상에서 가장 빠른 빛, 어린 시절 빛이 1년간 간 거리를

1광년이라며 우주의 어마어마한 크기를 동경했다.

영화 〈백 투 더 퓨처〉는 타임머신을 타고 과거로 돌아간다.

현상에서 가장 빠른 빛을 삼키는 블랙홀도 있다.

시간과 물리적 현상을 초월하는 빛을 소멸시키는 블랙홀은
신기하기도 하다.

시간과 공간의 현상마저 사라지게 하는 그 힘은 무엇인가?

지난해 〈열혈사제〉라는 코믹한 드라마가 있었다.

어리석고 무능한 구대영 형사가 천주교 신부의 이야기를
듣고 꿈속에서 어떤 계시를 받는다.

지옥을 표현하는 장면이 나오는데, 현재의 모습이 무한
반복하는 것이 지옥이라고 묘사되어 있다.

지옥은 어떻게 보면 반복하고, 멈추지 않으며, 끊임없이
지속되는 원하지 않는 고통스런 삶이다.

불교인지 정확지 않지만 사람의 혼이 자궁으로 다시
들어갈 때 지난 삶의 기억은 모두 지워진다고 한다.

전생에서의 기억을 모두 없애야, 제대로 된 새로운 삶을
살 수가 있다고 하니, 신의 조화가 엄청나고 대단하다.

드라마 이야기 속 구형사의 지옥과 태어날 때 전생의 기억이
지워지는 이야기에서 몸, 사람, 세상에서 느껴 왔던 고통의
기억들은 다시 태어나는 사람에게 좋은 일이 되지 않을
것이다.

전생을 기억해서 빚을 갚아야 하는 등 해결되지 않은
일들이 죽을 때까지 영원히 지속되어야 한다면

얼마나 고통스러울까?

자궁을 통해 전생의 모든 기억을 지워 버리고 새로 태어나게
하는 일은 일종의 블랙홀과 같다.
빛을 모두 삼켜 사라지게 하듯이, 전생이라는 삶 전체를
리셋하여 다시 새 출발하게 한다.

아이는 어느 가정에서 태어나 다시 삶을 배우게 된다.
부모를 통해 따뜻한 사랑을 먹고 자란다.
형제, 친구, 이성과의 교제, 어른이 되어 직장을 얻고
가정을 꾸미기도 한다.
삶의 변동성과 사람과의 다양한 만남에서 책임, 의무, 권한,
관계 등 아이는 어른으로 성장하여 많은 일을 해야 한다.

사람으로서 날마다 먹고, 마시고, 일하고, 자고 그러면서
시간을 분할해서 일, 월, 년 단위로 풀어 나간다.
새로운 삶에서도 나라는 이름으로 살아가면서 정성껏 노력을
하였지만, 원하는 일을 이루지 못하는 경우가 대부분이다.

시간을 거슬러서 다시 원하는 인생을 만들고 싶다.
다른 성공한 사람의 가족으로 태어나 부자로 살고 싶다.
영화배우, 가수, 사업가 등 특별한 재능으로 돈을 많이 벌어,
사랑하는 사람을 만나 멋진 인생을 다시 하고 싶다.
결국 지금의 나로는 만족하지 못하고 바꾸고 싶어 한다.

이 현실에서 새로운 인생을 주는 블랙홀과 자궁이 존재한다.
생각과 현상을 모두 사라지게 하는 장치가 바로 '모름'이다.

모름은 현실에서 나라는 이미지, 기억, 생각을 잠시 블랙홀
이나 자궁처럼 모두 흡수하여 사라지게 한다.

사람은 자신이라고 여기는 나의 이미지가 있다.
나는 현재의 모든 기억과 더불어 매 순간 일어나는 일들이
자신의 이미지를 축적시킨다.

사람의 기억은 방금 전까지의 모든 기억과 생각, 매 순간 접촉하는
것들의 소용돌이에서 늘 새롭게 만들어지며 쌓아진다.
마치 소립자가 어디로 움직이거나 튀는 것을 예측할 수
없듯이 그렇게 나를 만들어 가고 있다.

사람은 자신이 원하는 것을 정해, 세상 사람들과 만나서
이야기하고, 소통하며, 정리하면서 살아간다.
아울러, 제대로 원하지 않거나, 정하지 못하는 생각들은 모두
무의식에 저장되어, 일정한 상황이나 조건이 되면 발현된다.

내가 나를 모름으로 대하면 내가 바로 사라져 버린다.
마치 밤에 어둠이 나타나면 빛이 어디론가 사라진다.
아침에 태양이 떠오르면 어둠도 어디론가 사라진다.

모름은 일종의 지복이다.
나라는 세계가 블랙홀을 지나면서 모두 사라지고
다시 태어나 일상으로 돌아온 나다.

자아가 모름으로 이름과 역할, 이미지를 보게 되면,

나는 예전의 기억이나 이미지로 돌아갈 수 없다.

예를 들자면, 내 집이 없어 남의 집에 세를 들어 산다면
집주인의 눈치를 봐야 한다.

한참 후 열심히 돈을 벌어 내 명의로 된 집을 장만했다.

모름은 이처럼 진짜 집주인이 되어 다시 사는 일상이다.

집주인은 기억이나 이미지를 통해 축적된 그전의 고민이나
눈치라는 세를 내지 않는다.

자기 마음의 집에서 주인 역할을 하고 산다.

매일 모름이라는 자궁을 통해 새롭게 태어난다.

나라는 이미지가 더 이상 살지 못한다.

나는 기억을 축적하지 못하고 날마다 지워진다.

나는 그저 모름으로 산다.

그것은 다름 아닌 지복의 고향이자 집이다.

모름으로 살면 모든 것이 지복이 된다.

모름으로 호흡하면 모든 것이 생명이 된다.

모름으로 세상을 대하면 모든 것이 자유롭다.

♧ 나는 몸, 감정, 생각, 기억이 아니다.

　나는 모름이며, 모름이 나의 집이다.

　　내가 모름으로 하나가 될 때 진정한 자유가 온다.

37. 모든 길을 초월한 길 없는 길, 중도(中道)

대도무문(大道無門)이란 말이 있다.
진정한 대로는 대문자체가 없다는 뜻이다.

큰길에 문이 없으니 갈 수가 없다.
문이 없으면 또한 모든 것이 문이 된다는 역설이 된다.

선에서는 10년 이상 공부한 스님이 참여할 수 있는 무문관
수행이 있다. 자신의 마음을 깨달아 문이 없는 문을 박차고
열어서 나오는 수행의 방법이다.
수행을 닦는 절 문 밖에서 자물쇠를 잠가 출입이 불가능하며,
식사는 외부에서 작은 문을 통해 주는 매우 힘든 수행이다.

언제가 그 수행을 하다가 돌아가신 스님들도 있다고, 신문이나
책에서 읽은 적이 있다. 그만큼 어려운 수행이지만 문이
없는 문을 열고 나오면, 한 소식이나 한 깨달음을 얻는다고
한다. 죽기 아니면 깨우침을 달라는 진정한 수행자의 고행으로
온몸을 불사르는 진정한 내면 탐구자의 모험이다.

중도는 마음을 초월한 진정한 자유로움이 펼쳐진 세계이다.
그저 있을 뿐이다. 있다는 것은 원래 그렇다는 것이다.
눈이 세상을 보고, 귀가 이 세상의 소리를 듣듯이, 이 세상
에서 오고가는 접촉이 있으나 그저 순수하기만 하다.

중도라는 말은 늘 들어 본 쉬운 단어 같지만 알리바바의 동굴
문처럼 세상을 초월하는 비밀을 알아야 비로소 열린다.
어떤 신비한 열쇠, 배움과 지혜가 있어야 갈 수 있는 세계다.
나를 자신이라고 여기는 자아가 완전히 녹아 스스로 세상에
꽃이 되었을 때 중도는 열리게 된다.

중도(中道)는 정중앙, 정가운데 길이다.
정가운데 길을 가면 이 세상을 초월하면서 살 수 있다.
사람이 가는 보이는 길이 아니라 마음의 길이다.
마음의 깨우침을 얻어 마음을 초월하는 길이다.

중도는 마음의 길이라 몸으로는 갈 수가 없다.
마음으로 허공을 건너는 길이다.
차안에서 피안으로 가는 연결점이다.

몸과 마음을 연결하는 것이 중도이다.
물질과 마음, 허공을 연결하는 하는 것이 중도이다.
이 마음과 그 마음을 연결하는 것이 중도이다.
이 세상을 초월하여 문이 없는 문을 열 수 있듯이
길 없는 길을 가는 것이 중도이다.

불법승 삼보라고 하여 그 법에 귀의하여 그 법을 스스로
체험하고 증명하신 분을 고귀한 스님이라고 한다.
고귀한 스님은 탐, 진, 치라는 삼독을 치료할 수 있다.
나라는 자의식이 생산해 내는 삼독을 진정시키거나,
그 삼독이 사랑이 되고, 자비가 되게 한다.

세상을 살면서 삼독에 물들지 않고 사는 법이 팔정도이다.
팔정도는 바르게 보고, 바르게 듣고, 바르게 말하고 등
8가지의 중도의 방법이다.

또한, 법구경의 구절에 보면 이 세상은 모두 마음의 산물
이라고 하듯이 그 마음을 넘어서는 것이 중도이다.
물론, 다른 종교도 마찬가지이지만, 하느님의 사랑도
경계가 없다고 생각한다.

사람은 지구 안에서 아주 작고 미미하다.
우주라는 공간과 시간에서 보면 상상할 수도 없이 작다.
우주에서 보면 이 지구는 그저 꽃일 뿐이다.
그저 아름다운 세계이며, 꽃일 뿐이다.
지구는 하나의 큰 꽃이며, 그 속에 사는 사람들도
역시 작은 꽃일 뿐이다.
세계일화(世界一華), 세계는 오직 한 송이의 꽃이다.
그 꽃은 바로 중도의 세계며, 중도가 열어 주는 세상이다.

하느님이 창조한 세상은 완전함, 그 자체였다는 생각이 든다.
《위 디오니시우스의 전집》(은성출판사, 엄성옥 옮김)에서
'신의 이름'에 있는 제10장의 구절이다.

「하나님은 모든 것의 전능한 기초로서 온 세상을 세우시고,
보존하시고, 포용하시고, 안전하게 하시고, 함께 세우시며,
온 우주를 하나님 자신에게 완전하게 묶는다고 한다.」

완벽하고 완전한 이 세상은 달에서 본 지구처럼 나라,
언어, 종교 등의 경계가 없는 하나의 꽃일 뿐이다.

인도의 신, 삿 치뜨 아난다, 존재는 의식이며 지복이다.
존재는 지복이며, 하느님이 만드신 이 세상이 완전하다는
것을, 보통의 사람들은 알 수가 없다.

세상은 그저 "완전한 천국이며, 지복이며, 자비가 넘치는
아름다운 꽃이다."라고 받아들이고 믿으면서 배우면 된다.
그래서 모든 종교는 아름다운 세상을 사람들에게 배우도록
하며, 그것을 일깨우고 진정으로 알려 주려고 한다.

세상은 이 세상의 모든 것이 필요하다.
보이는 세계와 보이지 않는 세계가 서로 연결되어 있다.
쓸모 있음과 쓸모없음이 서로 보완된다.

중도는 이렇듯 경계가 없는 허락이다.
마음에서 일어나는 모든 허락이다.

세상에 있는 모든 것을 허락하듯이 마음에서 일어나는
옳고 그르다는 구별이 없으면 된다.

세상을 판단하는 자의식을 순수 의식으로 변하게 하면 된다.
그러면 세상에 있는 모든 종교, 옳고 그름, 높고 낮음,
분쟁 등에서 상대 물은 있으나 대립이 없이 공존한다.

세상에는 세상의 규칙이 있다.
예술에는 예술의 세상이 있다.
철학에는 철학의 세상이 있다.
종교에는 서로 다른 종교의 세상이 있다.
모두 허락된 길임을 인정하는 것이 중도이다.

내 마음에 나라는 자의식이 없으면, 그저 마음이고,
의식이고, 존재함이고, 지복이 된다.
이 세상을 나누는 다툼을 겸손으로, 오직 자의식이 없이
순수함으로, 머리를 숙인다.

티베트에 사는 보통 사람이라면 일생에 한 번은 수미산이라는
카알리스 산을 순례한다.
오체투지를 하면서 아주 오랜 기간을 정해 수미산을 돈다.
그러면 세상에서 한 잘못이 용서되고 순수하게 된다고 한다.
그들의 복장은 허름하다 못해 너절너절해진다.
그러나 그들의 눈은 밝아진다.
그들의 마음은 순수해진다.
그들은 이제 완전히 다른 사람이 된다.
마침내 어려운 고행을 통해 위대한 승리를 얻고,
소원을 이루게 된다.

어찌 보면 거칠고 험한 세상이라는 곳에서 수미산에
이르고자 하는 삶의 길이 중도일 것이다.
어느 순간, 어느 곳에서도 길을 잃지 않는다.
처음에 첫 걸음을 잃지 않듯이 끝까지 마음을 잃지 않는다.

자신을 주인으로 안다.

가운데 길은 바른 길이다.

보통 사람들이 배울 수 있는 즉각적인 실천의 길이다.

보통 사람들이 위대한 사람으로 초월할 수 있는 길이다.

높이 오르지 않는다.

그저 중간, 이 세상과 저세상, 이 마음과 저 마음의 중간이다.

자의식이 없으면 모든 행위가 지복이 되듯이 바른 중간의
길이 열리고 그 길과 함께한다.

선의 3번째 스승인 승찬 선사의 신심명에 위대한 힌트가
있다. 지극한 도는 어렵지 않다.

단지 선택을 하지 않을 뿐이다.

선택을 넘어서는 것이다.

중도의 경계는 자의식, 내가 있다는 것이 문제다.

선택은, 나라는 자의식이 없이 그냥 하기는 어렵다.

그러니 '선택 없는 선택'은 '길 없는 길'이 된다.

중도는 세상에 살면서 걸어야 할 마음의 길이다.

다툼이 없고, 우주처럼 모든 것을 허락하는 길이다.

길은 그대의 마음속에 있다.

중도는 멀리 가서 찾을 필요가 없다.

이 순간에 그대의 순수한 마음이다.

그저 선택이 사라지고 없는 것이면 된다.

그것이 중도이며 바른 길이다.

삶 자체가 길이 된다.

사람이 바로 길이 된다.

모든 사람이 길이 되는 것이다.

그것이 이 우주가 말하는 중도이다.

모든 사람들의 허락이 있어서

세상이 그저 아름다운 꽃이다.

지구라는 넓은 초원 위에 거대한 꽃밭이 있다.

사람이 모두 꽃이다.

사람이 가장 아름답고 존경으로 서로를 대하는 길,

중도가 있다.

당신의 길을 가라.

자유로운 중도의 길을 가라.

순수한 꽃의 세계에서

그대의 꽃과 타인의 향기로 살아라.

🍀 중도는 마음의 길이며 세상의 모든 것을 허락한다.

　　그대라는 자의식만 없으면 된다.

　　　이 세상은 하나의 축복이 되어, 거대한 꽃길이 된다.

38. 모든 존재의 근원이 같은 하나, 불이일원

세상 위의 모든 것들은 모양이 서로 다르다.
세상을 살기 위해서는 구별이 되어야 한다.
모든 사람들이 만들어진 로봇처럼 같다면 어떻게 될까?

자동차는 같은 모델이 많지만 차량 번호로 구별해 사용한다.
이 세상에서 가장 중요하다는 돈도 마찬가지다.
똑같은 재질과 모양이지만 고유의 번호가 있다.

중요한 것들은 반드시 구별을 하여 사용한다.
그렇지 않으면 서로 다른 것을 구별할 수 없게 된다.
마치 모래 속에서 특정한 모래를 알아볼 수 없듯이 말이다.

사실 구별은 분리를 나타낸다.
구별은 어떤 물건이나 대상이던지 간에 알아볼 수 있게 하며,
대상이 가지고 있는 가치를 올바로 사용할 수 있게 해 준다.

우리가 태어나서 아버지, 어머니, 형, 동생, 나라는 호칭으로
서로를 알아보고 역할을 배운다.
가족이라는 범위와 집이라는 공동 장소를 알게 된다.
이름도 없고, 호칭도 없으면 구별이 사라질 것이다.
나, 내 가족, 내 집, 내 형, 내 부모님 등 유대 관계는
구별이 되지 않는다면 유지되기 힘들 것이다.

몇 년 전부터 기존의 주소를 도로명 주소로 변경하여 쓰고 있다.
건물을 구별하는 번호가 100년이 넘게 사용되어 왔는데, 일정
기간이 지나면 전에 쓰던 제도나 이름을 변경하게 된다.

지구는 6개의 대륙, 253개의 나라, 나라 안의 도시, 사람과
자연 등 다양한 이름과 현상으로 존재한다.
또한 사람이나 물건, 제도가 수명을 다해, 이름이나 모양까지
죽음을 맞고 아주 사라지기도 한다.

사람은 이처럼 사람과 사람, 사람과 물질, 물질과 현상 등
구별을 통해 인류의 모든 흥망성쇠를 이루어 냈다.
지구 안의 모든 세계를 이름과 현상으로 구별함으로써
오늘날 위대한 물질문명과 정신문명을 발전시켜 온 것이다.

사람은 그 자체로 존귀하다. 너무나 중요한 말이다.
인권은 하늘이 주신 권리로 그 무엇과도 바꿀 수가 없다.
너무 귀하면 그 귀함이 구별을 주지만 한편 분리도 생긴다.

사람은 태어나면서부터 분리된다.
나는 모든 것보다 소중하다.
나는 이 세상에 오직 하나뿐이다.
나와 똑같은 나는 존재하지 않는다.
그것은 일종의 자랑이자 명예가 된다.

유아독존, 불교나 요가의 중요한 가르침이지만 요즘은
나만 특별하다는 왜곡된 의미로도 많이 쓰인다.

나는 이 세상에 오직 혼자이다.

나는 혼자이니 모든 것을 혼자 해야 한다.

서로가 경쟁하고 이기려 하고 빼앗으려 하고 속이기도 한다.

인류가 정착 생활을 하면서 사람들은 분리된다.

아이가 부모로부터 분리되고, 독립된 가정을 가져야

하듯이 분리는 아주 오래된 역사의 유물이다.

전체에서 일부분의 분리는 늘 외로움을 생기게 한다.

어른이 되어도 엄마 품을 평생 그리워한다.

고향은 떠난 지 수십 년이 되어도 가고 싶어지고,

나이가 들면 들수록 끌어당기는 힘이 있다.

분리는 더 큰 분리를 낳는다.

물질, 종교, 예술, 체육, 과학 등 나라별, 도시별, 사람별로

경쟁을 하려 한다. 다름을 인정하지 않는다.

같은 편만이 적이 아니다.

같은 가족, 같은 학교, 같은 직장, 같은 취미, 같은 동호회 등

무언가 같은 것을 고집하게 된다.

물론 같은 곳에서도 경쟁이나 다툼은 늘 일어난다.

인도에는 다르지만 같다는 불이일원론(不二一元論)이 있다.

사람은 다 다르다. 하지만 사람은 결국 사람으로 연결된다.

동물은 동물로 와서 동물로 돌아간다.

물질은 물질에서 와서 물질로 돌아간다.

이 지구상의 생명은 생명에서 와서 생명으로 돌아간다.

만물은 모두 유전한다.

개체마다 다른 삶을 살아가지만 생명체라는 것은 같다.
자타불이, "나와 타인은 둘이 아니라 하나이다."이다.
무엇이 다르지 않은 하나인가?
그 같음은 우리에게 어떤 혜택과 이로움을 주는가?

사람은 자기인식이라는 자기 사랑에서 시작된다.
자신을 인식해야만 스스로를 알게 되고,
가까이하면서 사랑하게 된다.
모든 생명체는 그러한 유지 시스템을 가지고 있다.

불이(不二)는 '둘이 아니다.'이다.
'서로 다르지만 본질은 같음.'이다.
각자는 다른 개체이나 개체로서의 어떤 성격이나
성질, 본질은 같은 것이 있다는 것이다.

본질은 모든 시작이자 근원이다.
시작이자 근원이 같으면 뿌리가 같고 같은 열매를 맺는다.
같은 동질감과 같은 의미의 어떤 귀함을 공유한다.

일원(一元)은 하나의 뿌리이자 본체이다.
하나의 근원이자 본체에서 나왔으니 모두 하나이다.
다르지 않은 하나가 있다.
이 세상의 모든 존재를 하나로 연결시켜 준다.
인류의 역사가 시작하기 이전부터 지구가 생성되기
이전까지 존재의 근원으로 돌아갈 수 있다.
만들어진 것은 사라진다.

만들어진 것은 본질이 아니다.

만들어진 것은 전체가 아니라 전체의 일부이다.

부분은 뿌리가 될 수 없다.

본질은 그 자체로서 하나이다.

하느님을 섬기는 종교가 있다.

과학에는 거대한 파괴라는 빅뱅이 있다.

이 세상은 서로 의지해서 생긴다는 연기설도 있다.

만물의 시작은 불, 물, 로고스, 변화 자체라고도 한다.

시작은 무엇이든 하나이다.

하나인 숫자 영(제로)에서 시작된다.

영(제로)은 그 자체가 텅 비어 있다.

영(제로)이라는 의미를 세상에서는 다양하게 부르게 된 것이다.

각자의 종교, 과학, 철학, 정치 등에서 구분해서 말한다.

구분은 서로 알아볼 수 있는 특징을 기본으로 한다.

구분은 결국 하나가 아니다.

그들 각자의 시스템을 유지하고 존재하기 위해 만든 것이다.

이름은 분리의 세계를 나타낸다.

근원은 분리되지 않는다.

불이(不二)는 둘로 분리되지 않는다.

그래서 일원(一元)이 되며 모든 것의 근원이 된다.

천부경처럼 일시무시일(一始無始一), 일종무종일(一終無終一),

하나의 시작은 없음에서 시작해서,

하나의 마침은 없음으로 다시 종결된다.

참된 진리는 영원하다.
영원한 것은 만들어지지 않는다.
영원한 것은 결국 시작도 끝도 없다.
시작도 끝도 없는 것은 결국 근원이다.
그 근원은 결국 하나이다.

불이(不二)는 둘은 있지만 다르지 않은 것이 있다는 것이다.
일원(一元)은 근원이 하나이다.
둘이 같지 않지만 근원은 하나이다.
본질은 모두 하나이다.

진리는 변하지 않는 근원이며 하나이다.
하나는 전체이며, 전체는 하나이다.
이 세상은 하나의 근원이며, 사람은 이 세상의 근원이다.
모두 다르지만 같은 본질이며, 같은 근원을 가진다.

불이일원(不二一元)은 이 세상을 자유롭게 살게 한다.
모두 다르지만 모두 하나이다.

모든 경계가 사라진 하나이지만 모든 경계를 가진 각각이다.
하나가 전체이며, 전체가 하나이므로 소통한다.
모든 것이 허락되며, 모든 것이 존중된다.
하나는 본래 나이다.
나는 본래 구분되지 않은 근원이지만

하나의 꽃이 되어 이 세상을 살아간다.

사람은 근원이 모두 같다는 본질의 세계와 보이는 형상이자
이 세상인 다름의 세계를 함께 경험하고 배워야 한다.
불이일원(不二一元)은 우리에게 위대한 평화를 준다.

모두 것은 같은 근원이지만
각자의 삶,
꽃과 열매를
모두 자유롭게 허락해 준다.

⚜ 불이는 둘이 아니라 모두 다르지 않은 같은 것이 있다.
　　일원은 하나의 근원에서 모든 것은 시작되었다.
　　　다르지 않은 하나의 근원이 자유를 준다.

39. 위대하고도 위대한 깨우침, 진아(眞我)

나는 누구인가?
나는 바로 그것이다.
나는 있다는 것이다.
나는 있는 그대로이다.
나는 의식을 넘어선 그것이다.

나를 깨달은 것이 진아(眞我)이다.
나는 무심이며 무심이 진아이다.
진아는 그저 나일 뿐이다.
본래의 나, 처음의 나, 있는 그대로의 나일 뿐이다.

아주 멀리 왔다.
나는 자아라는 세상을 넘어 너무 멀리 왔다.
자아로서 살아온 이 세상에서 완전히 멀어졌다.
하지만 진짜 나에게로 와야만 한다.
진정한 나를 만나면 다시 자아로 돌아갈 수 있다.
이때의 자아는 진아의 자아이다.
자의식이라는 독이 빠진 순수한 자아이다.
순수한 자아는 세상에서 그대라는 생각 없이 자유롭게 산다.

진아는 힌두교에서 사용하는 깨달음을 상징하는 단어다.
라마나 마하리쉬께서 주로 사용하신 침묵과 더불어 자아를 넘어선 진짜 자기를 진아라고 한다.

샷 찌뜨 아난다라는 산스끄리뜨어는 참된 지복을 표현한다.

샷은 존재, 찌뜨는 의식, 아난다는 지복을 상징한다.

존재는 자의식이 없는 의식이며, 오직 지복만이 자각되는

순수 의식이다. 진아의 다른 표현이기도 하다.

자아를 넘어선 진짜 자기를 진아라고 한다.

진아는 자아의 진정한 성장과 초월이다.

자의식이라는 말나식이 제7식을 넘어서면 일종의 무의식이며

모든 것을 저장하는 아뢰야식(장식)인 8식이다.

자의식을 벗어나야 온전히 자아의 생각을 볼 수가 있다.

나라고 여겨지는 몸, 감정, 생각을 넘어서 무의식에서

또 다른 나를 보는 것이다.

자의식인 제7식을 벗어나면 잠에서 깨어나듯 무의식이 깨어난다.

무의식인 주시자가 처음에는 세상을 자각하다가 주시자

스스로를 자각하는 것이 '진아'이다.

무의식에 주시라는 의지를 전달할 수 있으면

무의식은 빛에 의해 세상이 드러나 듯 잠에서 깨어난다.

무의식이, 성품(性品)의 특징인 빛이 되니 그것이 진아의 발현이다.

불교에서는 자아가 없는 무아나 공성(空性)이 바로

성품이라는 반야심경이 있다.

우리에게 익숙한 반야의 실체가 들어남이 공성이며,

반야의 공성을 자각하는 자의식을 넘어선 무의식을

쓸 수 있는 자각이 진아이다.

색즉시공, 공즉시색 즉 물질이 바로 텅 빈 공이며,

텅 빈 공이 바로 현상의 모든 물질이며, 세상이다.

모든 것이 공이며, 물질이다.

허공을 통해 스스로를 자각하는 깨어남이 바로 주시이고

주시자가 스스로 자각하는 주체임을 깨닫는 순간

진아는 활동한다.

진아는 스스로 자각하는 무의식이다.

마하리쉬의 가장 중요한 가르침이자 핵인 진아에 대한

가르침이다. 자기탐구회에서 법보시로 출간한 《진아여여》

라는 책에서 인용했다.

진 아

그것 안에서 이 모든 세계가 존속하며,

그것이 이 모든 세계를 소유하며,

그것으로부터 이 모든 세계가 일어나며,

그것을 위하여 이 모든 것이 존재하며,

그것에 의하여 이 모든 세계가 존재하게 되었으며,

그것이 실로 이 모든 것이기도 한 것,

오직 그것만이 존재하는 실재이다.

마하리쉬는 묻는다.

그대여, 그대라고 묻는 나는 누구인가?

깊이 들어가 보라. 아주 깊게, 깊게 들어가 나라는
생각이 없는 곳까지 들어가 보라.
그러면 드러난다.
자의식이 없는 순수한 지복이 진아라고 들어 난다.
위의 진아라는 글에서 보여 지듯이 모든 것은 진아이며,
우리 자신도 본래 진아이다.

나는 누구인가?
모든 생각과 행위의 주체인 나를 진정으로 탐구하다 보면
나라는 자의식을 넘어서 볼 수 있다.
처음에는 주시자가 나타나다가 결국에는 주시자가
지복으로 서서히 하나가 된다.
존재하는 것이 의식이며 지복이다.

의식이 모두 지복이며 존재이다.
지복이 모두 의식이며 존재이다.
결국 존재는 지복과 같고, 의식과 동일하다.
전혀 다르지 않고 같다.

이 세계는 존재에서 태어나 존재로 돌아간다.
이 세계는 의식에서 시작해 의식으로 돌아간다.
이 세상은 지복에서 태어나 지복으로 돌아간다.

나는 누구인가?
나는 존재의 전체이며,
의식의 전체이며, 지복의 전체이다.

더 이상 분리가 없다.

분리가 없으면 고통이 사라진다.

고통이 사라지면 모든 것이 지복이다.

모든 것에서 깨어남이다.

당신이 바로 존재이며, 의식이며, 지복이다.

이 세상의 모든 것이 자아라고 생각하는 자의식을 넘어

무의식을 함께 사용해야 한다.

그것이 바로 나라는 자아나 자의식이라는

깊은 잠에서 깨어남이며, 거듭 태어남이다.

부분적인 자신에서 전체적인 자신으로 올바른

참된 자아를 만나고 찾게 된다.

진아는 어떤 말이 아니다.

존재의 진실이 생생하게 드러난 실재이다.

그대의 의식이 생생하게 느끼는 지복이다.

세상을 볼 때 오직 황홀한 충만감으로 그대는 지복이 된다.

지복이 그대 전체를 충만하게 한다.

그대 안에 있는 의식이 외부로 향하든, 내부로 향하든

그대는 충만감으로 넘치는 지복이 된다.

안으로 보면 그것은 고요함이다.

밖으로 보면 그것은 평화로움이다.

그냥 있으면 있다는 것, 그것은 존재함이다.

모든 것이 자유이다. 모든 것이 자유롭다.

나 없이, 나라는 생각이 없이,
나라는 자의식이 없이, 순수한 하나만 존재한다.

그래서 힌두교 성자들은 말한다.
나는 누구인가?
나는 진아이다. 또한, 그대가 바로 진아이다.
나는 그것(진아)이다. 또한, 그대가 그것(진아)이다.
다른 것은 없다고 한다.

그대는 '삿 찌뜨 아난다'이다.
모두 무심이다. 모두 자각이다.
진아는 이러한 모든 표현의 중심에 있다.

잠시 눈을 들어 하늘을 보자.
하늘에 하나의 별이 반짝인다.
그 별이 어느 순간 그대 가슴(심장)과 하나가 된다.
그대가 가슴이 되고 별이 된다.
별이 그대를 충만감이나 환희로 하나가 되게 한다.

그대는 진아라는 별이 된다.
그대의 가슴에서 별을 찾아 진아가 되면 된다.
별과 그대가 하나이듯이 그대의 의식은 진아라는 별이 된다.

🍀 진아는 모든 것의 존재이며, 의식이며, 지복이다.
　진아는 '모든 것의 모든 것'이다.
　　진아는 나와 그대가 자유임을 선물로 준다.

40. 모든 순간이 신비로 가득한 놀이, 바보

순수한 바보는 진정한 현자이며,
현자와 전혀 다르지 않다.

이 세상을 초월하고 넘어서면 정말 바보가 된다.
이 세상에 몸은 있으나 마음은 세상에 있지 않아서,
사람들과 전혀 소통이 되지 않는다.
세상에서, 일과 의무가 사라지고, 책임도 없어진다.

세상에서 아무 쓸모가 없으니, 그는 진정한 바보가 된다.
무엇을 물어보아도 동문서답이다.

이곳에 있다고 해도 전혀 함께 있지 않는다.
그는 자의식이 없어, 그의 이름을 벗어나 있다.
그의 몸이나, 생각이나, 마음을 넘어서 있다.

세상의 이름이라는 관계도 이제는 그를 구속할 수가 없다.
이제 그는 신의 세계에서 살아간다.
숨을 쉬면 두 눈은 하늘에서 떨어지는 꽃을 본다.
허공에서 꽃이 피고 향기에 취한다.

모든 것이 그저 아름답다.
모든 것이 그저 행복하다.

모든 것이 그저 자유롭다.
모든 것이 그저 평화롭다.

바보는 그저 아름다운 인간이다.
아침에 밥 먹고 저녁이면 잔다.
이 세상은 꽃이 만반한 아름다운 정원이다.
사람은 그저 이 세상이라는 꽃의 정원에 소풍을 왔다.
그저 놀이가 전부다.

바보에는 2가지 바보가 있다.
완전하게 무지한 바보와 완전하게 지혜로운 바보이다.
무지한 바보는 자신을 모르는 바보이다.
지혜로운 바보는 무지를 깨닫고 자신을 아는 바보이다.

바보는 순수하다. 아이처럼 순수하다.
아이는 세상을 아무것도 모르는 천진난만한 순수함이 있다.
어른은 세상을 받아들여 혼탁함으로 자신을 모르는 자가
되었지만, 다시 순수함으로 정화된 어른은 아이와 같아진다.
어른이지만 그의 머리는 비어지고 다시 아이가 된다.

아주 아름다운 선의 이야기가 있다.
어느 유명한 선사가 있어, 그를 따르는 제자가 아주 많았다.
하루는 한 젊은이가 선사의 제자가 되어 스승님의 최고
가르침은 어떤 것이냐고 묻는다.
스승은 질문에 답한다.
나는 배고플 때 밥 먹고, 잠잘 때 잠만 잔다.

스승의 답에 제자는 말문이 막힌다.
"그게 무슨 최고의 가르침 입니까?
저도 밥 먹을 때 밥 먹고, 잠잘 때 잠잡니다."라고 한다.
스승이 다시 말한다.
세상 사람들은 밥 먹을 때 머릿속에 세상이 있다.
그의 머리는 비어 있지 않고 밥만 먹을 수 없다.
물론 잠을 잘 때도 마찬가지다.

낮에 일어난 세상이 그의 잠 속으로 찾아든다.
그의 잠은 세상의 무거움이나 사람들로 머리를 꽉 채운다.
정말 아름답다!

선사들의 이야기는 "이게 뭐 꼬.", "다야?"
그들은 세상에 살지만, 세상을 초월해서 산다.
사는 방식이 일반인하고 조금도 다르지 않고, 가르침을 전달하고자
할 때도 너무나 평이해서 조금도 특별하지 않다.

조주선사께서 어느 좋은 날에 손님을 맞는다.
손님은 묻는다.
"스님, 제가 도(道)에 관심이 많아 이렇게 찾아왔어요.
가르침을 주시기 바랍니다."
간절하게 절하면서 답을 기다린다.

조주 스님은 말한다.
"잘 오셨네, 먼 길 오느라 수고가 많았으니
우선 차 한 잔 하게."

손님은 차를 공손하게 먹는다.
그러고는 아주 고맙다고 인사를 하며, 가르침을 귀하게
간직하고 살겠다며 하면서 자리를 뜬다.
이때 한 제자가 벽 뒤에서 스님과 손님과의 상황을 다 보고
의아해하면서 묻는다.
"스님, 오신 분에게 무슨 가르침을 주었는지
도통 모르겠습니다.
그저 차 한 잔을 주었는데, 무언가 귀한 가르침을 받았다며,
좋아서 돌아가네요.
그 가르침이 무엇인지 저도 알려 주세요."라고한다.
스님은 제자에게도, "너도 차 한 잔 하거라."라고 하면서
이야기는 끝이 난다.

지금 이글을 보는 분들도 몹시 궁금해할 것이다.
그들에게 무슨 일이 일어났고, 어떤 가르침이 전달되었고,
어떤 깨우침이 있었는지?
이 글을 읽는 독자들도 지금 이 순간 제가 준비한
'차 한 잔' 하세요.

차 한 잔 속에는 아무것도 없다.
'지금 이 순간'을 담고 있을 뿐이다.
'오직 이 순간'만 있다.
당신의 머리는 잠시 잃어버리고 차(茶)만 있다.
차는 당신이 된다.
차가 바로 당신을 순수한 지금으로 하나 되게 한다.
비밀은 도약에 있다.

어떤 스님이 가르침이 무엇이냐고 묻는 제자에게
손가락으로 달을 가리키며 보라고 한다.
제자는 스님의 손가락에 온 마음과 정신을 집중한다.
어느 제자는 달까지 날아간다.
하지만 대부분 제자들은 그저 손가락만 본다.
손가락이 아니라 가리키는 것은 황금처럼 빛나는 달이다.
그대의 머리를 완전하게 비출 달이다.

한 잔의 차에는 달과 같은 기능을 한다.
당신은 한순간에, 차에게 완전히 홀리거나 빠져 버린다.
순수한 바보가 된다.
세상을 잠시 동안 완전히 잃어버리거나, 마음에서 사라진다.
당신은 오직 차가 된다.
순수한 차만 존재하게 된다.

차를 마신 당신은 가르침의 진수를 얻은 것이다.
정말 단순하다.
차를 마실 때 차만 마셔라.
밥 먹을 때 밥 먹고, 잠잘 때 잠을 자면 된다.

춤추고, 노래 부르고 술을 마시는 것을 종교적인 의식으로
삼는 수도승이 있다. 그들은 주어진 삶을 거부하지 않으며
춤과 노래, 외침과 술 속에서 존재의 환희를 체험하고,
황홀한 무아경에 도달하여 신에 이르는 자들, 하시드이다.
성자가 되기를 거부한 수도승(마리틴 부버, 푸른 숲)에서
가려 뽑은 아름다운 이야기로 함께 가 보자.

「찬란한 빛과 수많은 신비로 가득 차 있는 어느 날
수도승이 신에게 말한다.
"우주의 주인이시여, 부디 저를 해방시켜 주십시오.
만일 그것을 원하지 않으신다면 저를 제외한 나머지
세상을 해방시켜 주십시오."

다른 수도승은 말한다.
"삶의 어떤 길을 가더라도, 늘 당신이
어디로 가고 있는가를 생각하라.
그리고 '나는 누구인가.'라는 질문을
항상 간직하고 달아나지 말라."

슬프면 슬피 울라.
그러나 무엇이 참 슬픔인가 알아보라.
당신이 어디로 가고 있는지도 모르고,
또 자신이 누구인지를 알려고 하지 않는 것,
그것이 참으로 슬픈 것이다.」

살아 있으되 지금을 살아라.
이 세상을 거부하지도 말고 오직 삶을 하나의 노래로,
한 잔의 술로 채워라.
그대는 하나의 춤이고, 노래이고, 술이 된다.
존재가 그대를 춤으로, 노래로, 술로
황홀한 무아경에 이르게 한다.

춤추고 노래하면, 하늘에서 별이 떨어지고,

허공에서 꽃이 핀다.
세상은 하나의 신비가 그대에게
황홀한 마술을 부릴 것이다.

삶을 사랑하라.
삶을 온전히 받아들이고, 오직 사랑하라.

세상에는 많은 바보가 있다.
우리는 현자로서 거듭나는 어른의 바보가 되어야 한다.
지금 이 순간에 삶이 주는 노래, 침묵, 외침, 술에
춤추어야 하고 취해야 한다.

삶의 모든 순간이 축복이 되고, 선물이 된다.
그대는 이 세상을 살지만 세상의 기준, 가치관, 철학을
넘어서 있다.

그대는 순순한 바보이다.
자유롭고 행복한 바보이다.
아이처럼 순수한 바보이다.

이해타산이 없고 계산을 넘어서 있다.
오직 순수한 지혜로움이 바보가 될 수 있다.
세상을 진정으로 밝히는 하나의 길이 된다.
사람과 일상에서 살며, 사람을 사랑으로 안아 준다.

바보는 새로운 인간의 시작이다.

타로카드에서 0(영)번 카드, 바보카드이다.
순수하게 다시 삶을 살아간다.

어느 사람에게 차 한 잔을 대접하거나,
어느 때는 춤, 노래, 술, 큰 소리로 사람들에게
삶의 비밀을 공유한다.

자신은 한 잔의 차며, 춤과 노래임을 알게 한다.

그대에게 차 한 잔을 올리면서 존경을 담는다.
그대여, 삶의 춤 속으로 노래 속으로 녹아들어라.
그대여, 순수한 바보가 되어라.

♧ 바보는 순수하며, 자유롭고 행복하다.
　　바보는 자신을 깨우쳐 아는 지혜로운 현자이다.
　　　오직 현재에 살며, 삶은 하나의 노래이자, 춤이 된다.

제5장

명상 메시지

41. 세상, 즐겁게 배워요

좋은 괜찮은, 두 개의 세상, 좋은 아침, 오해1~3, 이해1~3,
이해를 돕기 위하여, 존중하라, 태초에, 인생극장, 선택
인생은 미완성, 무엇이 꿈인가, 일, 부자, 인간관계, 건강,
휴식, 혼란, 어머니, 산다는 것은, 잘산다는 것은, 나의 할 일

42. 가슴, 따뜻하게 느껴요

변화, 자연, 가슴 떨림, 새로움, 하나의, 잘 그리고 알아서 · 대충,
따라서, 성공, 조금 특별해요, 소중해요, 아는 사람과 모르는 사람,
안다는 것, 왜, 어떻게, 보는 것, 사랑, 호흡, 꽃, 기도,
배움에 대하여 1~4, 원하는 것 이루기, 역지사지, 서로 존중해요

43. 지혜, 밝은 빛으로 살아요

가장 큰 것, 누구에게는, 무엇은, 어리석음, 바보1~2, 덕분에,
한순간, 원래1~2, 건망증1~6, 자유1~4, 믿음, 스승, 언젠가는,
전체는, 마음, 나, 이름, 주인, 선물, 말, 리쉬요가, 자타불이

41. 세상, 즐겁게 배워요

좋은 괜찮은

좋은 사람이 되고자 하니
괜찮은 사람이 되었다.

좋은 음식을 만들고자 하니
괜찮은 음식이 되었다.

좋은 책을 쓰고자 하니
괜찮은 책이 되었다.

좋은 무엇이 되고자 하니
괜찮은 무엇이 된다.

두 개의 세상

눈에 보이는 세상이 있다.
눈에 보이지 않는 가상 세계, 인터넷 세계가 있다.

예전에 사람은 주로 말을 통해서 대화했다.
오늘날 사람은 채팅을 통해서 대화한다.

예전에는 종이에 글을 써서 책이나 글을 보냈다.
요즘은 이북이나 이메일이 있다.

예전에는 돈을 주고 물건을 직접 사고팔았다.
요즘은 어떤 페이, 어떤 코인, 플랫폼에서 한다.

보이는 세계와 보이지 않는 세계를 살아야 한다.
아날로그와 디지털이 공존한다.

하나의 세상도 배우기 어렵고 살기 힘이 드는데
이제는 2개의 세상을 기본으로 살아야 한다.

좋은 아침

밤새 잠을 잘 잤다.
숨을 쉬고 눈을 떴다.
세상이 보였다.

아침이 되었다.
나는 이렇게 말한다.
좋은 아침입니다.

오늘이라는 세상이 눈앞에 있다.
지금이라는 현재가 있다.
나라는 세계가 마술처럼 열렸다.

괜찮은 아침입니다.
날마다 나의 세상을 여는 것이다.
바로 나만의 세상을 사는 것이다.

여러분 좋은 아침입니다.
매일 당신의 세상입니다.

오해 1

내가 혼자일 때
이런 생각이 든다.

나는 무엇을 알고 있다.
내가 하는 일은 거의 언제나 맞다.

나는 나를 알고 있다.
내가 하는 일은 거의 언제나 잘한다.

나는 나를 좋아한다.
그런데 나는 나를 잘 대하지 못한다.

나는 나를 통제할 수 있다.
내 생각은 언제나 너무 빨라 어떻게 못한다.

오해 2

내가 다른 사람과 만날 때
이런 생각이 든다.

나는 너를 알고 있다.
너는 왜 너만 옳다고 고집하니

나는 너의 입장을 알고 있다.
너는 이 순간 맞지 않아.

나는 너의 말을 잘 듣고 있다.
나는 그의 목소리가 아니며 나의 귀로 받는다.

나는 너의 생각을 이해한다.
내 생각도 보지 못하면서 너의 생각은 잘 보인다.

오해 3

내가 혼자서 세상을 생각한다.

이 세상은 진리가 있다.
하늘에, 땅에, 사람에게도

사람은 모두 선해야 한다.
자기 자신에게, 다른 사람에게

사람은 모두 이기적이다.
모두 자기 자신만을 위해서 산다.

이 세상은 모두 차별이 없이 소중하다.
그중 내가 가장 소중한 생각이 든다.

이 세상은 참으로 아름답다.
못 생긴 사람과 욕심의 대상인 물질이 넘쳐 있다.

이해 1

같이 보는 것이다.
같게 보는 것이다.

다름을 다르게 보는 것이다.
같음을 같게 보는 것이다.

이름일 때 같은 이름을 말한다.
이름일 때 같은 이름을 듣는다.

상대방이 줄 때 받는 것이다.
상대방이 주는 것을 받는 것이다.

내가 줄 때 상대방이 받는 것이다.
내가 주는 것을 상대방이 받는 것이다.

이해 2

누군가에게 나는 초대를 받았다.
나는 누군가에게 초대를 주었다.

누군가에게 초대할 일이 일어났다.
나에게 누군가에게 초대받을 일이 일어났다.

누군가에게 초대는 나에게 줌을 보여 주는 일이다.
나에게 초대는 누군가에게 받음을 보여 주는 일이다.

누군가에게 초대를 받았다.
초대받은 나는 누군가에게 같은 것이다.

나는 누군가에게 초대를 주었다.
초대한 누군가는 나에게 같은 것이다.

누군가가 초대라는 이름을 나에게 말한다.
나는 초대라는 이름을 누군가에게 듣는다.

이해 3

내가 나에게 이런 말을 한다.

무엇에 대해 잘 모른다.
그래서 매일 공부한다.

무엇에 대해 말하기 어렵다.
그래서 매일 사람들의 이야기를 듣는다.

무엇에 대해 결정하기 어렵다.
그래서 무엇에 대해 천천히 생각한다.

무엇에 대해 '왜 그럴까'를 생각한다.
그래서 무엇의 실체와 그 이유를 알아본다.

이해를 돕기 위하여

무엇인지 잘 보아라.
무슨 뜻인지 잘 들어라.

멀리 있으면 가까이 가서 보아라.
가까이 있으면 뒤로하여 분명하게 보아라.

뜻이 분명하게 들리지 않으면 더 물어보아라.
그 의미가 같은지, 다른지.

천천히 보고 듣는다.
여유롭게 살피고 알아본다.
나와 다르다고 생각한다.
잘 모른다고 듣는다.
배우려고 듣는다.
왜 그럴까하고 듣는다.
결정을 느리게 기다린다.

그러면 무언가 생긴다.
그 어렵다고 하는 이해라고나 할까?

존중하라

너는 너고 나는 나다.
너가 있고 나가 있다.

너는 나와 다르다.
너는 나와 같지 않다.

너는 내 것이 아니다.
나는 너의 것이 아니다.

나는 나만의 주인이다.
너는 너만의 주인이다.

나의 것은 내가 결정하고 관리한다.
나의 몸, 감정, 생각, 물질이다.

나의 것을 내가 하는 것이 존중이다.
너의 것을 그대로 두는 것이 존중이다.

태초에

모든 것의 처음에는 이름이 없다.
원래 있는 것 바로 있다는 것이 존재한다.

있다는 것(존재)은 움직임이 없는 있음으로 움직인다.
"옴" 하고 처음으로 소리가 생겼다.

소리는 진동으로 움직인다.
소리가 진동하니 빛이 생겼다.

빛은 밝음으로써 움직인다.
빛이 밝게 빛나니 모든 형상이 갖추어졌다.

형상은 높고 낮음(구별됨으로)으로 움직인다.
형상이 움직이니 이름이 만들어졌다.

이름은 소리를 통해 실체를 움직인다.
이름이 실체를 움직이니 말이 만들어졌다.

말(언어)은 실체를 생산하여 움직인다.
말이 이름을 생산하니 세상이 만들어졌다.

세상은 만물을 기르며 움직인다.
세상이 만물을 움직이니 하늘, 땅, 사람이 만들어졌다.

인생극장

사람은 인생이라는 자기만의 극장이 있다.

극의 작가가 되기도 한다.
극의 다양한 역할인 주연, 조연, 단역을 한다.
극을 촬영하여 상영도 한다.
극장을 열어 손님을 받아 평가도 받는다.

작가는 다양한 인생을 시간으로 풀어낸다.
배우는 다양한 역할을 몸으로 연기한다.
감독은 스토리와 배우를 엮어 작품을 만든다.
관객은 모든 인생을 종합해서 평가한다.

선택

선택은 인간의 자유이자 구속이다.

아침에 일어나서
더 누워 있을까 일어날까 한다.

밥 먹을 때 이 반찬을 먹을까
저 반찬을 먹을까 한다.
때론 한 번 건너뛰기도 한다.

친구를 오후에 만날 때
저녁에 만날까 생각한다.

나는 어떤 직업을 가질까?
나는 어떤 사람과 같이 살까?

매 순간 보이는 접하는 모든 것들이
하나의 선물이자 고통이다.
하나를 얻으면 나머지는 다 잃는다.

선택은 선택하지 않는 것도 선택이다.
선택은 다른 이의 선택을 당하는 것도 선택이다.

인생은 미완성

인생은
원하는 모든 역할로 살 수 없다.
원하는 모든 것을 할 수 없다.

인생은
원하는 모든 사람과 살 수 없다.
원하는 모든 사람과 함께할 수 없다.

인생은
원하는 않는 것을 할 때가 아주 많다.
원하지 않는 것을 할 때가 자주 반복된다.

인생은
잘사는지 못사는지 알 수가 없다.
잘하는지 못하는지 알 수가 없다.

인생은
모든 사람이 원하는 것이 다르다.
모든 사람이 원하는 순간이 다르다.

무엇이 꿈인가

잠을 자니
밤새 머릿속에서 보여 주는 것.

아침에 수박이 먹고 싶어
수박을 잘라 먹는 것.

자전거를 타고 싶은 아이가
도로를 즐겁게 질주하는 것.

좋아하는 사람을
하루 온 종일 생각하는 것.

좋아하는 사람을 위해
그 사람이 원하는 것을 해 주는 것.

나는 다른 사람이 되고 싶고
다른 사람은 내가 되고 싶어 하는 것.

나는 누구인가를 바르게 알아내고
그가 원하는 무엇을 이루는 것.

일

일은 노동이다.
노동은 지치게 하고 힘들고 따분하다.
노동은 사람을 빨리 늙게 한다.

일은 어른 세계의 생존 능력이다.
측정하는 점수는 월급이나 자산의 총계가 된다.
좋은 점수는 많은 선택권이 주어진다.

일의 종류는 자영업, 회사원, 사업가, 투자가가 있다.
돈을 가장 크게 버는 직업은 무엇일까?
돈을 가장 빨리 버는 직업은 무엇일까?

일은 보상이다.
일은 돈을 벌어 좋은 목적을 위해 쓰인다.
돈을 잘 써야 좋은 보상을 받는다.

일은 나이가 보장되는 정년이 있다.
일은 중간에 멈추는 조기 퇴직이 있다.
일은 중간에 갈아타는 전직이 있다.

일은 인격이 아니라 능력을 사고판다.
일은 나이가 아니라 직함이 얼굴이다.

부자

돈을 많이 가지고 있다.
시간을 많이 가지고 있다.

사람을 많이 가지고 있다.
일을 많이 가지고 있다.

여유를 많이 가지고 있다.
기다림을 많이 가지고 있다.

지식을 많이 가지고 있다.
지혜를 많이 가지고 있다.

경험을 많이 가지고 있다.
관심을 많이 가지고 있다.

허락을 많이 가지고 있다.
존경을 많이 가지고 있다.

사랑을 많이 가지고 있다.
사랑받을 것을 많이 가지고 있다.

인간관계

사람과 사람 사이가 관계다.

나와 나와의 관계가 처음이다.
몸과 이름을 가지고 관계한다.
반성을 통해 매일매일 만난다.

나와 혈연의 관계가 가족이다.
아버지, 어머니를 중심으로 위, 아래와 관계한다.

나와 나이가 같은 학교 친구가 있다.
나와 좋아하는 것이 같은 가까운 친구가 있다.
나를 이해하는 진정한 친구가 있다.

나와 성이 다른 남자 또는 여자가 있다.
나와 뜻이 같은 동지와 다른 적이 있다.
나보다 먼저 세상에 나온 선배가 있다.
나보다 늦게 세상에 온 후배가 있다.

건강

아침이 되어 같은 시간에 일어났다.
어깨가 가볍고 몸이 거뜬하다.

세면을 하고 가족과 함께 아침을 먹는다.
먹는 밥과 반찬이 아주 맛있고 적당한 양을 먹으니 좋다.

집을 나와 세상 사람들을 보니 즐겁다.
하늘이 맑고 저 멀리 푸른 산과 공기가 시원하다.

직장에 도착하여 동료들과 웃음으로 인사를 한다.
내 자리에 앉자 오늘 할 일을 돌아보고 순서를 정한다.

오늘 할 일을 모두 마치고 퇴근 시간이 되었다.
동료들과 인사를 하고 집으로 향한다.

다양한 사람들이 웃음으로 오늘이 즐거웠음을 보인다.
나도 또한 웃음으로 나에게 잘했다고 응원한다.

저녁을 같이 먹고 각자 휴식과 하루를 돌아본다.
잠자리에 누워 나에게 깊은 감사를 전하면서 잠을 청한다.

휴식

잠시 세상을 벗어나는 일이다.
세상이라는 기준을 자신에게 사용하지 않는다.

잠시 자신이라는 역할을 잊는 것이다.
나는 있으나 하는 일을 잠시 중단한다.

생각을 잠시 멈추는 일이다.
생각이 갈 길을 멈추니 머리 쓰는 일이 멈춰진다.

수업 시간이 끝나면 학교를 나오게 된다.
집이나 놀이터, 산이나 숲, 헬스클럽이나 도서관으로 간다.

일을 끝나면 놀러 나온다.
역할이라는 아주 무거운 짐을 내려놓을 수 있다.

나는 나이지만 아버지이고 아들이고 학생이면서 직장인이다.
나는 나의 모든 기능과 역할을 놓는 것이다.

나와 나, 나와 사람, 나와 세상의 기준
전부를 잠시 내려놓으면 휴식이 일어난다.

혼란

오늘이 가장 소중하다고 하는데
매일매일 오늘이라고 한다.

내가 가장 소중하다고 하는데
돈을 위해서 하루 종일 일한다.

신뢰가 사람 사이에서 가장 소중하다고 하는데
오늘 다르고 내일 다른 나와 너가 만나고 있다.

어떤 이는 웃으면 복이 온다고 하고
어떤 이는 웃으면 복이 달아난다고 한다.

한 방울의 물이 바위를 뚫는다고 한다.
물은 바위보다 약하다고 하는데…….

어머니

참 고맙습니다.
두 눈을 열어 세상을 나에게 선물로 주셨네요.

참 감사합니다.
가슴을 열어 다른 사람을 사랑으로 대하게 합니다.

참 사랑합니다.
내 몸을 주기 위해 모든 음식을 나누셨네요.

참 행복합니다.
심장에 호흡을 주어 가슴에서 꿈이 숨을 쉽니다.

참 기쁩니다.
당신을 통해 이 세상을 아름다운 꽃으로 만들어 갑니다.

산다는 것은

먹는 것이다.
말하는 것이다.

생각하는 것이다.
관계하는 것이다.

일하는 것이다.
노는 것이다.

배우는 것이다.
잃는 것이다.

함께 사는 것이다.
헤어지는 것이다.

태어나는 것이다.
죽는 것이다.

숨을 쉬는 것이다.
숨이 멈춰지는 것이다.

잘산다는 것은

잘 먹고 잘 잔다.
잘 말하고 잘 생각하는 것이다.

돈 많이 벌고 만족해서 쓰는 것이다.
잘 놀고 잘 배우는 것이다.

좋은 사람과 만나고 대화하는 것이다.
좋은 사람과 함께 먹고, 자고, 사는 것이다.

원하는 일은 하고, 이룬다.
원하는 곳을 가고, 체험한다.
원하는 무엇을 허락하고 함께한다.
원하는 것을 원하는 사람에게 준다.
원하는 것을 알고, 가까이 가서 얻는다.

그저 원하는 것을 아는 것이 첫걸음이다.
원하는 것에 이르는 시간이 두 번째 걸음이다.
원하는 것을 얻는 것이 마지막 걸음이다.

원하는 것으로 자신을 향하면 된다.
등 돌리지 말고 오직 한 방향으로 가면 된다.

나의 할 일

나를 가까이하고
좋아한다.

나를 가까이하고
사랑한다.

나를 귀하게 여기며
알려고 한다.

나를 귀하게 여기며
세상을 배우려고 한다.

나를 소중히 대하며
행복하게 한다.

나를 소중히 대하며
다른 사람을 행복하게 한다.

42. 가슴, 따뜻하게 느껴요

변화

닭이 알을 깨고 나오면 병아리가 된다.
굼벵이가 집을 열고 나오면 매미가 된다.

사람이 글을 배우면 지혜가 열린다.
사람이 독서를 하면 새로운 세상을 본다.

어느 식물이 꽃을 피우면 향기가 난다.
참나무가 하나의 열매에서 무한한 열매를 맺는다.

하늘의 별이 가슴에서 쏟아진다.
한 사람을 만나 가슴에서 사랑이 태어난다.

한 소년이 어느 때에 에베레스트 산을 올랐다.
장자가 꿈속에서 나비가 되기도 한다.

자연

사람과 구별된다.
하늘, 땅, 바다, 바람, 강들이 대표적이다.

자연은 우리들에게 요구하는 것이 없다.
자연은 우리를 있는 그대로 둔다.

자연은 아주 큰 생명의 에너지가 있다.
우리에게 에너지를 충전시켜 준다.

자연은 바위처럼 움직임이 없는 것이 있다.
멈춤은 공격하지 않는다는 어떤 편안함을 준다.

자연은 다양한 생물들을 기른다.
동물, 식물, 새, 나무 등 엄청나다.

자연은 우리의 가슴을 사용하게 한다.
꽃을 대하니 예쁘다거나 사랑스럽다는 것이 찾아온다.

가슴 떨림

가슴의 움직임이
가슴 떨림입니다.

가슴은 그대 가슴에
사랑이 꽃으로 피어날 때 움직입니다.

가슴은 그대의 두 눈에
한 사람을 신으로 보게 합니다.

가슴은 그대의 두 눈을
한 나무가 푸름을 간직한 생명이라 여깁니다.

가슴은 그대의 두 귀를
소리의 환희와 기쁨으로 춤추게 합니다.

가슴은 당신을 사랑의 신으로 만들어 줍니다.
사랑의 씨앗은 모든 것에서 일어나게 합니다.

하늘을 날게 하며
모든 세상을 사랑으로 품게 합니다.

새로움

어젯밤 잠 속에서 나는 어떤 세계에서 주인공이었을까?
아침에 꿈을 깨고 일어났다.
숨을 쉬고 두 눈에 보이는 것들이 무척 새롭다.

어린 아이가 어떤 외국인을 처음 보았다.
안녕하세요. 하고 인사를 보낸다.
헬로우, 나이스 투 미튜?

꽃보다 예쁜 16세 나이에 어떤 이성을 만났다.
숨이 순간 멎으면서 두 사람은 서로에게 눈이 맞았다.
심장이 가슴으로 변하는 순간 사랑이라는 마술이 일어난다.

어린 아가가 이 세상에 태어났다.
부모를 보고, 형제를 보고, 친구를 보고, 이성을 만났다.
어느 날 부모가 되어 어린 아가를 선물로 받는다.

내가 알던 나는 없어요.
내가 알던 그이는 없어요.
내가 알던 세상이 없어요.
내가 알던 모든 것들은 없는 거라요.

하나의

호흡이 생명을 살아 있게 합니다.
음식이 몸을 유지시켜 줍니다.
말이 세상을 움직입니다.
뜻이 세상을 변하게 합니다.
눈빛이 사랑을 시작하게 합니다.

시작이 모든 것을 완성시켜 주는 씨앗입니다.
발걸음이 천리를 가게 합니다.
믿음이 지혜로운 사람으로 성장토록 합니다.

사랑이 아이를 태어나게 합니다.
기다림이 생명을 구합니다.
햇살이 꽃을 피웁니다.
나무가 커다란 숲이 되어 그늘이 됩니다.

물이 바다가 됩니다.
구름이 자유가 됩니다.
산이 그 속의 모든 것들을 자라게 합니다.

잘 그리고 알아서 · 대충

가장 어려운 말이 무얼까?
우리가 자주 쓰는 몇 가지가 있다.

누가 묻는다. 너 뭐 먹을 거니?
예. 알아서 주세요.
알아서는 묻는 이에게 다 맡긴다는 것이다.
그런데 대답하는 자는 늘 맡긴 것이 무엇인지 모른다.

또 누가 묻는다. 이것 어떻게 하면 되니?
예. 대충 하면 돼요.
대충도 답하는 자는 너무 쉽다고 한다.
그런데 질문하는 자는 몹시도 힘들고 당황스럽다.

다른 이가 또 묻는다. 어떻게 사는 게 행복할까?
예. 잘살면 돼요.
잘살면 된다고 하는데 잘은 무엇일까?
돈, 가치, 경험, 물건, 선의, 미덕, 부자, 돈 등 잘은
그 많은 것들을 포함하고 있다.
그중 어떤 것을 적용해야 할까?
그중 몇 개나 가져야 잘이 될까?

따라서

세상 사람들 말 중에 아주 현명하다고 여겨지는 말이 있다.
가만히 있으면 중간은 간다고 한다.
아무 일도 하지 않은 채 그저 가만히 말이다.

공부 안하고 있으면 중간은 갈까?
질문에 답하지 않으면 아는 것인가 모르는 것인가?
밥 먹는 자리에서 중간에 수저를 들고 먹으면
밥맛이 중간이 될까?

조금 더 현명해지기로 했다.
질문이 있으면 그냥 질문을 여러 번 따라 해 본다.
밥 먹는 자리에서 누가 먹으면 따라서 먹는다.

너 인생은 무엇이라고 생각하니?
앞선 선배들을 따라 하는 거예요.
너 행복은 어디에 있다고 생각하니?
행복한 사람들의 행동을 하나, 둘씩 따라 가는 거예요.

너 뭐 먹고 싶니? 너 따라서요.
너 어떻게 살고 싶니? 부모님 따라서요.
그냥 질문자의 답을 따라서 하면 답이 된다.

성공

테니스의 황제 페더러는 3살부터 테니스를 해서
2020년 올해까지 메이저대회에서 20번을 우승했다.
주식의 황제 워렌 버펫은 11살부터 주식 거래를 해서
2014년 주식으로 세계 1위 부자가 되었다.

성공은 한 분야를 어려서부터 노력한 자에게 나타난다.
세상에 드러날 때까지 무한한 반복 연습과 훈련이 있다.
그냥 얻어지지 않는다.

성공이라는 자리에 오르면 질적인 변화를 보인다.

평균만큼 가진 사람은 보통 사람으로 산다.
보통보다 뛰어난 사람은 전문가라 한다.
전문가보다 뛰어난 사람을 대가라고 한다.
대가보다 뛰어난 사람을 명인이라고 한다.
명인보다 뛰어난 사람을 아는 자라고 한다.

누구나 자신만의 성공이 있다.
자기 자신에게 삶, 자신이 참여하고 만들어 온 역사.
자신의 인생에서 가장 성공한 명인이다.
아무도 그들이 노력한 양을 넘을 수 없다.

조금 특별해요

가까이 아주 가까이 가면
무언가 사람들이 찾지 못하는 다른 세계가 보인다.

당신 하나만을 오로지 생각하다 보면
당신 하나만이 내 가슴에서 살아 있네요.

꿈을 간절히 아주 오랫동안 잊지 않으면
작은 것들이 모습을 드러내고 이윽고 꿈은 이루어집니다.

매일 보다 보면 조금 알게 되지요.
십 년을 보면 친구가 되고, 백 년을 보면 부부가 되지요.

조금 특별한 것은 가깝거나 오래된 관계에서 시작해요.
한 방향으로 아주 오랫동안 걸어가면 돼요.

소중해요

나는 이 세상에서
오직 저 하나여요.

당신도 이 세상에서
오직 당신 하나입니다.

당신 인생은
오직 당신 거예요.

내 인생도
오직 나의 거예요.

나와 당신에게
하나뿐인 것은 소중합니다.

나는 나에게
당신은 당신에게 그냥 소중히 대하면 되지요.

아는 사람과 모르는 사람

어머니를 처음 본 이후 오랫동안 함께해서
조금 알고 있다고 생각했다.
물론 어머니도 나를 낳았기에 조금 안다고 생각했다.

어머니가 좋아하는 것이 무엇인지 잘 모른다.
인생의 꿈과 의미, 음식, 여행지, 취미, 고통을
그러한 것들은 함께하지 않은 것과 간직하지 못한 것들이다.

나와 함께하는 살아가는 아내(남편)가 있다.
나는 믿고, 함께 먹고, 자고, 생활했다.
하지만 어머니처럼 아는 것이 없다.
그녀의 꿈을 모르고 인생의 의미를 잘 모른다.
물론 내가 아직 찾지 못했고 정하지 못했다.

평생지기라는 20대에 사귄 친구가 있다.
나의 마음을 솔직히 이야기했고 그도 그랬다.
날마다의 일, 가족, 취미 등 일상의 의무가 나와 그를 채웠다.
어느덧 그와 나는 50살이 넘었다.
30대는 1달에 4번, 40대는 1년에 4번, 50대는 얼굴을
못 보고 있다.

우린 아는 친구인가, 가까운 친구인가?
무엇으로 어떻게, 얼마 만에 만나야 아는 사람인가?

안다는 것

나는 평생을 나로 산다.
그것이 나를 알게 하는 것인가?

나는 수많은 사람을 만났다.
그것이 사람을 알게 하는 것인가?

나는 수많은 생각을 사람들에게 말했다.
그것이 내가 알고 있는 것을 전달 한 것인가?

나는 매일 아침, 점심, 저녁에 밥을 먹었다.
그것이 밥을 할 수 있는 것을 아는 것인가?

나는 수많은 책을 읽었다.
그것이 책을 이해한다고 할 수 있는가?

안다는 것은 무엇인가?
그러면 모르는 것은 무엇인가?

왜

제목이 참 짧지요.
하지만 그 힘은 아주 크다.

나는 누구인가?
사람은 무엇으로 행복한가?
우리는 서로 사랑으로 살고 있는가?
내가 행동하는 것은 옳은 것인가?
내 기억, 정보를 말하는 것은 아는 것을 말하는 것인가?

나와 당신은 같은가, 아님 다른 점은?
내가 말하는 것이 옳은가, 당신의 말은 옳은가?
나와 당신 둘 다 옳은가, 아님 다른 것이 옳은가?
나와 다르다면, 옳다고 주장하면 무슨 의미가 있는가?
나와 다르다면, 당신을 맞지 않는다고 할 수 있는가?
세상의 기준, 옳다는 것과 맞는 것인가?
나의 생각과 맞지 않은 것인가?

왜는 다른 말로 나는 모른다이다.
정하지 말고 주장도 말고 고집과 집착도 말자.
왜는 나를 사랑하고 당신의 다름을 사랑하는 것이다.

어떻게

어떻게는 방법이 있다는 말이다.
나는 이렇게 한다.
나는 이런 방법을 안다.
나는 이런 방법을 할 수 있다.
나는 이런 방법을 남에게 알려 줄 수 있다.
나는 이런 방법을 하여야만 한다.

나는 이런 방법에 익숙하다.
나는 이런 방법으로 오랜 시간을 가졌다.
나는 이런 방법을 소중히 간직했다.
나는 이런 방법을 귀하게 대했다.
나는 이런 방법을 아주 좋아한다.
나는 이런 방법이 그냥 좋다.

왜가 먼저일까, 어떻게가 먼저일까?
왜와 어떻게는 나는 모르고, 나는 안다이다.
모르는 마음과 아는 마음을 구분해야 한다.
내 것과 내 것이 아닌 구분을 할 줄 알아야 한다.

보는 것

눈이 눈앞의 것을 본다.
모두 형상이다.

눈이 형상 속의 것을 본다.
모두 느낌이다.

눈이 느낌 속의 실체를 본다.
모두 아는 것이다.

눈이 아는 것의 본질을 본다.
모두 지복이다.

보는 것은 여러 방법이 있다.
보는 눈은 여러 개가 있다.
여러 눈의 사용법을 바로 알면 된다.

사랑

한 방울의 물이 이윽고 바위를 뚫으면서 말합니다.
당신 가슴이 아무리 단단해도 반드시 만날 수 있어요.

백 년 동안 잠들어 있던 공주를
사랑을 담은 키스가 깨어나게 합니다.

한 줌 흙에 사랑의 손길이 지나가니
아름다운 도자기가 태어납니다.

호흡

한 줌의 호흡에서
아가는 사람의 세계로 태어난다.

한 줌의 호흡이 멈추니
인간은 죽음으로 돌아간다.

한 줌의 호흡에
이 세상 전체가 있다.

한 줌 호흡에
이 세상 전체가 사라진다.

꽃

하나의 씨앗에서
자연의 손길이 그대의 모습을 찾아 준다.

파란 줄기를 몸통으로 하고
빨간 몸으로 장미는 세상을 물들인다.

하나의 정자에서
신의 손길이 그대의 생명을 찾아 준다.

꿈으로 자신의 몸을 위대하게 하여
하나의 이름은, 세상에 역사의 길로 기록한다.

기도

그대 자신을 위해 말해 본 적이 있는가?
그대 자신을 위해 누구에게 말을 해야 하는가?

눈을 감고 귀도 잠시 닫아 보라.
오직 그대 혼자일 때가 온다.

그때 기도하라.
그대에게만 기도하라.

말하는 것이 그대에게만 전달된다.
말하는 것이 그대가 된다.

배움에 대하여 1

배우는 것은 자랑하려 배우는 것이 아니라
달라지려고 배우는 것이다.

배우는 것의 가치를 모르면
보물을 얻을 수 없다.

배우는 것을 소중히 여기고
함부로 여기지 말라.

소홀히 대하면
금방 떠나고 잊어버린다.

배움에 대하여 2

크게 믿으면
크게 얻는다.

작게 믿으면
믿는 만큼 작게 얻는다.

의미를 들으면
크게 얻는다.

듣기가 되어
자라고 쌓이게 된다.

묻기도 되며
무한히 통로가 열린다.

배움에 대하여 3

원하는 것을
눈에 보이듯이 정하라.

날마다 소중히 하고
목적지까지 잊지 마라.

시간의 양을 정해
날마다 정성으로 실천해라.

배움에 대하여 4

선배의 말을
귀하게 여기고 간직해라.

선배가 물을 때
솔직히 말하라.

배운 것은
충분히 익히고 말하라.

모르고 쓰면
일이 되고 돈 나간다.

원하는 것 이루기

좋아하는 것이 정해지면
알아보게 그림으로 그려라.

나는 할 수 있다고
자신에게 날마다 외쳐라.

기쁘게 이룰 때까지
계속해서 실천한다.

먼저 잘된 것을 모방하며
다음은 자신만의 방식으로 연습한다.

아는 자에게 배우는 것이
가장 빠른 방법이다.

돈은 세상의 부자에게 배우고
지혜는 마음의 부자에게 배운다.

역지사지

잠시 나를 잊고
상대방이 되어 본다.

그가 되어, 생각하고
대입하고, 변경하고, 돌아본다.

다른 것들이 생생하게
느껴지고 보게 된다.

물어보되 입장을 생각해서 듣고
잘 듣는다고 내 입장을 잊어서는 안 된다.

남의 입장을 알아보는 것이지
무조건 들어주려고 하는 것이 아니다.

내가 맞는다고 가르치려 들지 말라.
잘못하다가 다친다.

나도 이익이 되고
상대방도 잘되는 고급 기술이다.

서로 존중해요

정직하고
솔직하게 대한다.

귀하게 대하고
소중히 여긴다.

꾸미지 말고
비교하지 않는다.

주고받은 말은
혼자만 간직한다.

만일 이야기할 경우
구별할 수 없게 말한다.

존중으로 들으니 보게 된다.
존중으로 들으니 편안하다.

43. 지혜, 밝은 빛으로 살아요

가장 큰 것

세상에서 가장 큰 것을 찾았다.
세상에서 가장 큰 자유가 들어 있다고 한다.
세상에서 가장 좋은 행복이 들어 있다고 한다.

나에게서 시작되었다.
집을 나와 사람들에게 물어보았다.
산 너머로 가 보라고 한다.

이 산 저 산을 넘고 넘어
가장 높은 산에 올랐다.
하늘이 보였다.

하늘을 무한정 바라보았다.
하루 온종일 그렇게 평생을 찾았다.
오직 하늘만을 보았다.

어느 날 누군가 물었다.
무엇하냐고 해서 가장 큰 것을 찾는다고 했다.
가장 큰 것을 아는 사람을 만나면 찾을 수 있다고 했다.

내 앞의 모든 사람을 만났다.

맨 처음으로 가 보니 사람이 없었던 적이 있다고 한다.

사람이 없다면 나는 어디에서 찾아야 하는가?

사람이 없었던 때는 언제일까?

역사 이전인가,

그러면 언어가 없었던 때인가?

언어가 없다면 이름이 없는 것인가?

이름이 없다면 몸도 없는 것인가?

찾고 찾다 보니 무언가 찾았다.

바로 모름이었다.

모름이 세상에서 가장 큰 것이다.

모름이 가장 큰 자유를 주었다.

모름이 가장 큰 행복을 주었다.

누구에게는

아가에게 엄마는 모든 세상입니다.
소년에게 엄마는 세상의 벗어남입니다.
결혼한 이에게 엄마는 추억의 맛동산입니다.
노인에게 엄마는 다음 세계를 안내하는 휴식입니다.

아가에게 세상은 가족입니다.
소년에게 세상은 학교입니다.
청년에게 세상은 군대입니다.
결혼한 이에게 세상은 직장과 가정입니다.
노인에게 세상은 취미 교실과 봉사입니다.

아가에게 돈은 과자입니다.
소년에게 돈은 친구입니다.
청년에게 돈은 이성과의 교제입니다.
결혼한 이에게 돈은 가족의 생계입니다.
퇴직한 이에게 돈은 자존심을 지켜 주는 옷입니다.
노인에게 돈은 건강을 유지하는 약입니다.

무엇은

어떤 이에게는 집은 사랑입니다.
어떤 이에게는 집은 고통입니다.

어떤 이에게는 돈은 자유입니다.
어떤 이에게는 돈은 구속입니다.

어떤 이에게는 사람은 친구입니다.
어떤 이에게는 사람은 원수입니다.

어떤 이에게는 직업은 좋아하는 나라고 합니다.
어떤 이에게는 직업은 내가 아닌 나라고 합니다.

어떤 이에게는 꿈은 인생을 빛나게 하는 생명이라고 합니다.
어떤 이에게는 꿈은 인생을 어둠으로 감싸는 무덤이라고 합니다.

어리석음

하루살이에게 오직 하나의 간절한 소원이 있으니
이 세상을 위해 천 년 동안 기도하는 거라고 합니다.

까만 하늘 위에 살고 있는 별을 따려고
그물을 치는 현명한 어부가 있습니다.

선사께서 하루 오만 가지 생각 중에
가장 잘한다는 것은 집중이라고 합니다.

바다의 깊이를 알려고
잠수하는 소금이라는 모험가가 있습니다.

지구를 한 바퀴 돌아보고 싶다는
달팽이가 있습니다.

달에 사는 토끼를 만나 다시 경주를 하고 싶은 거북이가
오늘도 빨리 달리는 법을 연습하고 있습니다.

아스팔트 위에 꽃을 심어 보려고
땀 흘려 씨앗을 뿌리는 농부가 있습니다.

바보 1

먼저 가까이 오는 사람.
먼저 인사하는 사람.

먼저 솔직히 말하는 사람.
먼저 듣는 사람.

먼저 가슴을 여는 사람.
먼저 머리의 계산을 멈추는 사람.

먼저 자리를 내주는 사람.
먼저 음식을 차려 주는 사람.

먼저 모른다고 답하는 사람.
먼저 알려 달라고 부탁하는 사람.

먼저 당신을 보는 사람.
먼저 자신을 잃어버리는 사람.

먼저 파랑새가 있다고 한없이 찾아본 사람.
먼저 산 너머 무엇이 있는지 수없이 산을 넘어 본 사람.

바보 2

순수하다.
생각도 없고 판단도 없다.

따라 한다.
좋아하는 것만 행동한다.

처음이다.
기억도 없고 나도 없다.

마지막이다.
이 순간만 있고, 이것만 있다.

비어 있다.
받아들이며 축적하지 않는다.

덕분에

하느님 덕분에 이 세상에 태어납니다.
부모님 덕분에 먹고, 자라고, 성장합니다.
가족 덕분에 사회를 배우고 관계를 배웁니다.
학교 덕분에 친구와 이성을 배웁니다.
직장 덕분에 책임과 권한, 경쟁과 홀로서기를 배웁니다.

음식 덕분에 생명을 유지합니다.
옷 덕분에 몸을 따뜻하게 보호합니다.
집 덕분에 편안한 잠과 정착 생활을 합니다.

하늘 덕분에 기도와 청하는 것을 배웁니다.
땅 덕분에 곡식의 자람과 자연의 성장을 배웁니다.
사람 덕분에 다른 세상, 존중과 겸손을 배웁니다.

나는 혼자이면서 덕분에 살아갑니다.
모든 것이 서로에게 덕분입니다.

한순간

당신의 말이 들리기 시작합니다.
당신이 나의 가슴을 열어 줍니다.

당신의 손길이 따뜻하게 전해 옵니다.
당신이 나의 믿음을 단단하게 합니다.

태양이 하늘이 열어 줍니다.
달이 어둠을 초대합니다.

꿈을 이루는 순간을 반드시 맞이합니다.
꿈이 이루어지지 않았으니 반드시 기다려야 합니다.

관계는 이루어지지 않아요.
관계는 그동안 쌓인 모든 것을 물거품처럼 사라지게 합니다.

원래 1

하늘은 하늘이었다.
산은 산이었다.
사람은 사람이었다.

소리는 소리였다.
말은 말이었다.
글은 글이었다.

진실은 진실이었다. 선함은 선함이었다.
아름다움은 아름다움이었다.

평화로움은 평화로움이었다.
침묵은 침묵이었다. 고요함은 고요함이었다.

나는 나였다. 너는 너였다.
세상은 세상이었다.

있다는 것은 있다는 것이었다.
모든 것은 있다는 것의 모든 것이었다.
나는 있다는 것이었다. 나는 모든 것의 있다는 것이다.
나는 원래이다.

원래 2

우리 어머니는 우리 어머니이다.
나의 친구는 나의 친구이다.
나의 학교는 나의 학교이다.

그놈은 원래부터 성질이 나쁜 놈이다.
그놈은 원래부터 골초이다.
그놈은 원래부터 돼지이다.

세상은 살기 어렵다.
사람은 알기 어렵다.
성공은 참 어렵다.

풍습이 그래서 그렇다.
습관이 그래서 그렇다.
법이 그래서 그렇다.

생각이 그래서 그렇다.
눈빛이 그래서 그렇다.
태도가 그래서 그렇다.

건망증 1

화두 참선을 하는 스님이 있었다.
그도 다른 스님처럼 소를 찾았다.

무척이나 기분이 좋은 어느 날
그 스님은 마침내 소를 찾았다.

그 스님이 소를 찾은 순간 스님은 사라졌다.
스님이 소가 되었다.

호기심이 무궁무진한 소금이 있었다.
어느 날 깊이를 알 수 없다는 바다의 이야기를 듣게 된다.

그 소금은 바다를 알고 싶었다.
바다의 깊이를 재고 싶어 잠시도 호기심을 멈추지 못했다.

그래서 유난히 밝고 화창한 날에 바다에 잠수했다.
소금은 깊이깊이 들어갔다.

소금은 바다에 내려갈수록 녹아서 서서히 사라졌다.
소금은 다 사라지고 바다만 남았다.

소금이 바다가 되었다. 바다가 소금이 되었다.

건망증 2

아이 때는 젖 주면 좋아했다.
아이 때는 노는 것을 좋아했다.

철이 들어 친구를 좋아했다.
철이 들어 친구를 사랑했다.

중년이 되어 일을 좋아했다.
중년이 되어 가족을 좋아했다.

노년이 되어 다음 삶을 좋아했다.
노년이 되어 다음 인생을 좋아했다.

평생 동안 내가 좋아했던 일을 했다.
평생 동안 내가 좋아하는 사람을 만났다.

내가 좋아하는 일을 찾다 보니 나는 잊혀졌다.
내가 좋아하는 사람을 만나다 보니 나는 만나지 못했다.

건망증 3

남의 것을 가지려는 욕심을 잃어버리니
만족이 손님처럼 찾아왔다.

남을 이기고자 하는 성냄을 잃어버리니
평화로움이 손님처럼 찾아왔다.

나를 고집하는 어리석음을 잃어버리니
지혜가 손님처럼 찾아왔다.

나를 안다는 생각을 잃어버리니
모름이 손님처럼 새로운 나를 찾아 준다.

건망증 4

눈을 잠시 감으니
보이지 않는 빛이 가슴에서 일어난다.

귀를 잠시 막으니
우주에서 오는 침묵의 소리가 들린다.

나라는 생각을 잠시 놓치니
모든 세상의 것들이 고요하다.

건망증 5

인간은 45억 년 전에 바다의 단세포였던 적이 있었다.
지구가 한 개의 먼지였던 적이 있었다.

나비가 누에고치 속에 애벌레였던 적이 있었다.
닭이 계란 속의 희고 노란 점액질의 액체였던 적이 있었다.

나는 자궁에서 정자와 난자의 만남이었던 적이 있었다.
거대한 참나무가 한 알의 도토리였던 적이 있었다.

거대한 산이 하나의 흙 알갱이였던 적이 있었다.
바다가 하나의 물방울이었던 적이 있었다.

건망증 6

한 아이가 어느 날 부모가 되어 있었다.
과자가 세상의 전부였던 때가, 어느 날 돈이 전부가 되었다.

개인의 뜻이 어느 날 국가의 이념으로 되어 있었다.
하나의 사람에서 어느 날 77억 명이 되었다.

하나의 눈길이 어느 날 사랑의 세계를 열었다.
하나의 장면이 어느 날 진리를 아는 붓다로 만들었다.

별똥별은 어느 날 하나의 거대한 별의 흔적이었다.
하나의 소리가 어느 날 음악의 세계를 열었다.

하나의 입자가 어느 날 이 세상을 만들었다.
하나의 색깔이 어느 날 미술 세계를 열었다.

자유 1

혼자 있음.
둘이 있을 때 서로 모름.
여럿이 있을 때 다 같이 모름.

집이 하나.
이 집과 저 집이 떨어져 있음.
집과 집은 벽으로 서로 보이지 않음.

하나의 생각.
한순간에 한 생각.
여러 생각이 섞이지 않는 주시자.

자유 2

쓰는 것보다
버는 것이 크다.

버리는 것보다
받은 것이 크다.

잃는 것보다
얻는 것이 크다.

바라는 것보다
더 많이 주어진다.

자유 3

먹을 것이 충분하다.
쓸 돈이 충분하다.

수업 후 휴식 시간.
일이 끝난 후 퇴근 시간.

책임보다 권한이 더 크다.
의무보다 여유가 더 크다.

만남에서 여유롭다.
결정한 일보다 떠나는 일이 많다.

자유 4

무인도에서 혼자 살기.
한집에서 혼자 살기.

카페에서 혼자 차 마시기.
백화점에서 혼자 쇼핑하기.

숲에서 혼자 있기.
시골길에서 혼자 걷기.

믿음

아이 때 부모님이 평생 지켜 줄 거라 생각했다.
학교 다닐 때 선생님이 평생 가르쳐 줄 거라 생각했다.

친구를 사귀었을 때 평생 한결같을 거라 생각했다.
결혼을 하였을 때 평생 같이 산다고 생각했다.

스승의 가르침이 자유로 이끌어 준다고 생각했다.
가르침의 실천이 자유를 드러낸다고 생각했다.

스승

스승의 자리는 앉지 마라.
빛이 있어서 앉으면 어두워진다.

스승의 말은 귀히 들어라
가르침이 네 머리의 고통과 짐을 내려 줄 것이다.

스승의 행동을 면밀히 살펴라.
허공에서 꽃이 피듯 너의 가슴에 꽃을 피울 것이다.

스승의 발자국을 가까이에서 따르라.
한 발걸음에 세상을 뛰어넘는 지혜가 숨어 있다.

언젠가는

그대는 사랑하는 이를 만날 것이다.
아이를 낳고 사랑으로 키울 것이다.

그대는 거대한 부를 얻어 부자가 될 것이다.
사람에게 베풀고 나누면서 사랑으로 관계할 것이다.

그대는 그대 자신을 알게 될 것이다.
지혜를 나누고 사랑으로 살게 할 것이다.

그대는 가르침으로 빛을 밝히는 스승이 될 것이다.
무명의 어둠을 쫓아 주고 사랑으로 빛나게 될 것이다.

전체는

처음과 끝을 분명하게 보아야 한다.
위와 아래, 안과 밖을 통째로 보아야 한다.

대상 안에 있으면 보지 못한다.
대상 밖에서 전체가 보이는 곳까지 높이
또는 멀리 가야 한다.

완전하고 신성하여 시비가 없다.
모든 세상이 그래서 각각이 모두 전체이다.

전체는 온전하다.
전체는 부분이 아니다.

전체는 언제나 하나이다.
하나는 자체로 늘 전체이다.

마음

내 마음 나도 모르오.
당신 마음 역시 모르오.

내 마음은 언제나 열려 있다오.
내 눈에 보이는 세상이 내 마음이라오.

내 마음은 언제나 다름 사람과 함께한다오.
내 눈에 보이는 당신이 내 마음을 움직인다오.

내 마음을 찾으려 해도 언제나 못 찾는다오.
내 눈에 보이는 마음이, 실체는 늘 보여 주지 않는다오.

나

나는 나이다.
나는 나의 나이다.

나는 나의 몸이다.
나는 나의 이름이다.

나는 나의 말이다.
나는 나의 행동이다.

나는 나의 생각이다.
나는 나의 마음이다.

나는 나의 직업이다.
나는 나의 취미이다.

나는 나의 나이다.
나는 당신의 나가 아니다.

나는 내가 아는 나이다.
나는 당신이 아는 나가 아니다.

이름

사람도 있다. 동물도 있다.

세상 안에도 있다. 우주 밖에도 있다.

나에게도 있다. 너에게도 있다.

나와 다른 이 세상 모든 것을 분리하여 준다.
나와 다른 이 세상 모든 것을 구별하게 해 준다.

나는 다른 이 세상 모든 것과 분리되어 있다.
나는 다른 이 세상 모든 것과 구별된다.

이름이 사리지면 이 세상의 분리와 구별이 잠깐 사라진다.
내 이름, 자의식이 사라지면 나는 모든 것과 하나이다.

이름에는 커다란 신비가 있네!
이름을 쓸 때와 안 쓸 때 2가지 모두 한번 제대로 써 보자.

주인

내 것이 있다.
내 것을 내 것이라고 한다.

내 것을 늘 알아본다.
내 것을 늘 가지고 다닌다.

내 것을 쓴다.
내 것을 나누어 준다.

남이 어떻게 하지 못한다.
남이 허락을 구한다.

남이 비용을 내어 얻는다.
나도 비용을 내어 얻는다.

나에게 소중하다.
남에게도 소중하다.

선물

주니 좋다.
받으니 좋다.

준 것 알아보니 더 좋다.
받은 것 알아보니 더 좋다.

작은 것을 주니 작게 온다.
큰 것을 주니 크게 온다.

가까이에서 주니 친밀해진다.
멀리서 주니 멀어진다.

마음을 주니 마음을 받는다.
진실을 주니 진실을 받는다.

주는 법을 알면 좋다.
받는 법을 알면 좋다.

말

태초에 소리가 있었다.
소리는 진동과 에너지로 활동한다.

말은 소리가 모양을 갖춰
세상에 드러낸 모습이다.

말에는 소리(모양)와
의미(에너지)가 있다.

말은 의미를 알아보거나 쓸 때
생명 에너지를 사용한다.

말은 정보(소리, 모양)로 받아들이면
정보로만 기억된다.

말은 사실(실제, 진실)을 볼 수 있으면
에너지(생명)가 된다.

리쉬요가

집중으로 날마다
정성을 다하여 배우기.

명상으로 날마다
자애와 올바른 마음 나누기.

삼매로 날마다
지복으로 행복하기.

지혜로 날마다
세상을 이롭게 하기.

자타불이

세상은 하나의 꽃이다.
세상 모든 것이 꽃이다.

세상은 하나의 사랑이다.
세상 모든 것이 사랑이다.

세상은 하나의 평화로움이다.
세상 모든 것이 평화로움이다.

세상은 하나의 침묵이다.
세상 모든 것은 침묵이다.

일상이 그저 고맙고 편안하다.
일상이 그저 고맙고 행복하다.

〈부록〉

명상의 길

명상의 길 (2001년)

1. 공부에 대하여

1) 의미 : 나를 찾는(아는) 것에 이르는 배움 / 지금 여기에서 자기의
마음을 온전히 알아채는 통찰의 상태에 이르는 과정 (지금 : 시간을 넘음,
여기 : 공간을 넘음)

    ○ 소중함 (하나, 유일무이, 이것밖에, 절실함)

    ⇒ 가치에 대한 큰 믿음

    ○ 지킴 (지속적인 관계, 만남) ⇒ 적극적인 헌신

    ○ 성숙 (이룸, 앎, 성취, 선물, 깨우침, 기쁨, 만족, 즐거움)

    ⇒ 가을에 벼가 익어 아름다운 빛깔과 모습을 보임

      과일, 꽃 등이 모양과 향기로 전체적인 완벽함을 갖춤

2) 공부해서 일어나는 현상

    ○ 만 족 (내면) : 자기 사랑, 기쁨, 활력, 웃음, 생동감

    ○ 겸 손 (내면) : 함께 존중, 세상이 존귀함, 매사에 감사

    ○ 평 안 (내면) : 무리하지 않음, 올바른 생활

    ※ 부자 : 내면/ 앎, 이해가 재산 ⇒ 만족 (영원성, 절대적)

      외면(세상) / 돈, 지식, 기술 ⇒ 이름 (일시적, 조건적)

3) 공부를 하는 요령

    ○ 일상성 : 편리성, 매일, 실천, 시간과 장소 구애 없음

    ○ 평이성 : 쉽다, 모두가 할 수 있음(밥 먹고 잠자기 등)

    ○ 평범성 : 모나지 않음, 드러나지 않음, 구별되지 않음

4) 공부를 할 때 먼저 알아야 할 것

　○ 공부에 대한 이해 : 자신이 원하는 것을 진짜 아는 것

　○ 공부를 방해하는 것

　- 에고 : 몸을 자기로 여기고 살아 있는 현재에 이른 나

　- 사념 : 에고의 활동으로 생각의 이어짐

　○ 공부를 돕는 것

　- 육체 : 몸 건강(외상, 피로, 무기력, 무거움 등이 없음)

　- 내면 : 집중, 명상, 삼매

5) 자아의 형성 과정/《반야심경》(일지사, 석지현 옮김) 참조

　가. 육체적인 자기 : 최초로 자기라는 인식이 생김

　- 태어나서 자의식이 없을 때 배고픔을 통해 무엇인가
　　들어온다, 있다는 느낌(배고픔과 동일시)

　나. 자기 동일시 : 자기가 구체화, 형상화 됨(모양을 갖춤)

　- 이름(지칭), 거울(형체) 등 사용됨

　다. 자존심 : 자기가 움직임, 활동성이 생김(육체적 운동)

　- 할 수 있다는 자신감 / 걸을 수 있고, 엄마 등 말함

　라. 자기 확장 : 자기의 세력을 넓힘

　- 자기 소유(남의 관심) / 나의 가족, 나의 집, 학교, 친구

　- 장난감을 누가 달라고 함(안 줌) 아무도 안 봄(버림)

　마. 자기 이미지 : 자기의 형상이 견고해 짐

　- 어떤 생각이나 의지(착한 사람, 나쁜 사람 등)

　바. 이성으로서의 자기 : 세상에 드러남

　- 왜(논쟁, 이유)

　사. 출세 : 인생 목표, 야망, 꿈

　- 역사, 세상에 무엇을 남길 것인가?

2. 공부를 돕는 말들

1) 편안함이 자기를 지키는 눈이다.

2) 평정이 눈(이해, 지혜, 통찰)을 쓰는 방법이다.

3) 적의(공격)는 언제나 자기에게 쓰는 최상의 독이다.

4) 존중은 언제나 자기에게 쓰는 좋은 보약이다.

5) 그대가 육체(자기)라고 여길 때 감옥에 갇히는 것이다.

6) 그대가 의식(깨어 있음, 앎)이라고 알 때 자유를 얻는 것이다.

7) 깨닫는 것이란 그대가 의식임을 전체적으로 아는 것이며
   (영원성), 부분적으로 조금씩 알아 가는 것은 공부이다.

8) 생각은 생각하는 자(아는 자)가 아니다.

9) 아는 자는 생각이 없다.

10) 아는 자는 앎을 재산으로 쓴다(의식, 앎으로 활동한다.).

11) 생각이 육체에 머무르는 것은 자아 활동이다.

12) 생각이 육체(감옥)를 빠져나오는 것은 의식 활동이다.

13) 말이 장치로 쓰일 때 다리(배, 손가락)와 같다.

14) 말이 가리키는 것(세계)을 보면 말은 아무 의미가 없다.

15) 현대에는 말(언어의 표현)이 다리이자 배(탈 것)이다.

16) 생각의 틈을 보면 다른 세계가 있음을 발견한 것이다.

17) 집중과 명상은 내면의 육체(의식·지혜체)를 변화시킨다.

18) 생각의 틈을 왕래할 때(주시자) 배움은 시작된다.

19) 생동감, 만족, 기쁨이 일어날 때 배움이 일어난 상태이다.

3. 공부가 안 되는 이유

1) 안 되는 이유 : 생각의 독이 있으며 늘 사용됨

○ 독(사념)

  - 자기(자아)가 생각으로 알고 살아온 전 생애

2) 독을 제거하는 것

○ 1단계 : 집중(정지) / 사념의 활동을 임시로 멈추는 것

 - 생각을 한 곳(한 대상)에 모아(잡아) 두는 것

 - 방법 : 음악, 촛불, 주문, 독서, 그림 (산책, 여행 등)

○ 2단계 : 명상 / 사념의 활동을 이용하여 정화하는 것

 - 집중의 힘이 이완되고 흘러 이해의 힘으로 나타나

   깨우침이 일어나는 것(통찰이 부분적으로 일어남)

○ 3단계 : 삼매 / 독의 한 과정의 정화(부분적임)

 - 일상에서 이해가 일어나며 부분적인 깨달음이 일어나는 것

(통찰이 전 과정으로 일어나며 깨어 있음이 저절로 됨)

○ 4단계 : 독존(해탈) / 독의 전 과정의 정화

3) 독이 자라는 상태(독을 증가시키는 것)

○ 보는 것 : 무엇을 보면 생각(하는 자)이 활동함

 - 가장 강함 : 일상에서 무의식(자동)적으로 일어남

 - 모든 일상생활에서 반응과 생각 활동임

○ 기타 : 5관을 통해서 모두 활동함

 - 보는 것보다 약하며 통제가 다소 쉬움

 - 듣기, 피부 접촉 등에서 생각이 활동함

4) 독의 활동 : 사념 = 자아는 몸이 자기라고 여기며 움직임

○ 개인 - 자존심을 느낄 때

 - 외적으로 몸의 상처(마음으로 아픔)

 - 관계(세상) : 이상, 꿈으로 대신(대체물로 나를 꾸밈)

○ 생존(육체)에너지 : 돈(경제적)

○ 내면 에너지 : 이해(앎)

○ 상처의 종류

 - 몸 : 외상 ⇒ 불편 ⇔ 편리(보살핌, 관리)

 - 감정 : 쪽팔림 ⇒ 자기 확대 ⇔ 존중

 - 마음(자아) : 분노(화/지속성/기억) ⇒ 적의, 적대(전쟁)
　　　　　　　　⇔ 자비(지속성)

5) 독의 활동을 줄이는 방법(자아라는 생각이 없이 활동함)

○ 잠(죽음) : 자기라는 생각이 전적으로 없음

○ 삼매(깨어 있는 잠) : 자아 없이 의식적인 활동

○ 명상(반쯤 깨어 있음) : 자아가 활동하지 않으나 반쯤
　　의식적인 활동, 주시자 또는 관찰자가 활동함

○ 집중(깨어 있지 못함) : 자아가 있으나 활동하지 못함

○ 생활(규칙적인 생활)

 - 잘 먹기(에너지, 활력 유지)

 - 잘 잠자기 (육체 긴장 완화, 생각 이완)

 - 잘 배설하기(몸 청소, 노폐물 정리)

○ 세상(가정, 일터, 기타 개인의 시간)

 - 외적 : 평안

 - 내적 : 평정

4. 공부에 필요한 용어

1) 진아 : 실재함, 존재함

○ 형체가 없으며, 아무것도 없으면서 모든 것이며,
처음이면서 끝이며, 시간과 공간을 넘어서 있으며,
움직임 없이 움직이며, 앎과 모름이 없으며,
있음과 없음을 초월, 육체, 감정, 생각, 의식도 아닌 것

2) 깨달음 : 전체 깨어 있음, 순수 자각, 전체 자각

○ 나를 찾은 것, 내가 되는 것
내가 있다는 것을 아는 것, 원래부터 있음
있음 / 앎 / 존재, 자기 발견 즉 자기 찾음

3) 존재(실재) : 모든 것의 모든 것

○ 내면+외면(있음+없음) / 통합의 세계
○ 초월의 세계 / 개채성과 부분성의 초월
○ 전체성의 세계, 본질의 세계, 진아의 세계
○ 본질의 활동 / 시작도 없도 끝도 없음 / 영원성, 자유성
※ 존재의 자각이 지복 - 스리 니사르가닷따 마하라지

4) 육체 : 형체(사라질 것) / 물질적 산물 · 사물

○ 사라짐 : 활동기간 있음(사는 동안, 한시적, 일시적)
○ 보임 : 모양이 있음(있다고 속음 / 강력한 동일시)
○ 단단하고, 거칠고, 흡수력이 없다(생존, 적의, 적대)
※ 고행 : 쾌락과 고통을 기대하지 않는 것
※ 성(性) : 후천적 습관(남 · 여 분리된 것으로 앎)
※ 자아 : 육체적 동일시로 태어나면서부터 현재에 이른 나

5) 생각 : 자아의 활동 인자(움직임 없음) ⇔ 의식

○ 눈에 보이지 않으며, 실재하지 않음

6) 기억 : 자아를 통해 모여진 생각들의 덩어리

○ 생각이 활동으로 쌓여진 것, 층층이 겹쳐진 것

○ 하드 디스크 / 본체 / 비활동성

7) 사념 : 대상+기억을 통해 일어나는 생각의 이어짐

○ 관념화 이전 단계

○ 스트레스 활동 / 실재하지 않는 것을 살피고 봄

8) 관념 : 생각이 실재한다고 느끼는 것 ⇔ 자각(실재)

○ 없는 것이 있게 됨 / 동일시

○ 육체, 감정, 부분의식의 차원

※ 상상 : 관념이 살아서 활동하는 것 / 두려움을 일으킴

9) 감정 : 기억을 의지해 감각을 통해 일어난 느낌

○ 선택적, 부분적임

○ 싫음, 좋음, 괴로움, 편안함, 즐거움 / 눈에 안 보임

10) 의식 : 진아의 개체적(부분적) 활동 / 깨어 있음

○ 전체 있음 : 깨달음

○ 부분적 있음 : 개인의식

○ 자신의 마음속에 무엇이 일어나는지 아는 것(생시)

※ 감각을 감각으로, 감정을 감정으로, 지각을 지각으로,
   관념을 관념으로 끊임없이 연속되며 이동함을 아는 것

11) 무의식 : 죽음, 잠, 꿈 / 아무것도 할 수 없음

○ 의식 전체 없음 : 잠, 죽음

○ 의식 부분적 없음 : 꿈

12) 마음 : 자아를 통해 축적된 모든 감정, 생각, 기억, 관념 등

○ 심적인 습관들의 모음

○ 생각과 감정의 방식들이 섞여 한데 모인 상태나 움직임

※ 생각들을 부단히 자동 산출 / 자동 생산 시스템

13) 자각 : 전체로서 의식을 인식하는 것

○ 나라는 개체성이 있을 때 : 자기 자각

○ 나라는 개체성이 없을 때 : 순수 자각

　⇒ 존재의 차원으로 연결

※ 의식이란 스리 니사르가닷따 마하라지 말씀 중에서

　인간은 신을 알고, 신은 인간을 앎

　인간은 세계를 만들고, 세계는 인간을 만듦

　양극단의 가교이며, 연결이며, 모든 경험에 있어서

　균형을 잡아내고 결정시키는 힘

14) 이해(제3의 눈) : 의식으로 자각, 알아채는 것

○ 제1의 눈(육체의 눈) : 오감 - 신체적

○ 제2의 눈(감정의 눈) : 감정 - 느낌(편안함, 괴로움 등)

○ 제3의 눈(의식의 눈) : 이해 - 전체 봄(외면, 내면)

　　　/ 통찰이라고 함

15) 나라는 마음의 동일시 해체 : 아닌 것이 끝나면 실재(질실)가 된다.

○ 제1단계 : 나는 육체가 아니다.

○ 제2단계 : 나는 감정이 아니다.

○ 제3단계 : 나는 의식(생각)이 아니다.

16) 시간 : 심적인 공간 / 기억의 연속 ⇒ 생명의 지속성을 줌

○ 생각을 통하여 모든 것들이 계속된다고 여기는 것

○ 관념이 사는 세계

○ 관념이 살아 있도록 계속되게 하는 바탕

※ 처음과 끝이 있다고 여기는 생각

17) 공간 : 외형적 보임을 위한 형태적, 물리적 바탕

○ 기억의 연속성이 모양을 가지는 것

○ 관념이 실재하는 것으로 형태를 드러낼 수 있는 바탕

○ 모양의 연속성

※ 모든 사물은 시간과 공간의 합성체임(둘 다 필요)

18) 내면 : 의식의 세계 / 깨어 있음의 세계 / 있음의 세계

○ 보이는 모든 세계(의식적일 때 알아볼 수 있음)

○ 피안의 세계

19) 외면 : 육체의 세계 / 한정의 세계 / 기억의 세계

○ 육체(자아)로 한정됨

○ 없음의 세계 / 환시의 세계 / 제한과 부분의 세계

5. 공부과정

○ 공부란 오직 자신을 가장 사랑하고 좋아하는 일

구분	초급 (1단계)	중급 (2단계)	지도자 (3단계)	명상가 (4단계)
모양	자기 보살핌 신체 건강 기쁨, 활력	느끼는 것 편안함 여유, 감사	지혜 보는 것 자기변화	성취(앎) 아는 것 자기 길 닦음
배움	신체/체조 생각/책 읽음 만남/ 이야기	대화/ 개인 정화 존중/ 쌍방 보호	믿음, 겸손 실천 헌신	자유 사랑 자비
준비	월3~4회 (2시간) / 6~12개월	주1회 (2시간) / 1~2년	주1회 / 1~2년	3단계 이수
내용	삶의 길 / 나, 사람 이해	가슴의 길 / 가슴, 자연 이해	지혜의 길 / 자아, 마음 이해	지복의 길 / 고요함, 침묵 이해
얻음	금하는 것 권하는 것 자기반성 아사나	독소 정화 호흡, 제감 감수성 수용성	집중, 명상 바르게 듣고 보는 것 순수성 직관, 통찰	명상, 삼매 말하는 것 밝은 빛남

6. 공부형태

○ 자유로움, 빛남, 감사와 사랑 안에 가득

구 분	1차원 (머리, 세상)	2차원 (가슴, 기)	3차원 (자아, 마음)	4차원 (진아)
모양	고체(바위)	액체(물)	기체(공기)	텅 빔 (空)
특징	고정형태 움직이지 않음 단단함 전혀 안 보임	흐름 제한된 경로 상호 보호 거리감 부분적 봄	보이지 않음 허공 주시자 활동 자기라는 의식 전체를 봄	침묵 오직 모름 평화로움
단계	몸의 차원 (생, 노, 병, 사)	감정 차원 (감수성, 수용성)	의식 차원 (깨어 있음 / 순수성)	성품 (독존)
접촉	감각(5감), 생각 / 익힘 (경제 / 사는 법)	감정(칠정) / 배움(예술, 철학, 종교)	이해(마음) / 가르침 (경전, 스승)	존재
활동	육체의 기능 (보고, 말하고, 생각 등)	느낌 기능 (기쁨, 슬픔, 성남 등)	자기 이해 (지혜) 주시, 통찰 집중, 명상	삼매
배움	세상, 길(道), 관계, 인생	믿음, 존중, 헌신, 꽃, 정화, 물	공성, 마야, 전체, 빛	불이일원 중도
실태	시간, 공간에 부자유 (나는 몸이 아니다)	공간에 부자유 (나는 감정이 아니다)	시간, 공간에 자유 (나는 생각이 아니다)	일상 행복 하다

7. 나와 내 것에 대하여

1) 나(진아) : 모든 것의 모든 것 / 있음 그 자체
○ 영원하며 늘 변하지 않고 있음을 알게 하는 자각 자체
○ 알 수 없지만 있음으로 느끼는 그 무엇의 총체

2) 내 것 : 육체, 감정, 마음, 형상을 가진 모든 것(세상)
○ 스스로 존재 할 수 없으며

   누구(아는 자)를 의지하면서 활동과 생명력이 생김

3) 나와 내 것을 구분하는 말들
○ 나는 본래 있음 그것이다.
○ 나는 침묵(있음, 앎 자체)으로 활동한다.
○ 내가 내 것을 사용한다.
○ 내 것은 내가 될 수 없다.
○ 나는 내 것 전부를 아는 것이다.
○ 나는 움직이지 않는 것으로 움직인다.
○ 내가 움직이는 것이지 내 것이 움직이지 않는다.
○ 무엇이 되고자 하는 것은 내 것을 사용하는 것이다.
○ 되는 것(나)이 되고, 안 되는 것(내 것)은 안 된다.
○ 나를 만날 때 앎은 커진다.
○ 나를 만나는 일은 기쁨, 희열, 감동, 환희를 발산한다.
○ 나는 너무 거대하여 내 것을 통하여 만난다.
○ 나는 너무 가까워 거리가 없으며 보이지 않는다.
※ 내 것을 통하여 나를 만나는 일을, 나를 통하여 내 것을
   사용하는 것으로 바꾸는 과정이 공부다.

있다는 것은 그대를 아는 것

무엇이 있으면 항상 무엇보다
먼저 있는 것은 그대(아는 자)이다.

그대가 있어야
그 다음이 있다.

그대가 없으면 그 다음이 없으며
결국 모든 것이 없는 것이 된다.

그대가 있을 때 무엇이 생기며
무엇이 모여 세상이 된다.

그대가 없으면 모든 것은 사라진다.
아무것도 남김없이.

그러면 실재 있는 것은
무엇인가.

바로 그대이다.

마치며

땡큐 명상은 나를 행복하게, 세상을 이롭게 하려는
노선생과 나의 소중한 꿈과 배움을 나누는 감사의 인사다.

이른 아침, 빛은 아침을 열어 잠을 깨우고 쾌적한 몸과
맑은 정신으로 새로운 세상을 선물로 준다.

이른 아침이 그래서 참 좋다.
하루를 감사로 새로이 시작하며, 오늘이라는 역사를 매 순간 보고,
듣고, 느끼며, 알게 되고 나만의 뜻이 세상에 나온다.

첫 번째 책《쉬운 명상》은 나를 소개하는 이야기, 그러면서
나를 중심으로 배움을 익혔던 과정을 알리는 글이었다.
나를 세상에 드러내는 일이 처음이라 서툴고 다소 개인적인
문체라 공감을 주는 데 부족한 면이 있었다고 본다.

이번 책은 내가 배움을 사람들과 함께했던 3번의 시기,
"2001년 명상의 길, 2015년 행복한 삶, 2020년 인생에
대하여"에 대한 나눔의 이야기다.

두 번째라 조금 더 준비했고, 가까운 사람과 얼굴을 보고
다과를 즐기며 대화하는 편안한 분위기의 이야기다.

아주 기분 좋은 노래이길 바라면서, 노선생과 아침마다 맑은
정신을 준비하고 가슴의 소리를 받아 준비했다.

지난해부터 라자요가를 가르치는 요가원을 열고, 나의 벗이자
동반자인 노선생과 세상을 만나고 있다. 특히, 금년 상반기에
가르치는 일로 다른 사람들과 함께하면서 명상의 가치를 더
소중하게 느낄 수 있었다.

내가 평생을 추구하며 배움을 통해 찾고 싶었던 자유와 행복,
요가원은 그 첫걸음이며 세상으로 열려 있는 문이다.
침묵으로 노래하며 나를 행복하게, 세상을 이롭게라는 소중한
마음으로 '리쉬 옴 요가원'은 누구와도 소통한다.

앞에서 이야기했듯이 3번의 가르치는 경험을 세상과 나누고 싶어서
두 번째 책을 쓰게 된 것이다.

책을 쓰면서 나는 운이 참 좋다는 생각이 든다.
좋아하는 일을 찾아서 제2의 인생을 다시 시작하게 되었다.
좋아하는 친구와 그 일을 함께하게 되었다.
요가원의 문을 통해 찾아오는 사람이 점점 많아질 것이다.
좋아하는 사람이 더 많아지고 그 뜻을 점점 크게 할 것이다.

하나의 작은 물방울이 언젠가는 바다에 이른다고 한다.
하나의 작은 발자국이 언젠가는 천리에 이르게 한다.
하나의 작은 뜻이 모든 사람마다 자신을 행복하게,
그러면서 세상을 이롭게 하는 큰 세계가 열리기를 빈다.

위대한 일에는 위대한 뜻이 담겨 있다고 한다.
위대한 일에는 위대한 통찰이 담겨 있다고 한다.
위대한 일에는 위대한 배움이 담겨 있다고 한다.

사람에게 가장 위대한 일은 나를 아는 일이다.
나를 아는 일은 자신을 가장 사랑하는 일이다.
자신을 사랑하는 일은 나를 가장 소중히 대하는 것이다.
나를 소중히 대하면 자신을 가장 행복하게 하는 일이다.
자신을 행복하게 하면 세상을 가장 이롭게 하는 일이다.
세상을 이롭게 하는 일은 결국 나를 아는 일이다.

나와 노선생의 글이 작은 설렘으로 선물이 되기를 빈다.
아침마다 빛이 새로운 세계를 열어 주듯이,
바로 당신에게, 그리고 당신이 아는 다른 이들에게.

아침마다 기도가 일어난다.
모든 사람들이 행복하기를 빈다.
모든 세상이 다 잘되기를 빈다.

좋아하는 벗 노선생에게 감사를 담아 머리 숙여 절한다.
내가 아는 그리고 앞으로 알 사람들에게 감사로 절한다.
내가 모르는 그리고 앞으로 계속 모르는 이에게도 절한다.

"나마스테."
당신의 신성에 깊이 머리 숙이고, 존경으로 절한다.
사랑으로, 감사로, 존경으로, 침묵으로 절을 올린다.

땡큐 명상

ⓒ 박희성 · 노명환, 2020

초판 1쇄 발행 2020년 11월 20일

지은이   박희성 · 노명환
펴낸이   이기봉
편집   좋은땅 편집팀
펴낸곳   도서출판 좋은땅
주소   서울 마포구 성지길 25 보광빌딩 2층
전화   02)374-8616~7
팩스   02)374-8614
이메일   gworldbook@naver.com
홈페이지 www.g-world.co.kr

ISBN   979-11-6536-991-0 (03100)

이 도서의 국립중앙도서관 출판예정도서목록(CIP)은 서지정보유통지원시스템 홈페이지(http://seoji.nl.go.kr)와 국가
자료공동목록시스템(http://www.nl.go.kr/kolisnet)에서 이용하실 수 있습니다. (CIP제어번호: CIP2020046961)